PRÓLOGO

I

Escríbense los prólogos para presentar al libro o al autor, o a ambos, y se les presenta alabándolos, no de otra manera, pues no se comprende que el prologuista presente lo impresentable y alabe lo vituperable. Pero yo he de apartarme en esto del uso y abuso corrientes, limitándome a presentar el asunto o materia del libro, y esto por varias razones claras y considerables.

La primera, por haber presentado ya al autor en el prólogo de su libro Catalunya a les mars, que por ahí anda navegando viento en popa, de modo que el público ya está enterado y sabe quién es y qué puntos calza como escritor, y si bien aquél salió en lengua catalana y éste en lengua castellana, no va tanto de lo uno a lo otro que valga la pena de hacer nueva presentación, y menos de puntualizar en cuál de ellas se expresa mejor, pues para aquilatar primores de estilo no me diera el trabajo de prologar.

La segunda, porque siendo yo su padre, abuelo, por tanto, de todas sus obras, no me está permitida la alabanza, si ha lugar, ni siquiera exceder-

*me en hablar de él, y mejor me cae cierta dis-
creta parquedad, para que no se diga que estas
presentaciones son pláticas de familia de las que
el público no debe hacer caso, y ternezas paternales, buenas para sentidas, no para exhibidas.*

*La tercera, porque el lector tiene el libro de-
lante y no necesita que le anticipen la esencia de
su contenido, ya que él no ha de hacer más que
leerlo para enterarse, por lo que creo ociosa la
tarea de los prologuistas anticipadores.*

*Pero en lo tocante a la materia o substancia
del volumen, ya es otra cosa. Puede la naturaleza
de ésta exigir explicaciones que mejor la decla-
ren, facilitando su comprensión.*

*Este es, cabalmente, el objeto de las presentes
páginas.*

II

*Las del texto no contienen sólo el proceso de
una estirpe dinástica, sino el de la monarquía
misma, porque destruyen el argumento con que
principalmente se ha defendido hasta ahora esta
manera de regir naciones. Decían los escritores
monárquicos:*

*«La condición esencial del buen gobierno es
la estabilidad del orden social; la estabilidad del
orden social depende ante todo de la continuidad de la acción del poder supremo; es así
que esa continuidad sólo la da la monarquía, donde a rey muerto rey puesto, de suerte que jamás
se interrumpe la acción de dicho poder; luego la
monarquía es la forma de gobierno que mayor
suma de felicidad puede dar a los pueblos.»*

Sentada esta proposición, traen la Historia como

GONZALO DE REPARAZ
(HIJO)

LOS BORBONES
DE ESPAÑA

HISTORIA PATOLÓGICA DE UNA
DINASTÍA DEGENERADA

Prólogo de

Gonzalo de Reparaz

MXMXXXI

JAVIER MORATA, EDITOR

MADRID

© de la presente edición
del 2026:

Editorial Gráficas Maxtor
Fray Luis de León, 20
47002 Valladolid (España)
+34 983 090 110
info@graficasmaxtor.es
www.graficasmaxtor.es

I.S.B.N. 978-84-1171-139-5
depósito legal: DL VA 10-2026

testigo aprobador y confirmativo. Ella, dogmáticamente, sin documentos, dice:

«*Las dilatadas dinastías de reyes han hecho las poderosas naciones europeas. Véase Francia. Véase Austria, Inglaterra, España, Portugal. Sin la continuidad dinástica, esas grandes patrias no hubieran llegado a constituirse. Hubiéranse malogrado en agraz.*»

Así hablan Maurras y los neo-monárquicos, pretendiendo ganar para la reacción a las nuevas generaciones.

La patología de las dinastías más famosas refuta esa afirmación temeraria. Ella nos enseña cómo la continuidad de la estirpe entronizada conduce fatalmente a la degeneración de los príncipes reinantes. Lo que se perpetúa, por tanto, no es el gobierno, sino la incapacidad mental del poder supremo. Como al servicio de esa incapacidad están fuertemente unidos el ejército, la aristocracia y la Iglesia, no le queda al pueblo oprimido y arrastrado de desastre en desastre más recurso que la revolución. Pero siendo el más débil sólo puede revolverse cuando los estragos de la monarquía han producido la ruina del edificio social. Entonces todo se hunde, aunque la sacudida no sea muy violenta, según acabamos de verlo en España.

¡Pero el tardío hundimiento cuánto problema casi insoluble deja!

El pueblo, al asumir la responsabilidad de descombrar y reconstruir, se encuentra con la enorme dificultad de la magna obra añadida a su propia inexperiencia, pues nadie le ha educado para gobernar; dispone apenas de la cultura y experiencia que por sí ha podido adquirir, agravado todo ello por la contramina que sordamente llevan los vencidos; *de donde se siguen conflictos y conmociones de que éstos sacan argumento contra el régimen de los más y defender la conveniencia de volver al de las minorías selectas, presididas por una familia ultraseleccionada.*

Nadie se toma el trabajo de advertir que los males de la continuidad han pesado sobre la sociedad continuamente *siglos y siglos, y que no se les puede poner remedio por la acción de la discontinuidad renovada e inteligente en unos cuantos meses, ni quizá en varios lustros.*

Recordemos que la tan abominada República del 73 sólo vivió once meses y que la actual lleva de vida poco más de dos. Para juzgarlas comparándolas con la monarquía habría que poner ante nosotros una imagen viva de la monarquía de Pelayo a los sesenta días de Covadonga o, cuando más, al año de la batalla. ¡Si hubiera habido entonces periódicos y quedasen ejemplares!

III

Pero el problema patológico, apenas le consagramos algunas horas de meditación, se extiende pavorosamente de las familias reinantes a las aristocracias o clases directoras. Aunque con mayor lentitud, el proceso degenerativo las mina y destruye fatalmente. La más capaz de las aristocracias modernas, la inglesa, ha sucumbido al fin tras más de tres siglos de prosperidad y de whisky, *y ahí está, casi destruída, traída y llevada por un celta de humilde origen, el inquieto y locuaz Lloyd George.*

La lección que de esta degeneración de las cumbres sociales se saca es que la única manera de

*mantener siempre frescas y eficaces las fuerzas
directoras consiste en la incorporación de las mu-
chedumbres al gobierno, porque los estigmas de-
pauperantes pierden su fuerza actuando sobre
grandes masas, combatidos por la renovación
constante.*

*El mundo antiguo grecorromano vivió consti-
tuído en castas, y pereció cuando agotadas aqué-
llas, pues no se renovaban. Ahogóse en la marea
ascendente igualitaria, internacionalista y comunista del cristianismo.*

*El mundo moderno ha vivido hasta ahora en
pleno régimen de clases, forma que tomó el régimen de castas al resurgir tras la revolución
cristiana. Notemos que ambos, el régimen de castas y el de clases, expresan la vocación de la raza
aria para la arquitectura social en capas super-
puestas, mientras que el cristianismo nació im-
pregnado del concepto de igualdad de los hombres ante un solo Dios. De la mezcla (del siglo V
a hoy) ha resultado el triunfo atenuado de la raza
aria y la consiguiente derrota del ideal cristiano
primitivo.*

*El primer ensayo de gobierno de las muche-
dumbres, opuesto al de la llamada civilización
cristiana, que es el ario ya dicho, se está haciendo
ahora en Rusia por una raza que no es aria pura,
sino muy mezclada con otros elementos y con
doctrinas elaboradas por ilustres filósofos semi-
tas, desde Spinoza a Carlos Marx.*

*Sigamos la experiencia con la debida atención.
Mas desde ahora una verdad inconcusa podemos
anticipar:*

*Para que los estigmas de degeneración que han
destruído a las familias directoras de la civilización europea causen iguales estragos en los ciento*

cincuenta millones de rusos que participan en el gobierno de la Unión de las Repúblicas Socialistas Soviéticas se necesitan muchos millares de años.

GONZALO DE REPARAZ

Barcelona, 22 junio 1931.

AL LECTOR

Los monarcas creen siempre que la nación que rigen es «suya».

Los Borbones de España han llevado esta creencia hasta disponer del país como si fueran sus propietarios.

Fácil es demostrarlo.

Carlos IV y Fernando VII la venden a Napoleón por treinta millones de reales y algunas ventajas suplementarias.

Y Alfonso XIII, al marcharse de España, proclama: «No renuncio a ninguno de *mis derechos*, porque más que míos son depósito acumulado por la Historia, de cuya custodia ha de pedirme un día cuenta rigurosa.» En esta fraseología huera aparece también la noción de la propiedad real, alegando unos *derechos* que no sabemos de dónde podrán salir, si la dinastía, que era *extranjera*, fué impuesta por armas *extranjeras*, si luego sus tatarabuelos *vendieron a otro extranjero* el país en que reinaban, y si, finalmente, se puede demostrar que todos los monarcas de su estirpe que han reinado en España han constituído una serie de desequilibrados, *eslabones de una misma cadena degenerada...*

Durante la permanencia de los Borbones en España, el inmenso imperio de ésta se desmorona en una serie de desgajamientos catastróficos. Los monarcas de esta dinastía, perturbados o francamente dementes, son incapaces de guiar el navío, y éste va a la deriva, hasta que por fin naufraga sin remedio.

¿Qué demonio de *derechos* pueden alegar?...

* * *

En este libro nos proponemos demostrar lo que acabamos de afirmar: que *la dinastía borbónica no ha producido más que una serie de degenerados*.

Pero de él se deducirá también que no es sólo esta dinastía francesa transplantada a España la que nada valía moral ni intelectualmente, sino que cualquier otra dinastía se hubiera hallado en el mismo caso, porque forzosamente la función de gobierno, la *profesión de monarca*, hace degenerar al individuo que la ejerce, y porque luego las taras degenerativas se van acumulando y fijando en las familias soberanas hasta la total extinción de la estirpe.

Ha quedado probado científicamente, según veremos, que el ejercicio del poder real, por lo artificial y antinatural de la vida del que manda, produce la degeneración física y psíquica. Este hecho no tendría gran importancia si se tratara de un simple mortal, y sus consecuencias no irían más allá del círculo de su familia o de sus amigos. Pero el desequilibrado que ejerce la función de rey tiene una influencia decisiva en la vida de la nación. De él dependen, en gran parte, la vida de buen número de sus *súbditos*, la fortuna y el porvenir del país. Así sucede siempre, por muy constitucional que sea el régimen; pero más aún en países como España, de escasa energía política y, por lo tanto, con tendencia a dejarse gobernar despóticamente.

El lector verá abundantes pruebas de lo que afirmamos según vaya adelantando la lectura de este libro. Y, sin ir muy lejos, vivas están aún las absurdas empresas bélicas de un rey incapaz, al frente de una nación y de un ejército no menos incapaces, enterrando en Marruecos 60.000 vidas y 12.000 millones... ¡Infinitamente más de lo que vale toda la exigua zona española! (1).

Quedará así demostrado—aun para aquellos señores cavernícolas que infantil o interesadamente sostienen el absurdo de la *consubstancialidad del régimen monárquico y de España*—que no es ya esta o aquella dinastía, sino el régimen monárquico mismo el que es hoy incompatible con una nación civilizada, si ésta no quiere exponerse a las mayores catástrofes.

* * *

La empresa que nos hemos propuesto al escribir este libro es ardua. Había al mismo tiempo que ser médico e historiador para salir de ella bien parado. No somos lo primero, y sólo un poco lo segundo.

Pero se trataba de una tarea indispensable, de una empresa de desinfección mental; era, además, necesaria y urgente, y ya que nadie la emprendía, nos hemos puesto a ella. Si alguien más prepa-

---

(1) La zona española apenas comprende el 5 por 100 de Marruecos.

rado la completa y la amplía algún día, mejor. Pero con este libro bastará para dejar bien demostrado que ni uno solo de los Borbones que ha padecido España ha sido normal y que en su mayoría eran seres desequilibrados o francamente locos.

Por donde se ve que, a menos de empeñarse en ir a un suicidio colectivo, no podrán tolerar los españoles la restauración de esta dinastía, ni la de ninguna otra, ya que todas se hallan en parecidas condiciones de degeneración. Y es que, como veremos, el mal no es de esta o de aquella: es de todas.

* * *

Como no somos médicos, nos hemos valido de obras de especialistas que han estudiado la degeneración y los degenerados, y principalmente de la del doctor Galippe sobre la degeneración de las familias reales.

No hay más terrible lección ni mejor prueba del pavoroso castigo que en sus propios seres y en su descendencia reciben los que se creen—con soberbia sin igual—monarcas «por la gracia de Dios»... Pero ese Dios, de cuyo nombre abusan, castiga su orgullo haciendo de ellos verdaderos trapos humanos, deformes y degenerados, en cuyos cerebros anidan los gérmenes de la locura...

¡Lo trágico es que son los pueblos los que sufren las terribles consecuencias de este drama biológico!

* * *

Esperamos que esta obra circulará lo más posible, y lo deseamos no tanto por el placer que su éxito pueda producir al autor, sino por la misión de desinfección mental que con ella pretende ejercer, según queda dicho.

Y es tan grande, aun hoy, la necesidad de esta desinfección...

* * *

En nuestro libro nos hemos limitado a reunir para cada monarca los rasgos distintivos de su personalidad y algunas anécdotas que nos pintan su estado de anormalidad y degeneración, tanto desde el punto de vista físico como desde el psíquico (formas ambas, generalmente simultáneas, que toman los estigmas degenerativos).

Hemos destacado además los continuos enlaces con otras estirpes degeneradas, hecho importante, porque estos enlaces son causa de la transmisión de pesadas herencias patológicas, que no perdonan ni aun a los regios personajes...

Cierto es que de ello tienen la culpa las mismas familias reales por empeñarse, en su estúpida ceguera, en no salir del círculo vicioso de los casamientos consanguíneos con otras familias soberanas.

Y estos casamientos entre primos—todos son parientes en la internacional sin patria de los reyes...—vienen a fijar las taras comunes, agravándolas generalmente, para colmo de desdichas.

Por esta consanguinidad, en efecto, se fijan las taras; y lo mismo que sucede, por ejemplo, en cualquier raza de deformes *bull-dogs* (los *bull-dogs* son una fijación de taras degenerativas en el perro), en su constante tragedia biológica los monarcas no escapan a las leyes de los demás animales. El prognatismo hereditario es una de tantas pruebas de este hecho indiscutible.

* * *

Para dar una idea de las consecuencias que tiene la existencia de degenerados al frente de una nación, mencionamos algunos de los hombres de que se rodeaban los monarcas. Cae aquí perfectamente aquello de «Dime con quien andas...». Veremos así que España ha estado sometida siempre a gobernantes producto de una selección invertida. ¿Causa? Una de ellas es, precisamente, el deficiente estado mental de sus reyes.

Pero, además, estos desequilibrados, en su acción secular, acaban por influir en la mentalidad de la nación, imbuyéndole a la larga varias de sus ideas. Tal es, por ejemplo, el caso del unitarismo, producto de cuatro siglos de dominio de monarcas que traían ideas exóticas, contrarias a la estructura natural del país y a su espontáneo regionalismo medieval, consecuencia de esta estructura. Por donde se ve que nuestros unitarios republicanos no son más que continuadores de las ideas antinaturales importadas por las dos dinastías decadentes...

* * *

Sin que este libro sea de erudición, hemos procurado citar siempre nuestras fuentes de información, no sólo por probidad, sino para probar nuestras afirmaciones.

Barcelona, junio 1931.

CAPITULO PRIMERO

REYES Y DEGENERADOS

En las páginas que siguen vamos a demostrar fácilmente que todos los reyes de España durante cuatro siglos han estado marcados por taras degenerativas graves, y que por ello eran inaptos para la función de directores de un pueblo.

Las consecuencias de este hecho han sido gravísimas.

Cuatro siglos de incapacidad entronizada hicieron decaer y desaparecer el mayor imperio del mundo, que España había fundado mediante una serie de casualidades, pero también con enormes aunque caóticos sacrificios, y que la insuficiencia notoria de sus dotes directivas y organizadoras hizo morir. El hecho es tanto más notable cuanto que precisamente en este mismo período todas las grandes potencias coloniales crean y aumentan constantemente sus vastísimos dominios exteriores. Paralelismo terrible, pero elocuente...

España, incapaz de organizar y conservar su extensísimo imperio, lo perdió. La función gubernativa pésimamente ejercida tenía la culpa del desastre. Veremos que, en efecto, los gobernantes estuvieron siempre por debajo de las graves funciones que tenían que desempeñar.

Durante su casi totalidad este período de cuatro siglos es una época de monarquía absoluta, de dominio de la Iglesia y de la nobleza, es decir, *de selecciones*. Este dominio de *jerarcas* ha sido el más total que jamás se haya visto, el más indiscutible y absoluto.

Al quedar demostrado científicamente que la selección continuada en la función gubernamental—ejercida sólo por un estrecho grupo de individuos—lleva a una degeneración indefectible, tendremos el más poderoso argumento contra los gobiernos de aristocracia y de jerarquía, de autoridad y de omnipotencia.

Sabemos, por otra parte, que, en su inmensa mayoría, la Historia está por hacer. Tal como se la suele fabricar, se refieren los hechos (casi siempre presentados, además, falsamente, o, al menos, desenfocados), pero no se ocupa para nada el historiador de las personas que determinan esos hechos ni del ambiente geográfico en que se producen. Así, no remontándose a las causas verdaderas, no pueden los tales hechos explicarse. En este libro pretendemos dar una idea de quiénes eran esos directores, todopoderosos pero incapaces. Esto explicará muchas cosas.

El régimen de *jerarquía*, el régimen de autoridad absoluta, es decir, un régimen en el que todo el poder reside en un grupo—llámese *partido o aristocracia*—, exige una figura visible omnipotente—llámesela *rey o dictador*—, en cuyas manos se concentran todos los resortes del poder y a cuya omnímoda voluntad han de obedecer millones de seres, cuyo porvenir—y aun el de otras naciones—depende del mayor o menor grado de capacidad de la mente responsable.

Si se demuestra que el equilibrio de esta mente responsable, por el sólo hecho antinatural de su omnipotencia, tenderá siempre a desequilibrarse, aunque fuera la más perfecta y normal que pudiera encontrarse, y que los estigmas patológicos que en ella necesariamente aparecerán se agravarán aún más por la herencia, si el cargo es hereditario, habremos demostrado que el régimen monárquico, o un régimen autoritario de monarquía absoluta, como lo es hoy el de Italia en manos de Mussolini, es antinatural y ofrece los mayores peligros.

Que los ofrece es indudable. Basta pensar en el inmenso riesgo que para el destino de millones de hombres representa depender exclusivamente del capricho de un desequilibrado que llega a veces a la demencia.

Se ha demostrado científicamente que la autoridad produce la degeneración si el ejercicio de esta autoridad se prolonga hasta el punto de desequilibrar al individuo que la ejerce, lo que siempre se producirá a la larga, dado lo anormal de su vida. Y si la autoridad se transmite, el caso es aún más grave, porque se irán fijando taras y aun agravándose por la costumbre de casamientos consanguíneos, costumbre generalizada entre las familias soberanas desde tiempos inmemoriales (1).

* * *

_____

(1) La pretensión de conservar pura y sin mezcla una sangre que se cree de esencia superior, semidivina, es la causa de esta costumbre. Nos aparece ya en el antiguo Egipto. Así, varios reyes de la XVIII^a dinastía se casan con sus propias hermanas (s. XV a. de J. C.). Pronto degeneran y la dinastía se extingue.

Necesario es que estudiemos brevemente las leyes de la herencia degenerativa para comprender el libro que va a seguir.

Luego podremos destacar la importancia que tiene para una nación el hecho de que ésta se halle regida por una forma de gobierno que forzosamente ha de poner en manos de desequilibrados las riendas del poder. Hecho de una trascendencia que no es necesario subrayar.

Hablan los hechos históricos por sí. Por ejemplo, limitándonos a España, ¿quiérese algo más monstruoso que la venta de toda una nación por sus reyes a Napoleón, que la pérdida rapidísima de un inmenso imperio colonial a causa de la incapacidad de los gobernantes, o que se desencadene por un capricho una guerra que ha de servir de diversión y de negocio, como la de Marruecos, donde quedan 60.000 cadáveres?...

Claro está que la Historia no se enseña como realmente es y que el punto de vista que nosotros tocamos en este libro, con ser básico y esencial, puede decirse que no aparece nunca en los compendios corrientes y ni aun en las historias más extensas llamadas *críticas* y redactadas por eruditos que tendrían la absoluta obligación de tratarlo y de destacar su influencia en la marcha de los acontecimientos.

Así se forman luego clases gobernantes, selecciones sociales totalmente ignorantes de la realidad y, lo que es peor aún, con ideas absolutamente falseadas que las llevan por los derroteros más absurdos, con enorme perjuicio para la nación. Todo por haber bebido su escasa erudición histórica en fuentes que casi siempre hacen reír...

Así, al último monarca español—cargado ya con la pesada herencia degenerativa que verá quien leyere las páginas que siguen—se le instruyó pésimamente. Es un mal tradicional en los Borbones la instrucción mala o nula. Pero a éste, además, se le falseó a sabiendas la Historia, deformando su ya escasa inteligencia, como puede verse por las líneas que siguen:

El resto de sus estudios fué únicamente el de la Historia. Una historia de España confeccionada a gusto y conveniencia de la dinastía. En los archivos de Palacio será encontrado el ejemplar en que aprendió D. Alfonso y aprendieron sus hijos las primeras nociones de Historia de España. Es lástima que no se conserve y se divulgue el ejemplar citado, que D. Alfonso ha enseñado a más de una persona y que constituye un caso de desaprensión. Las páginas destinadas a la casa de Borbón son maravillosamente falseadas. Carlos IV aparece como un gran rey y Fernando VII como un gran caballero. Isabel II es una mujer ejemplar, y D. Francisco de Asís un pundonoroso señor. Con este libro en la mano, D. Alfonso trinaba contra D. Ramón del Valle-Inclán, a quien acusaba de calumniar a su amada abuela doña Isabel. Para expresar esa indignación contra Valle-Inclán es para lo que D. Alfonso sacaba el ejemplar de la Historia de España en que había aprendido *a conocer* a su pueblo. Ignoramos quién es el autor de tal sarta de adulaciones. Bastante es que sepamos la existencia del libro, cuya difusión sería oportuna ahora (1).

* * *

Veremos en las páginas que siguen que ni un solo monarca español ha escapado a taras degenerativas más o menos considerables.

---

(1) *Para la historia de un reinado. El odio de D. Alfonso a los intelectuales.* «La Libertad», 25 mayo 1931.

¿Cuál es la causa de esta coincidencia, tan absoluta que permite enunciar una verdadera ley, La causa es que el ejercicio continuado del poder es superior a las fuerzas humanas y representa una forma de vida artificial, ajena a la constitución normal del hombre. La ley a que nos referimos es la siguiente: *el ejercicio continuado y hereditario del poder produce forzosamente la degeneración*. Esto se demostrará por la sucesión continua de monarcas degenerados en el trono de España. Pero igualmente podría demostrarse tomando como ejemplo cualquier otra dinastía de cualquier otro país.

¿Pero por qué suceden las cosas así?
Veámoslo.

Tanto y más aún que las otras, las familias soberanas se hallan expuestas a las causas de degeneración. Entre estas causas hay algunas que le son propias y puede decirse que *profesionales*.

Así es que Jacoby (obra citada, pág. 30) considera el ejercicio del poder como una causa de degeneración, debilitando la voluntad del *yo*, haciendo al hombre menos apto para resistir a sus deseos, a sus instintos, a las sugestiones, reforzando, por consiguiente, la acción refleja y haciendo más directa la transformación de la percepción en movimiento, en acto; anulando más o menos la actividad de los centros moderadores; en una palabra, *el poder, por su influencia moral sobre la personalidad, debe producir en la vida cerebral una irregularidad funcional, cuya naturaleza y carácter son idénticos a los que encontramos al principio de las enfermedades mentales y de las afecciones nerviosas graves* (1).

---

(1) Dr. Galippe, *L'hérédité des stigmates de dégénérescence et les familles souveraines*, págs. 58-59. Cita el libro del Dr. Jacoby

Dada esta influencia del poder sobre los seres humanos, compréndese la aparición de degenerados en los tronos.

Ahora veremos cómo se produce esta degeneración.

El doctor Jacoby traza el siguiente cuadro magistral de la influencia degenerativa que ejerce el poder sobre la personalidad (1):

Todo le está permitido, todo le es lícito; tiene siempre razón; no oye jamás criticar sus actos, contradecir sus palabras; no puede hacer nada mal, dice el derecho, repiten en todos los tonos los cortesanos. Y acaba por creer realmente que todo lo que hace está bien, por el solo hecho de hacerlo él; está fatalmente condenado a perder la noción del bien y del mal. ¿Se despierta su conciencia por un momento? Se apresuran a adormecérsela, se apresuran a calmar sus escrúpulos, se ingenian en justificar sus actos. Sus deseos no encuentran jamás una oposición, no encuentran jamás una negativa, y como los que le rodean ya le han libertado del freno moral que cada hombre se impone, más o menos, a sí mismo, acaba por ser impotente para dominarlos. Jamás ha afrontado el peligro, sentido un dolor físico, una privación; se le ha inculcado el culto de su persona sacrosanta; será necesariamente egoísta y cobarde.

Juguete de sus instintos, esclavo de sus inclinaciones y de sus deseos, extraño al sentimiento de la vergüenza como al del pudor, expone con un cinismo ingenuo, ante los ojos del mundo, toda su personalidad, sus acciones más feas, así como sus instintos más brutales: gula, sensualidad, cólera,

---

sobre la selección y sus relaciones con la hereditariedad en el hombre.

(1) DR. P. JACOBY, *Etudes sur la sélection dans les rapports avec l'hérédité chez l'homme*, París, 1881.

pereza, etc. No habiendo encontrado nunca una
oposición, es tan impotente para dominarse como
incapaz de luchar contra los obstáculos y vencer-
los. Sus deseos han sido siempre inmediatamente
satisfechos, y por ello no sabe ni desear enérgica-
mente ni soportar con paciencia una negativa o siquiera un retraso; igual que un niño, no sabe esperar. No habiendo oído jamás una contradicción,
un no le irrita, le desconcierta. Penetrado del culto
de su persona, será cobarde ante el dolor, cruel y
sin piedad para el de los demás. Será arrebatado,
brutal tal vez; pero su voluntad es débil y sin con-
sistencia; una oposición, un obstáculo le irritan,
pero no sabe querer con suficiente energía para luchar y vencerla. Accesible a todas las sugestiones,
es al mismo tiempo rebelde a toda influencia seria
y continua.

Tal debe ser, teóricamente hablando, la personalidad moral del hombre que hemos supuesto que
ha vivido en ciertas condiciones exclusivas. Pero estas condiciones en realidad sólo pueden rara vez
ser bastante absolutas para presentarnos este cuadro psicológico en toda su pureza. Así, en Europa
el poder monárquico está lo bastante limitado para
que el príncipe encuentre, felizmente para él, obstáculos a sus deseos, oposiciones a sus voluntades;
no es ya el amo absoluto a quien todo está permitido, y con todos. El presupuesto pone límites a sus
fantasías, el Parlamento y las leyes le recuerdan
que no es ya *el árbitro soberano de la vida y de la
muerte de las naciones*; los cortesanos mismos no
son ya lo que eran hace apenas un siglo. Además,
al príncipe se le educa generalmente de manera
de constituir en él ese *yo* enérgico, esos complejos
de ideas fuertemente encadenadas que dan al hombre una personalidad. Esta personalidad, este *yo*,
se debilitan, se reblandecen, una vez que el príncipe ha llegado al trono; su carácter cambia, sus
deseos se hacen más imperiosos; el poder ejerce
por fin su influencia disolvente. Es por lo mismo

un hecho conocido en política que el príncipe reinante no es nunca lo que prometía ser cuando era heredero del trono, y hay que confesar que no cambia generalmente en favor suyo; pero, en todo caso, la Constitución, las leyes, las costumbres, las necesidades de la política, al limitar el poder, le hacen mucho menos funesto para la personalidad y la salud moral del príncipe.

* * *

Para explicarnos más claramente el porqué de la sucesión de tipos de degenerados en los tronos, vamos a estudiar brevemente las características principales de los degenerados y de las leyes de degeneración, y veremos además cómo se transmiten y se fijan indefectiblemente en sucesivas generaciones todos estos estigmas.

La degeneración se manifiesta por dos series de estigmas: *físicos y morales.*

Los primeros consisten principalmente en deformaciones óseas, a las que acompañan a veces la obesidad, la deformación de los órganos genitales (exceso o defecto), los labios excesivamente gruesos, etc.

Los segundos, en las más diversas taras psíquicas, que pueden ir hasta la demencia.

Ambas formas están íntimamente relacionadas, aunque las leyes de su relación y de su transmisión son un poco misteriosas y no las conocemos todavía exactamente.

A veces predomina un estigma típico que se fija y se transmite siempre y alrededor del cual se acumulan otros en mayor o menor grado y gravedad. Tal es, por ejemplo, el caso del *prognatismo,* que aparece en los Habsburgo desde los tiempos más remotos y que ellos han transmitido y fijado en la mayoría de las demás estirpes reales europeas.

Los Habsburgo fijaron con uniones consanguíneas un estigma de degeneración y lo han transmitido, solo o con otros, somáticos o psíquicos, a las familias que han enlazado con ellos, y han creado así un tipo humano peculiar, con los mismos procedimientos que se emplean en zootecnia para la creación de subrazas animales. (DR. GALIPPE, página 444.)

Los estigmas físicos, psíquicos y funcionales pueden ser consecuencia unos de otros; nuestros medios actuales no nos permiten establecer un enlace constante, y puede darse el caso de que los poseedores de estigmas físicos sean moralmente normales, y viceversa (GALIPPE, pág. 41).

Aparecen y se transmiten los estigmas físicos en los seres que, como los reyes, hacen una vida anormal.

Pero no sólo hay, como sabemos, estigmas físicos; éstos van habitualmente acompañados por desórdenes del eje cerebro-espinal. Los degenerados se hallan en estado de desequilibración, que constituye la base de su estado mental. (DR. GALIPPE, pág. 43.)

Veremos que este es el cuadro que presentan, en efecto, las dinastías españolas de los Austrias y de los Borbones. Los estigmas meramente físicos aparecen acompañados por otros psíquicos, cuya forma e intensidad varían; pero faltar, no faltan nunca.

Recordemos aquí que

las palabras *degenerados, degeneración* son, en general, mal comprendidas por las personas extrañas a la Medicina. No implican fatalmente la idea de decadencia física y mental que comúnmente se les da. En la degeneración, aun más que en ciertos estados patológicos, existen una porción de gradaciones, y entre el hombre de genio y el idiota hay sitio, en la serie ascendente, para seres dotados de las más altas facultades intelectuales y de las virtudes morales más raras. (DR. GALIPPE, página 45.)

Por otra parte, los degenerados poseen una menor resistencia fisiológica. Su resistencia constitucional psico-física está disminuída, y esta «disminución, que se traduce por estigmas permanentes, es esencialmente progresiva, salvo regeneración intercurrente; cuando falta ésta, va a pararse más o menos rápidamente al aniquilamiento de la especie» (1).

Pero en las familias soberanas, por la continuidad en el desempeño de idénticas funciones en generaciones sucesivas—funciones deprimentes, como sabemos—, y más aún por los casamientos consanguíneos, que aportan nuevas taras y tienden a fijarlas, NO HAY TAL REGENERACIÓN. Unas familias desaparecen en el colmo de la decadencia física y del desequilibrio moral, como los Austrias de España, los Médicis, los Farnesio, los Estuardo. Otras dan pruebas de escasísima vitalidad, muriendo la mayor parte de los hijos en la infancia.

Repítense sucesivamente con otras familias las fases que llevan a la desaparición de las dinastías. En el estadio de disolución fisiológica se ha-

---

(1) MAGNAN y LEGRAIN, *Les dégénérés*, París, 1895.

llan precisamente en nuestros días los Habsburgo y los Borbones de España, como se hallaban hace dos centurias las ya mencionadas.

* * *

En la degeneración, la influencia hereditaria predomina sobre todos los demás factores: «puede decirse que domina la historia de la degeneración mental, que el degenerado es casi siempre un *hereditario degenerado*» (1).

Pero precisamente los casamientos consanguíneos de las familias soberanas vienen a agravar su situación, no existiendo—ya lo hemos dicho—la «regeneración intercurrente» de que hablan Magnan y Legrain. Para que no haya un casamiento morganático, una introducción de sangre inferior en la estirpe semi-divina, vienen a soldarse nuevas taras de otros troncos reales a las ya existentes en el propio, existiendo así una constante selección de prototipos degenerados. Y de esta manera se fijan de manera indeleble las taras típicas en las familias soberanas, lo mismo que en zootecnia se fijan subrazas o se constituyen nuevas clases de *bull-dogs*, con sus característicos rostros achatados y patas bombeadas... ¡La creación ha hecho las leyes iguales para todos!

Ahora bien: toda selección es funesta.

De la inmensidad humana surgen individuos, familias y razas que tienden a elevarse por encima del nivel común; ascienden difícilmente a las alturas abruptas, llegan al pináculo del poder, de la

---

(1) Lecciones clínicas sobre las enfermedades mentales, de MAGNAN, cit. por GALIPPE, pág. 43.

riqueza, de la inteligencia, del talento, y una vez llegados allí se ven precipitados abajo y desaparecen en los abismos de la locura y de la degeneración. La muerte es la gran niveladora; al aniquilar todo lo que se lleva, democratiza la humanidad.

Los hombres parecen haber sido organizados, permítase que nos expresemos así, para la igualdad. Toda distinción en clases políticas, económicas o intelectuales y toda selección, consecuencia lógica y natural de esta distinción, son igualmente funestas para la humanidad, para los elegidos lo mismo que para el resto de los humanos, produciendo *falta* en estos últimos, *exceso* en los primeros, del elemento que es el principio de la distinción de las clases (1).

El casamiento entre familias reales es el gran responsable de su degeneración. No desisten de sus matrimonios consanguíneos, y, sin embargo,

si las familias soberanas, mejor advertidas de los peligros que corren, no renuncian a combinaciones familiares que la Naturaleza reprueba y castiga en la persona de los hijos, desaparecerán en la impotencia moral, física o intelectual, no sin sembrar alrededor de ellas el escándalo, como lo hemos visto en ejemplos recientes y estridentes. La desaparición de las aristocracias es una ley general, demostrada por la Historia.

Es cosa sabida que todas las aristocracias, todas las clases privilegiadas están constantemente en vías de degeneración, que están atacadas de esterilidad y que el número de estos elegidos de la suerte, lejos de aumentar, disminuye, al contrario, muy rápidamente; las aristocracias de todos los países

---

(1) GALIPPE, págs. 446-447.

y de todos los tiempos sólo se mantienen gracias al ennoblecimiento de plebeyos (1).

La aristocracia romana desapareció con gran rapidez. Bruto, Julio César, Augusto, Claudio se vieron obligados, para rellenar los vacíos, a instituir una nueva nobleza *minorium gentium.*

Los espartanos constituían una clase privilegiada; desaparecieron rápidamente.

Las aristocracias feudales de la Europa moderna tuvieron la misma suerte. A principios del siglo xv no quedaba ya casi familia alguna que ascendiera a las Cruzadas. La nobleza inglesa se apaga con tal rapidez que ciertos títulos nobiliarios han sido llevados sucesivamente por seis, siete, ocho familias y aun por un número mayor. Mr. Doubleday insiste en este hecho: que los pares actuales no son generalmente de fecha antigua y que no quedan más que muy escasos restos de la nobleza de los Tudor; las dos terceras partes de los Lores (272 sobre 394) data de 1760 solamente; el número de los barones tiende también a disminuir, a pesar de la creación hecha por varios soberanos y de los ennoblecimientos numerosos de Jacobo I; así, de 1.527 títulos de barones creados desde 1611, sólo quedaban, en 1819, 635, de los cuales 30 únicamente datan de 1611 (2).

No proseguimos. Estos ejemplos bastan. Y los confirma con harta elocuencia la nobleza española, tan decadente hoy y de tan bajo nivel mental como es sabido.

* * *

En la serie de reyes que desfilarán por las páginas de este libro, hasta los más recientes, veremos una acumulación de taras degenerativas. Estas varían dentro de ciertos límites, son más o

---

(1) DR. JACOBY, obra citada, pág. 432.

(2) DR. GALIPPE, págs. 445-446.

menos numerosas, pero existen siempre bajo una u otra forma.

Veremos también que las taras de estos monarcas corresponden a las que son habituales en los degenerados corrientes.

¿Qué particularidades distinguen a los degenerados?

Los degenerados muestran el mismo desequilibrio desde el punto de vista sentimental que desde el punto de vista de la sensibilidad. Los unos dan pruebas de un altruísmo excesivo; otros, en cambio, son egoístas y feroces y no sienten hacia los suyos más que una indiferencia absoluta (1).

Nótase también la abolición más o menos completa de la conciencia, con una disminución de la voluntad que puede llevarlos hasta la categoría de los obsesionados y de los impulsivos. La vitalidad disminuye. La mortinatalidad, en la que pueden englobarse los nacimientos prematuros seguidos de muerte y los abortos, es, en efecto, uno de los atributos de la degeneración hereditaria. La acumulación de las taras hereditarias, la decadencia de la raza, incluso fuera de causas añadidas, como el alcoholismo, la sífilis, la tuberculosis, bastan para disminuir mucho la aptitud del niño para la vida, aun cuando no traiga al nacer lesiones graves debidas a la sífilis, a la tuberculosis de los padres. La menor resistencia de la descendencia de los degenerados se manifiesta pronto en los que sobreviven. (GALIPPE, pág. 48.)

A las causas mencionadas de degeneración y debilitación de los hijos hay que añadir otra terrible y que está bien próxima a nosotros: *la hemofilia...*

_____

(1) GALIPPE, pág. 47.

En los Borbones no han faltado una sola vez una o varias deformaciones óseas. También ha habido epilepsia. Ambos son hechos graves. Por lo que al primero respecta,

cada vez que un hombre se singulariza por un estigma físico cualquiera (estrabismo, manchas pigmentarias, dedo suplementario, «pico de liebre», bóveda palatina ojival, prognatismo inferior, etc., o toda anomalía en la conformación regular del cuerpo), puede igualmente presentar las particularidades morales o intelectuales que lo hacen entrar en la categoría de los degenerados, sin que por ello deje de gozar del privilegio de una aptitud o de una facultad predominante, a pesar de la desequilibración mental que se encuentra en la mayor parte de estos individuos (1).

Las familias soberanas presentan para el estudio de la degeneración la interesante particularidad de que se han conformado espontáneamente a las reglas fijadas por la zootecnia para la fijación y transmisión de ciertos caracteres que no pertenecen a la especie. Por orgullo de casta, por necesidades políticas, estas familias han recurrido a la selección y a los casamientos consanguíneos. (GALIPPE, página 65.)

Al estudiar los precedentes patológicos del último Borbón español veremos cuán exactamente pueden éstos comprobarse, por ejemplo, en las características de los Habsburgo y de sus cruzamientos por la fijación de sus estigmas en las estirpes en que su sangre penetra.

* * *

(1) GALIPPE, pág. 61.

Para acabar este breve estudio, vamos a ver cómo se transmiten las taras en las familias degeneradas.

Los estigmas degenerativos físicos o psíquicos no se reproducen exactamente, matemáticamente, en una serie de generaciones sucesivas. La transmisión es desigual. Mientras en unos individuos predominan ciertos estigmas, en otros se atenúan o desaparecen, para dar lugar, en cambio, a características diferentes, y tal vez para reaparecer saltando una o más generaciones.

Así, en la serie borbónica encontramos alternativamente la locura hipocondríaca (lipemanía) de un Felipe V, la demencia declarada y por fin furiosa de un Fernando VI, las rarezas y anormalidades de un Carlos III, la imbecilidad de un Carlos IV, la estupidez malvada de un Antonio Pascual, la vileza, cobardía y crueldad de un Fernando VII, la simpleza de un Carlos María Isidro, la ninfomanía de una María Luisa y de una Isabel II, la insensibilidad moral, la monomanía de los negocios, la felonía y traición y la inteligencia escasa, incapaz de comprender los altos intereses de su país y de orientar su verdadera política—con consecuencias catastróficas para la nación—que se hermanan en Alfonso XIII y en Fernando VII (algunas de estas características son comunes a los demás miembros de la raza).

La alternancia en la continuidad psicopática, la diferencia en las anomalías de los diversos individuos de una serie degenerada han sido expuestas por Jacoby como sigue:

En la esfera moral, las psicopatías, como hemos hecho observar muchas veces en la primera parte de nuestra obra, tienen también una conexión íntima con toda una serie de particularidades psíquicas, desde las singularidades intelectuales más ligeras, que constituyen frecuentemente a los ojos de las personas extrañas a la medicina mental una originalidad amable, que da al espíritu un encanto picante y particular, hasta las anomalías psíquicas más graves, tal como el vicio sanguinario de Calígula, del mariscal de Retz, del conde de Charolais, que condimentaban la insulsez del acto sexual con la vista de torturas y de sangre. A esta clase de anomalías psíquicas pertenecen también los desenfrenos exagerados y contra naturaleza, la embriaguez, la predisposición al crimen, al suicidio, etcétera. En virtud de la ley de transformación de las afecciones cerebrales y nerviosas y de las manifestaciones múltiples de la herencia psicopática —ley según la cual las psicopatías, al pasar por la vía de la hereditariedad a las generaciones siguientes, pueden transformarse en afecciones nerviosas y cerebrales otras que la locura o en anomalías puramente psíquicas, y viceversa—; en virtud de esta ley, decimos, las familias marcadas con el sello psicopático, presentan, al lado de individuos brillantes, al lado de talentos excepcionales, imbéciles, idiotas, alienados, epilépticos, viciosos, alcohólicos, criminales, suicidas, etc., y por lo que se refiere a formas más ligeras de la afección y de la degeneración nerviosa, tics coreicos, anomalías de organización, vicios de conformación del oído y, finalmente, rarezas intelectuales y morales, a veces difíciles de describir e imposibles de caracterizar.

Veremos completo y representado en vivo este cuadro de degeneración en las páginas que siguen. Presenciaremos el desfile de los monarcas y de su parentela atacados de toda clase de estigmas físicos y psíquicos. ¡Ni uno solo escapa!

Y esta ley fatal a que se hallan sometidos será,

como hemos dicho ya, la más terrible condenación del régimen monárquico.

Finalmente, nos pasmaremos de ver a un pueblo soportar durante siglos, borreguilmente, castas completamente averiadas, que se rodeaban, como era lógico, de seres hechos a su imagen y semejanza, y que, auxiliados por ellos, llevaban al país, de tumbo en tumbo, a la vergüenza y a la ruina...

CAPITULO II

PREDECESORES Y ANTEPASADOS

Antes de empezar a hablar de los Borbones de España conviene presentar al lector a sus predecesores—los Austrias de España—y a sus antepasados — los Borbones de Francia y demás razas que intervienen en la formación del tronco.

La mezcla es, sin embargo, tan frecuente, que no se puede hacer semejante distinción fácilmente, siendo antepasados y predecesores en realidad los mismos. Sin embargo, para mayor claridad, trataremos de hacer la distinción, presentando al lector sucesivamente Austrias de España, Borbones de Francia y las familias que con ellos han entroncado.

LOS AUSTRIAS

Los Austrias descendían, por *Felipe el Hermoso* y *Carlos V*, de los Habsburgo; por *Juana la Loca*, de la vieja dinastía castellana y de las numerosas mezclas en ella introducidas con el correr del tiempo. No haremos aquí el estudio de su genealogía y de sus viejos estigmas, que reaparecerán, agravados, en épocas posteriores.

Esto ya ha sido hecho en buena parte por Gonzalo de Reparaz en la *Páginas turbias de Historia de España* (1.ª edición), págs. 111 a 116, por lo que a los ascendientes de Isabel y de Fernando se refiere, y págs. 214 a 222 en lo referente a D. Sebastián de Portugal, de precedentes tan cargados; algo de lo que allí dice lo reproducimos aquí.

Empecemos por los estigmas degenerativos de los Austrias.

Fernando el Católico e *Isabel* tenían una ascendencia muy cargada. Sus hijos fueron: *Isabel*, que murió joven y no dejó descendencia; *Juan*, príncipe de Asturias: se casa con *Margarita*, hija del emperador *Maximiliano*, y muere sin hijos; *Juana la Loca* se casa con *Felipe el Hermoso* de Austria. Estaba contrahecha, era débil de inteligencia y se volvió loca, estado en que quedó durante más de medio siglo. La locura era una tara de familia: a la abuela de Juana había habido que encerrarla en el castillo de Arévalo, y sus biznietos *Carlos* (1) y *Sebastián* (2) estaban locos. Por su casamiento con Felipe de Austria entraban los Habsburgo a reinar en España. Es por lo mismo personaje importantísimo.

Presentémosle, pues, al lector.

Los retratos que de él nos han llegado no parecen justificar su apodo. Era boquiabierto—como lo fueron todos los demás Austrias españoles. Y según Galippe (pág. 191), su rostro revelaba una larga serie de estigmas degenerativos: prognatismo inferior, altura considerable del labio superior, labio inferior grueso, **facies adenoidea**

---

(1) Hijo de Felipe II.
(2) Rey de Portugal.

y los incisivos superiores probablemente proyectados hacia delante.

Felipe el Hermoso era hijo del emperador *Maximiliano de Austria* y de *María de Borgoña*. Examinemos primero la ascendencia paterna y después veremos la materna.

MAXIMILIANO I, «a la edad de diez años articulaba tan mal, que se le dió el sobrenombre de «el Tartamudo». Valeroso, amante de fiestas y de placeres, descuidó los asuntos serios. Toda su vida luchó con dificultades de dinero y no retrocedió ante el asesinato de ricos burgueses de Brabante, que le eran hostiles, a fin de apoderarse de sus bienes. Desequilibrado, excesivamente imaginativo, le gustaba meterse en empresas que estaban por encima de sus fuerzas y que abandonaba después. Murió, como su padre, por haber comido demasiado melón». (GALIPPE, pág. 101.)

María de Borgoña era hija de *Carlos el Temerario*, duque de Borgoña, y de *Isabel de Borbón*.

CARLOS EL TEMERARIO, muerto en 1477, era un personaje eminentemente neuropático.

Tenía un carácter violento, impetuoso, sin continuidad, y de una imaginación demasiado viva, excitada aún más por la lectura de los romances de caballería; lanzábase locamente a las empresas más atrevidas y renunciaba a ellas repentinamente para seguir una nueva idea. Después de la batalla de Morat se encerró en el triste y sombrío castillo de Joux, presa de profunda melancolía, que no era vergüenza ni disgusto, como dice Michelet, sino antes bien una enfermedad mental, la *melancolía*, en el sentido medical, psiquiátrico de la palabra, una de las formas de la locura (1). Esta enfermedad ha-

(1) Nótese aquí la primera aparición de la *lipemanía* (locura melancólica). La melancolía elevada al grado de monomanía se

bía sido tan intensa que había debilitado grandemente su inteligencia... Sobre Carlos el Temerario pesó la influencia funesta de la degeneración física e intelectual de su casa y con él se apagó aquella dinastía brillante de los duques de Borgoña de la segunda raza... En la vida se mostró a la vez violento, irresoluto, incapaz, y murió alienado. (GALIPPE, pág. 187.)

De su casamiento con Maximiliano, María de Borgoña tuvo, además de Felipe el Hermoso, a *Margarita*, casada dos veces, muerta sin posteridad, entregada a vicios contra naturaleza (GALIPPE, pág. 188). Y a *Francisco*, que murió pequeño.

* * *

Del matrimonio de Felipe el Hermoso y de Juana la Loca nació CARLOS V. La historia falseada que suele circular por ahí le pinta como un gran hombre, una mentalidad poderosa, un genio político. Veamos lo que hay de verdad en esto.

Había sido un niño retardado, tartamudo, epiléptico, con vicio de conformación. En los últimos años de su vida se le creía «tocado». (GALIPPE, pág. 193.)

Los estigmas teratológicos aparecían abundantes en su rostro. Tenía prognatismo inferior, facies adenoidea, incisivos y caninos visibles, grueso labio inferior y era boquiabierto, con aquella boca tan característica de muchos prognatas.

repetirá en la casa de Austria y alcanzará proporciones increíbles en los Austrias de España. Después será transmitida a los Borbones de España a través de los numerosos enlaces que hace la familia con los Austrias. Aparece bien evidente en Felipe V y en Fernando VI.

Hijo de un hombre menos que mediano, a quien siempre gobernaron sus ministros, y de una loca, nieta de otra loca, y biznieto de un loco, Carlos soportaba la amarga herencia de aquellas vesanias de modo harto perceptible. A los diez y seis años era un muchacho de mediana estatura, flaco, paliducho, muy melancólico, siempre boquiabierto, porque la enorme mandíbula inferior, muy pesada, quedaba colgante, y con unos ojos que parecían postizos. Su complexión enfermiza y frecuentes indisposiciones inquietaban a los que le rodeaban. Padecía síncopes de carácter evidentemente epiléptico. Acometíanle de vez en cuando fugaces ataques de alegría y de energía; pero habitualmente era frío, taciturno y se estaba inmóvil como un ídolo. Tal nos lo describen GOSSART (*Notes y Charles V, empereur*), A. WALTER (*Die Anfangen Karls V*), BREWER (*Calender of Letters and Papers of the Reign of Enric VIII*) (1).

Uno de los rasgos patológicos que se advierten en la psicología del emperador es la melancolía. Verémosle pasar por sucesivos cruzamientos a la familia Borbón. A él movióle más de una vez a pensar en retirarse a la soledad... El papa Pablo IV decía en diciembre de 1555 al cardenal Du Bellay «que aun no había declarado su intención el emperador, pero que aunque de ella hablase, lo que dijese carecía de valor, pues todos sabían que estaba loco». A lo que el obispo de Angulema pudo añadir en carta escrita en Roma al rey de Francia Enrique II, el 2 de junio del 58, «que al emperador puede dársele por muerto y que, a su parecer, padece la misma enfermedad que su madre» (Doña Juana la Loca). En efecto, la melancolía es una forma de la epilepsia mental, y ésta sigue el árbol genealógico de las familias reales de que hablo, extendiéndose por todas sus ramas... La forma que la enfermedad

---

(1) GONZALO DE REPARAZ, *Páginas turbias de Historia de España*, pág. 191 de la 1.ª ed. y 188 de la 2.ª.

toma en Carlos V y en muchos de sus descendientes
(gula y lujuria desenfrenadas) no son sino reaccio-
nes de ella misma. De los ataques de epilepsia que
tuviera en su juventud habla su devotísimo historiador Sepúlveda (1).

Carlos V se casó con *Isabel*, hija del rey Manuel de Portugal. Con este casamiento añade, a
las que ya legaba a sus descendientes, nuevas taras. En efecto, la familia real portuguesa estaba
en plena degeneración, y a las dos generaciones
desaparecía con *D. Sebastián*, «alienado peligro-
so, impulsivo, y que sentía un horror invencible
hacia las mujeres»; debía tener una anomalía
en los órganos genitales «que le hacía la castidad fácil» (GALIPPE, pág. 247).

Don Manuel tuvo la manía de grandezas y fué
pérfido e injusto con sus mejores servidores como
Duarte Pacheco y Magallanes.

De este matrimonio entre Carlos V e Isabel de
Portugal nacen: *Felipe*, rey de España, del que
hablaremos después; *Fernando*, que muere en
la infancia; *María*, que se casa con Maximiliano II, emperador de Alemania (*enlace consanguíneo*), y que se consideraba, como Felipe II, de
una raza superior a la humanidad; *Juana*, que
tenía el rostro alargado y prognatismo inferior,
se casa con Juan, infante de Portugal (2) (*casamiento consanguíneo*); tuvo alucinaciones y un
ataque de locura puerperal; de ella nació Sebastián, rey de Portugal, el demente a quien ya co-

---

(1) REPARAZ, *Páginas turbias*, págs. 201-202 (198 de la 2.ª ed.).
Cit. a MIGNET, *Charles V. Son abdication, son séjour et sa mort
au monastère de Yuste.*

(2) Hijo del rey Juan III, que tenía un prognatismo considerable y gruesos labios superior e inferior.

nocemos y que era, como vemos, hijo de la reina
Juana, hermana de Felipe II, y nieto de la reina
Catalina, hermana de Carlos V. Consanguinidad
acumulada que viene una vez más a repetir en la
casa de Aviz moribunda las taras de los Austrias
decadentes. El resultado fué la desaparición de
la dinastía por locura e impotencia.

Según parece, Carlos V tenía la bóveda palatina ojival y una ligera desviación de la nariz.
Sus caninos superiores sobresalían y le habían
hecho, por lo tanto, erupción en anteversión. En
su juventud tuvo, como sabemos, ataques de epilepsia. «Esta observación, si es cierta, demuestra
que había una verdadera acumulación de taras en
Carlos V. Era además gotoso, asmático y sufrió
mucho de estas manifestaciones mórbidas. A esto
hay que añadir que era comilón, gran bebedor y
que, más que elegirlas, buscaba violentamente a
las mujeres.» (GALIPPE, pág. 200.)

Aunque no tenía más que cincuenta y cinco años,
sufría ya todas las descrepitudes de la vejez. Sus
articulaciones, osificadas por la gota, no le permi-
tían ni doblar los brazos, ni caminar sin muletas;
unas erupciones crónicas corroían su piel; su mandíbula inferior desbordaba tanto que no podía apre-
tar los dientes cuando cerraba la boca, de manera
que pronunciaba con dificultad, y que para masti-
car los alimentos debía aplastarlos en sus encías,
lo que había determinado ulceraciones en la boca,
la caída de los dientes y la ruina de su estó-
mago (1).

Hacia fines de su vida, Carlos V tenía el labio

_____

(1) H. FORNERON, _Les Ducs de Guise et leur epoque_, 2.ª ed., t. I,
pág. 162.

inferior tumefacto, y para curárselo se aplicaba un ungüento que recubría con una hoja de parra...

* * *

Pasemos ahora a FELIPE II.

Casóse primero con *María*, hija de Juan III, rey de Portugal (*casamiento consanguíneo*); de ella tuvo a *D. Carlos*, demente, con la cara aplastada, prognatismo inferior, labios gruesos, exorbitismo, deformación de los huesos de las piernas. Acabó en una demencia furiosa, tal vez asesinado por su padre.

De su cuarta mujer, *Ana María de Austria*, hija del emperador Maximiliano II (*casamiento consanguíneo*), tuvo seis hijos: el primero, el futuro *Felipe III*, sobrevivió; los siguientes—*Fernando, Jaime, Carlos-Lorenzo, Diego y María*—murieron todos en la infancia.

Felipe II heredó las taras del padre. De carácter tétrico, encerróse en las soledades de la Meseta, en vez de instalarse en Lisboa, centro entonces de la navegación del mundo y base indispensable de un imperio esencialmente marítimo como el español (también hubiera podido hacerlo en Sevilla). Esta fué causa principalísima de la inmediata decadencia del Imperio español.

Su corte, el ambiente en que vivió, no podían ser más siniestros y correspondían al tenebroso estado patológico del monarca.

Las reinas extranjeras que vinieron a la corte castellana sufrían muchísimo e iban sucumbiendo una tras otra (esto seguirá sucediendo indefectiblemente en los dos siglos siguientes) (1).

---

(1) Felipe II tuvo cuatro mujeres; Felipe IV se casó dos veces y Carlos II otras dos. De los Borbones, Felipe V *gastó dos*

Resentíanse de la suciedad que reinaba en la corte española.

Habiendo tenido Felipe II que alejarse de su mujer durante una semana, las matronas francesas [trátase de la hija de Catalina de Médicis] quisieron preparar y disponer a la reina para la vuelta de su marido, y hacerle tomar un baño, cosa considerada en España como un pecado. La duquesa de Ureña hizo prohibir por los médicos a la reina que se bañase, *puesto que no estaba enferma.* Pero como Isabel tuviese una indigestión de chorizo, los médicos tuvieron que tolerar el baño.

Las moriscas eran muy cuidadosas de la limpieza de su cuerpo y en sus tocados, y esto levantaba contra ellas la indignación de los españoles... Más adelante, Felipe II prohibió a los moriscos el uso de baños calientes, so pena de seis años de galeras.

La reina Isabel murió en 1566, después de una larga enfermedad y de un agotamiento completo.

Los médicos habían sangrado a la reina cuidadosamente y le habían aplicado numerosas ventosas en la cabeza. Su ignorancia escandalizaba a los embajadores extranjeros, y se les consideraba como los autores de la muerte de la reina. Como lo ha hecho observar con exactitud Forneron, para Felipe II, que protegía las artes, la ciencia era una enemiga. Se consideraba peligrosos a los jóvenes que iban a hacer sus estudios en Montpellier. Se les devolvía a sus padres. Miguel Servet debía huir de España, y aunque cuidase a Felipe II, el gran Vesale se veía condenado a expiar su ciencia mediante una penitencia en Tierra Santa. Pereció en un naufragio al dirigirse allí (1).

---

mujeres; Fernando VII, cuatro... Casi todas se iban apagando en cuanto llegaban. Pero la demostración de esto con pruebas nos llevaría demasiado lejos.

(1) GALIPPE, págs. 210-213, según FORNERON.

Cuando a la edad de diez y seis años el príncipe D. Carlos cayó enfermo, Felipe II llamó, en efecto, al gran anatomista Vesale. Pero a los consejos de Vesale, los médicos ignorantes que rodeaban al príncipe prefirieron el empleo de un ungüento preparado por un brujo morisco de Valencia, llamado el Pinterete.

El ungüento no produjo mejores efectos que la sangría y las purgas. Don Carlos deliraba; su padre estaba sentado junto a él, rodeado por once médicos, que no podían tomar la palabra sin ser interrogados. A Felipe II sólo le quedó la esperanza de un milagro, e hizo acostar en la cama de su hijo el cuerpo desecado de un cocinero muerto en olor de santidad un siglo antes. Sin embargo, Vesale practica la trepanación (1). El príncipe entró inmediatamente en convalecencia y pudo levantarse un mes después.

Felipe II, cuya mentalidad nos es conocida, atribuyó la curación a un milagro, y exigió la canonización del cocinero en la curia romana. El médico del príncipe declaró en una memoria, exponiéndose a ser conducido ante el tribunal del Santo Oficio si esta protesta hubiese llegado a ser conocida, que esta curación se debía exclusivamente a su talento y que no tenía nada de sobrenatural. Nos parece soñar cuando se comprueba que en 1849 los académicos que publicaron la memoria del médico de D. Carlos se escandalizaron al ver que se había atrevido a dudar de un milagro reconocido por la curia romana... De la operación tan eficaz de Vesale nadie habló, salvo los ingleses y el embajador de Francia.

Don Carlos quedó, a pesar de todo, débil de es-

---

(1) El príncipe habíase caído por una escalera, produciéndose una equimosis en la sien izquierda, con parálisis de la pierna derecha.

píritu. Tenía además una anomalía en los órganos
genitales que lo hacía impropio para el casamiento.
Durante el curso del presente trabajo hemos tenido
más de una vez ocasión de notar anomalías semejantes en otros miembros de la familia de Habsburgo. Los médicos en vano habían intentado des-
arrollar la vitalidad de D. Carlos. Este tenía impulsos violentos, pegaba a las mujeres o las abra-
zaba brutalmente, aun cuando «eran las más grandes del reino». Insultaba a su madrastra, muy buena y muy tierna para él. Pegaba, insultaba o amenazaba con un cuchillo a los nobles de su corte. Su
apetito era excesivo; comía glotonamente. En varias
ocasiones se tragó piedras preciosas, que sólo devol-
vió a fuerza de purgas. El embajador veneciano
decía de él: «Está atacado de alienación mental,
como su bisabuela; habla con lentitud y dificultad;
sus frases son desconexas» (1).

De su segunda y tercera mujer no tuvo hijos
Felipe.

De la cuarta, la ya citada Ana de Austria, por
la que Felipe III vino a ser doblemente Habsburgo, escribía el embajador de Francia a Catalina de Médicis que no salía nunca de sus habitaciones, de manera que su corte parecía un convento de monjas. Así, enterrados en vida, fueron
sucumbiendo ella y sus hijos: *D. Fernando* murió a los siete años; *D. Carlos* sólo vivió dos;
D. Diego, seis; la infanta *doña María*, un año.
Todos los hijos de Felipe II, sin vitalidad, iban
desfilando hacia el cementerio...

Apenas estaba acabado El Escorial, ya se llenaba de ataúdes; Felipe II, antes de llegar a los sesenta años, hizo depositar en él diez y siete cadáveres... (FORNERON, t. II, pág. 402).

(1) GALIFFE, págs. 204-205.

Como sabemos, el único hijo que le sobrevivió fué el futuro Felipe III. ¡La raza agonizaba!...

* * *

Como dice GALIPPE, el relato de la muerte de Felipe II muestra hasta qué punto llegaban en la corte de España el descuido y la suciedad.

Hacía tiempo que Felipe II estaba impotente, aplastado por el reuma, y su mano derecha, retorcida por el mal, era ya incapaz de firmar. Hacia el fin de su vida no podía estar ni de pie ni sentado. Quedábase tumbado y seguía trabajando. Por fin la fiebre le obligó a cesar.

Unos abscesos se abren en la mano derecha y en el pie derecho. Su médico, Mescado, anuncia que el fin parece acercarse. Una de las rodillas se hincha y se agrieta. El enfermo se queda cincuenta y tres días en la misma cama sin moverse; no le mudan la ropa ni le lavan; las sábanas se impregnan de evacuaciones, sudores y supuraciones. Los parásitos invaden este pobre cuerpo; la raíz de cada pelo está roída; al curarle le sacan de la cadera dos tazones de pus; la carne cae a pedazos en los riñones y en los hombros. La piel está devorada por los parásitos; las heridas, por la gangrena. El rey siente una repugnancia tan grande por sí mismo que, haciéndose mostrar su ataúd forrado de blanco, recomienda que coloquen antes el cuerpo en una caja de plomo para no manchar la seda (1).

He aquí el cuadro que nos presenta JACOBY de este rey (pág. 367):

_____

(1) FORNERON. t. IV, pág. 290.

Felipe II, fanático, melancólico, espíritu lento, irresoluto, variable, y, sin embargo, enamorado de quimeras, persiguiendo siempre algún proyecto fantástico, igual que su hermano D. Juan (1); pérfido, fríamente cruel, y al mismo tiempo muy sensual y libertino, traidor, mentiroso, disimulado, carácter eminentemente neuropático, es una de las más sombrías figuras de la Historia. Hizo morir a su hijo D. Carlos, con cuya prometida se casó; hizo asesinar a Escobedo; se vengó con un rigor implacable en los hijos y en la mujer de Antonio Pérez, y en todo Aragón de la infidelidad de su amante la princesa de Eboli, y recibió a causa de su crueldad el sobrenombre de *Tigre del Mediodía*. Los historiadores dicen que durante los últimos años de su vida estaba medio loco. Había estado casado cuatro veces y tuvo además numerosas amantes...

* * *

Felipe II, en su locura mística, concentró todos sus esfuerzos en destinar a España para la gloria eterna antes que al poder y a la grandeza terrenales.

Para mejor servirla hízose Felipe ermitaño y fundó, a los pies del Guadarrama, adonde vino a refugiarse, pareciéndole quizás Valladolid demasiado mundana y casi babilónica, una capital pequeña, pobre y solitaria (como convenía a una nación que también había de consagrarse al servicio de Dios), y a la que no llegarían nunca las pestilencias de las múltiples herejías que infestaban el mundo, ni los bramidos de aquel mar, su enemigo; ni tampoco las ráfagas de las tempestades humanas, perturbado-

---

(1) Recordemos a su antepasado Carlos el Temerario, y veremos la semejanza sorprendente...

ras de la función de gobierno, tales como él las había visto y padecido en las populosas metrópolis de la pervertida Europa en los cinco años que por allá había vivido.

Lejos de haberse *europeizado*, volvía más castellano que nunca, rebosando desprecio hacia la gente del Norte, grosera, violenta, dada a la glotonería y a la embriaguez, vicios que repugnaban a su naturaleza delicada, más propensa a otras debilidades; y si era tierno en demasía con las damas (según queda dicho), no se excedía en la mesa: bebía moderadamente y guardaba siempre aquella compostura y dominio de sí mismo que eran como el sello de su mayestática superioridad, y que le hacían detestado, temido e imponente; exterioridades que, por desgracia, no encubrían una superioridad mental como la que anunciaban, sino sólo una mediana capacidad, aunque también una fidelísima memoria y una robusta fe en la misión que el Señor le encomendara en este mundo, una gran confianza en sí mismo, y, al frente de todo ello, aquella terquedad que venía a ser el rasgo dominante de los vástagos de la casa de Borgoña. Trabajador incansable, pero de ánimo tan dado al examen y a la crítica que no se decidía nunca oportunamente, perdiendo el tiempo en informarse y en pesar el pro y el contra de los negocios, de modo que formaba su parecer con los pareceres ajenos, y, queriendo pensar siempre por sí, rarísima vez alcanzó esa independencia, como nunca la consiguió respecto del medio ambiente. Criado en la meseta castellana (en Madrid, Ocaña, Toledo, Aranjuez, Avila y otros pueblos y villas de la región) desde los cuatro hasta los diez y siete años, como que formaba parte de ella y a ella regresó en cuanto pudo y nunca más volvió a embarcarse.

Tal era el monarca que iba a reinar sobre el mayor imperio marítimo del mundo, y en el momento mismo en que estaba pasando la oportunidad postrera de constituir definitivamente la nacionalidad mediante el señorío de ambas orillas del Estrecho de Gibraltar y el norte de Africa hasta Túnez, pues si bien ya parecía tarde para asentar la grandeza de España sobre esta tan firme base, única natural, no podía tenerse por del todo superior a las fuerzas de tan poderoso monarca el intento (1).

La melancolía de sus antepasados subsiste y aun se agrava en este monarca.

Felipe II adaptábase maravillosamente a la soledad adusta y triste de los granitos escurialenses, y otro tanto había de ser repelido por los alegres y paradisíacos que, bañados por la inmensa bahía del Tajo, sobre el infinito océano, con el nombre de Cintra se levantan, sirviendo de término occidental al continente europeo y como de atalaya para descubrir nuevos mundos. Lascivo y melancólico, la vida para él oscilaba entre dos polos: el lecho y el ataúd. Lo mismo que su padre, con el aditamento de la mesa, y por el estilo sus ascendientes y descendientes, salvo aquellos a quienes la impotencia o anomalías genitales privaron del primero y vivieron muriendo, reducidos al segundo, cual los citados Don Carlos y D. Sebastián. Toda la raza es tanatófila o necrófila, o sea amiga de la muerte. Uno de esos antepasados remotos, D. Pedro I de Portugal, hizo desenterrar a su mujer, Doña Inés de Castro, sentó en el trono el cadáver y obligó a todos los caballeros de la corte a besar la mano de la muerta. Su abuela, Doña Juana, recorrió mucha parte de la Península con el cadáver del marido, haciendo que le abrieran diariamente el ataúd, extasiándose en contemplarlo, rezándole rosarios y responsos, conservándole en su cámara y teniéndole siempre a

---

(1) GONZALO DE REPARAZ, *Páginas turbias de Historia de España, págs.* 246-249 (243-245 de la 2.ª ed.).

la vista; no viajando con él sino de noche y depositándole de día en un convento, que forzosamente había de ser de frailes, pues si por casualidad era de monjas, hacía luego sacar el féretro al raso; donde estuviese no podía entrar mujer alguna. El emperador tuvo, no tan extremadamente, parecidos gustos funerarios. Retirado a un convento de la Orden Jerónima, dícese que allí dispuso en vida los propios funerales. MIGNET y otros lo dudan; algunos, fundándose en el silencio de QUIJADA, GAZTELU y MATHIS (el médico), lo niegan. Pero el puntual historiador de la Orden fray JOSÉ DE SIGÜENZA, contemporáneo (1540-1606), refiere la ceremonia con todos sus detalles, y siendo Felipe II tan devoto lector suyo que en una ocasión le sorprendió el día con uno de los tomos de su Historia en la mano, nada probable parece que inventase tan importante episodio, y que el hijo del muerto, ya de treinta años de edad al ocurrir el suceso, tal superchería dejase inventar y a ella se asociase callando. Debió complacerse con el ejemplo paterno, pues para él nada tan deleitable como un entierro solemne. Nunca faltaba a una ceremonia fúnebre; su encanto era aquel Escorial tétrico, símbolo de un instrumento de tortura, con su vasto pudridero, al que envió, antes que el propio cadáver, otros diez y siete; dispuso con todos sus detalles el propio entierro; examinó, ya moribundo y pudriéndose vivo, el ataúd en que le habían de encerrar; eligió el traje que le vestirían. Esta raza de amigos de la muerte contaminó la corte, la cual vino a ser una extrañísima mezcolanza de jolgorios y entierros, de mascaradas y féretros, de comedias sagradas y profanas, en un teatro situado en el mayor desierto de Europa; enorme pudridero de una malograda nacionalidad que naciera enorme, pero deforme. La tanatofilia de Felipe II, determinando la elección de capital para el imperio español, ha ejercido grandísima trascendencia en la historia de éste. Véase la importancia que tiene en los estudios históricos la patología de las estirpes reinantes, coronamiento necesario de la antropología colectiva o social (1).

* * *

Tales fueron los dos grandes monarcas de la casa de Austria en España—aquellos a quienes los historiadores castizos consideran como los colosos de la universal monarquía española...

Sigamos ahora la rápida marcha de la decadencia hasta el final.

* * *

Felipe II había heredado de su padre el prognatismo inferior; la altura considerable de la barbilla y su saliencia le impedían cerrar la boca; tenía facies adenoidea y probablemente exorbitismo en cierto grado. (GALIPPE.) Felipe III hereda del suyo el prognatismo y tiene una barbilla muy saliente.

A los veinte años el príncipe Felipe, hijo de Felipe II, era un muchacho dócil y exacto. Según FORNERON, estaba cubierto de herpes y tenía la boca grande y gruesa.

FELIPE III, rey de España y de Portugal, fué un hombre enfermizo, apático, sin carácter, sin energía y sin talento, de una piedad ardiente, verdadero fraile en el trono, lo que no le impedía ser mal hijo y hermano desnaturalizado; detestaba a su hermana Isabel e incluso quiso envenenarla, y no podía esconder su despecho de ver a su padre aun vivo. Violento, pero dócil, se halló siempre bajo la influencia de ministros y favoritos, que gobernaban en su nombre.

(1) REPARAZ, *Páginas turbias de Historia de España*, págs. 246-248, en nota (243-244 de la 2.ª ed.).

Se casó con *María Margarita de Austria*, hija de Carlos, archiduque de Gratz (*casamiento consanguíneo*), que tenía alucinaciones del oído y que oía voces imaginarias (1).

De este matrimonio nacieron:

Ana María de Austria, que se casa con Luis XIII, rey de Francia, y que era orgullosa, beata, de inteligencia muy limitada, apetitos sensuales muy fuertes; le gustaban mucho las carnes suculentas y el amor físico; tuvo varios amantes y se hacía abortar (DR. GALIPPE, página 216).

María, muerta en la infancia; *Felipe IV*, rey de España y Portugal; *Carlos*, muerto joven (prognatismo inferior típico, según los retratos de Velázquez y Rubens); *María Ana*, que se casa con Fernando III, emperador de Alemania (María nos aparece con prognatismo inferior, grueso labio inferior, aplastamiento de la nariz); *Margarita*, muerta en la infancia; *Fernando*, arzobispo de Toledo, muerto sin alianza (prognatismo inferior, labios gruesos superior e inferior, obesidad precoz); *Alfonso*, muerto en la infancia.

Es sabido cómo murió el abúlico Felipe III: a consecuencia del excesivo calor despedido por un brasero, que no fué retirado a tiempo por no hallarse presente el noble encargado de semejante función, que no correspondía ni al marqués de Povar ni al duque de Alba, gentileshombres de cámara ambos, que se encontraban con el rey; por fin logró descubrirse al duque de Uceda, que lo retiró. Pero el calor excesivo produjo una erisipela, de la que murió el rey.

Bajo el reinado de este imbécil monarca se ace-

---

(1) DR. JACOBY, pág. 367.

lera la decadencia de España, gobernada por incapaces cuidadosamente seleccionados. La ruina de las industrias tradicionales se precipita, y la población disminuye en proporciones alarmantes. La nación enloquece de manía religiosa, al ritmo de sus mesiánicos monarcas; se multiplican los autos de fe y se acaba de consumar el mayor crimen que se ha cometido contra el porvenir de España, su economía y su cultura, expulsando a los moriscos españoles, limpios, civilizados, activos, trabajadores, comerciantes, agricultores, industriales y técnicos...

* * *

De FELIPE IV dice JACOBY (pág. 368) que era incapaz como su padre, tan débil de carácter como él y más débil aún de inteligencia; se dejó quitar Cataluña, Portugal, Nápoles, la Valtelina, el Artois, el Rosellón y parte de Flandes, del Hainaut y del Luxemburgo; tuvo que reconocer la independencia de las Provincias Unidas, y, sin embargo, aceptó el título de *Grande* que le había dado su favorito Olivares, que gobernaba en su nombre.

Los retratos de Felipe IV nos revelan un prognatismo inferior muy pronunciado, altura considerable del labio superior y de la barbilla.

Se casó dos veces: la primera con *Isabel*, hija de Enrique IV, rey de Francia, viniendo los estigmas de los Borbones a acumularse a los de los Austrias; la segunda vez con *María Ana de Austria*, hija del emperador Fernando III. Por este casamiento vuelven a mezclarse las taras fisiológicas de los Austrias: la consanguinidad de su mujer con Felipe le viene a ésta por su padre (un

Habsburgo) y por su madre, tía y suegra del rey a un tiempo.

Aquí ya la raza está en la agonía. La acumulación de taras degenerativas es tan considerable —y la consanguinidad tan constante viene no sólo a fijarlas, sino a agravarlas—, que aquellos seres se apagan. La vitalidad es totalmente insuficiente y casi no hay manera de que se logre un vástago: sólo sobreviven dos: el uno, *María Teresa*, de quien hablaremos más adelante, se casa con su primo carnal Luis XIV, transmitiendo una vez más los estigmas habsbúrgicos a los Borbones, y, por lo tanto, tendiendo a agravar las propias y a fijar las taras que los Austrias les llevaban para añadirlas a las suyas, ya tan numerosas, según veremos; el otro es *Carlos II el Hechizado*, perfecto imbécil, impotente, último representante de su raza y tan sin vida que vivió agonizando...

Veamos la pavorosa lista de la descendencia inmediata de Felipe IV, en la que aparece la escasísima vitalidad de la estirpe que se apaga:

De *Isabel de Borbón* tuvo:

Carlos Baltasar, muerto sin alianza.

Margarita María, muerta en la infancia.

Margarita María Catalina, muerta en la infancia.

María, muerta en la infancia.

María Antonieta, muerta en la infancia.

María Teresa, se casa con Luis XIV, rey de Francia. «Semiimbécil, enfermiza, muy gruesa; de sus seis hijos, cinco murieron en la infancia, y el único que continúa la raza es un imbécil, incapaz de instrucción» (1).

---

(1) GALIPPE, pág. 218; el autor se refiere al Gran Delfín, padre de *nuestro* Felipe V. María Teresa, amén del eterno prognatis-

De su prima carnal *María Ana de Austria* tuvo:
Margarita Teresa (prognatismo inferior, cara alargada, aplastamiento lateral del rostro, tipo familiar, notable parecido con Alfonso XIII; altura considerable de la barbilla); se casa con el emperador Leopoldo I, su primo carnal (hijo de su tía María Ana, hija de Felipe III); sus cuatro hijos murieron en la infancia.

María Ambrosia, muerta en la infancia.

Felipe Próspero, muerto en la infancia.

Fernando Tomás, muerto en la infancia.

Carlos II, rey de España y último representante de la dinastía.

Este cuadro, bajo su aparente sequedad, es de una elocuencia rara—comenta el Dr. GALIPPE (pág. 220)—. Demuestra mejor que todas las teorías cómo desaparecen las familias degeneradas. Puede decirse que la casa de España ha precipitado su ruina por casamientos consanguíneos, a los cuales los Habsburgos de Austria parecen haber resistido mejor. ¿Es porque los Habsburgos de España han sido trasplantados y no se han adaptado a su nuevo medio? ¿O es que han recibido de Juana la Loca elementos de degeneración que, cayendo en un terreno favorable, no han hecho más que multiplicarse y agravarse con las circunstancias?

* * *

CARLOS II era el último representante de una raza degenerada que agoniza.

Sin embargo, cabe preguntarse si, en realidad, era tal «último representante». Efectivamente, por

---

mo, sufría de adiposidad precoz. Nótese una vez más la falta de vitalidad: los hijos de María Teresa y Luis XIV mueren casi todos en la infancia.

los cruzamientos femeninos con los Borbones, la rama de éstos que viene a instalarse en España es una continuación de la dinastía precedente. Ya hemos dicho que en ella se perpetúan, además de los estigmas característicos borbónicos, varios de los de los Austrias, principalmente la melancolía, que a veces alcanza grados inverosímiles.

Pero tanto si consideramos a Carlos II punto final de una dinastía, como si lo conceptuamos eslabón—aunque indirecto—de una misma serie patológica, su caso merece un momento de atención, por la importancia que para la Historia de España ha tenido. Es como un chancro sintomático, una pústula que delata y en la que se localiza un mal mucho más violento, que a toda la nación se extiende. Los sucesivos desatinos de sus monarcas, atacados, como hemos visto y como iremos viendo, de locura más o menos declarada; el misticismo lúbrico que agita a la nación, no sabiéndose dónde empieza la religión y dónde acaba la sensualidad, o, mejor dicho, sabiéndose que ambas forman la más extraordinaria amalgama; un pueblo desequilibrado, en quiebra, que deja el trabajo por la sopa de los conventos y que expulsa a sus elementos inteligentes y activos; todas estas pruebas de inferioridad y de decadencia se condensan y se exteriorizan en un hecho sintomático, que nos delata bien a las claras la espantosa decadencia de España precisamente en el período de su mayor expansión territorial (expansión que, como vemos, no responde a una fuerza real ni es consecuencia de la organización ejemplar de un Estado hábil); este hecho sintomático es la disminución de la población española, que cae, entre mediados del siglo XVI y fines del siguiente, es decir, en el período de los Austrias, de diez millones a seis millones de habitantes. Hecho único, porque entonces, a partir del Renacimiento, y gracias al desarrollo de la civilización y al mejoramiento de la economía, mientras España se despuebla y queda reducida en siglo y medio a poco más de la mitad de habitantes, en el resto de Europa se inicia un vigoroso crecimiento (1).

* * *

He aquí cómo nos presenta el DR. JACOBY (página 369) al pobre monarca, por la gracia de Dios rey de España y de las Indias:

Carlos II, último representante de esta raza degenerada, viejo, enfermo y achacoso antes de tiempo, arrastró difícilmente hasta la edad de treinta y nueve años su triste existencia, cuyo fin esperaba Europa de un momento a otro para dividirse sus Estados. Dejó a España aún más disminuída; pero, queriendo impedir el reparto, legó la corona a Felipe de Francia, duque de Anjou, hijo de Luis, delfín de Francia y nieto del rey Luis XIV; con Felipe V, la casa de Borbón asciende al trono de España (1700).

Como dice Paul de Saint Victor, Carlos II es «un Luis XIII en el último grado de la consunción y del *spleen*».

La escasa vitalidad que sus agotados antecesores le legaron no le permitió desarrollarse normalmente; su raquitismo fué tal que sólo empieza a andar a los cinco años, y aun esto, apoyado en los hombros de las meninas. Es escrofuloso y tiene calenturas. Su mandíbula está mal forma-

_____

(1) Menos en Alemania, mientras dura la guerra de los Treinta Años.

da: tiene un prognatismo inferior considerable; además, sus narices están muy desarrolladas, su espíritu completamente atontado y una verdadera letargia melancólica constituye el fondo de su carácter.

Hasta su matrimonio siente odio y animadversión hacia las mujeres. El ruido de una falda le hace huir. Cuando una mujer le presenta un requerimiento lo toma volviendo la cabeza para no verla.

El amor lo resucita durante un momento, un amor súbito y apasionado hacia María Luisa de Orleáns: ¡cuando le enseñaron su retrato no quería separarse de él!

Rey decadente y loco, en un país decadente y loco, no es de extrañar que a sus estigmas se añadiera la influencia del medio.

Aquella corte—que pasaba por ser la parte selecta de la nación—estaba atacada de delirio eróticorreligioso.

El conde de Villamediana, enamorado de la reina Isabel, mujer de Felipe IV, incendia un teatro para llevársela en sus brazos—ejemplo revelador, que no es un caso aislado, sino un síntoma de un estado de locura colectiva.

La corte tenía sus locos de amor oficiales, los *embebecidos*. Podían quedarse cubiertos ante el rey y la reina. Se pretendían deslumbrados por la vista de su amante, incapaces de hacer otra cosa más que contemplarla—ni de saber dónde se encontraban... La religión, en nombre de la cual se había expulsado a lo mejor de los habitantes de España, a los españoles de religión musulmana o hebrea, no pasaba de ser una idolatría tétrica, en la que únicamente aparecen los ritos exteriores de la religión. Una de las formas que toma aquella demencia de todo un país son las maceraciones de que hacen gala los enamorados ante las ventanas de sus amadas. Los flagelantes corren las calles en las noches de Semana Santa, y cuando encuentran una dama de calidad se golpean de manera de que salte al rostro de la hermosa la sangre, y esta cortesía les vale una sonrisa reconocida... (1).

Después de su casamiento, el rey volvió a caer en su letargo. Como sus predecesores, e igual que los Borbones que le van a seguir, le gusta la caza; pero como asceta más que como cazador: para aislarse del mundo e internarse en el desierto; igual que a sus antepasados Carlos V encerrándose en Yuste y Felipe II viviendo entre Madrid y el pudridero de El Escorial, le gustaban las extensas soledades, los paisajes horrorosos de Arabia pétrea que rodean El Escorial (SAINT VICTOR).

La imposibilidad de tener hijos lo hunde en una sombría locura, lo que no es de extrañar, pues «su débil cerebro había estado siempre abierto a visiones y pesadillas».

España y su imperio, juguetes en manos de un monarca estúpido, medio muerto e impotente, dependen de las intrigas que alrededor de su persona, presidida por su cerebro de mentecato, se tejen.

Cree que la condesa de Soissons, sobrina de Mazarino, le ha echado una maldición para que no tenga hijos. La camarilla austriaca explota esta alucinación enfermiza, urdiendo una comedia infernal que debía tener por consecuencia la repudiación de la reina; en la intriga, frailes y curas intervienen, como siempre. Pero el embajador de

_____
(1) PAUL DE SAINT VICTOR, *Hommes et Dieux*, págs. 219 y sig.

Francia desenmascara a tiempo estas maniobras, por las que debía entregarse a María Luisa a un innoble exorcismo y acusarla de embrujamiento. Al año siguiente moría de repente la reina, enyenenada sin duda por la condesa de Soissons...

He aquí cómo describe la vida de los reyes de España la marquesa de Villars:

El rey lleva con frecuencia a la reina a los conventos, y esto no es una fiesta para ella. El rey y la reina están sentados cada uno en una butaca, con unas religiosas a sus pies, y muchas de sus damas vienen a besarles las manos. Se trae una colación; la reina come siempre en esta ocasión un capón asado. El rey la mira comer y encuentra que come mucho. Hay dos enanos que sostienen la conversación.

Después de la muerte de María Luisa de Orleáns se volvió a casar Carlos con María Ana de Neuburgo, hermana de la emperatriz.

El rey estaba rodeado de intrigas enmarañadas, relleno de escrúpulos que la conciencia de su muerte próxima transformaba en espantos; el ser miserable en cuyo imperio el sol no se ponía nunca, ofrecía al mundo el espectáculo de un moribundo a quien se entrega al saqueo... (SAINT VICTOR).

Repitiendo los términos que emplea el autor que citamos, diremos que su decadencia física tomó en sus últimos años el aspecto de una disolución. A los treinta y ocho años parecía octogenario. El retrato de Carreño nos lo presenta en estado casi cadavérico.

Carlos II—nos dice GALIPPE (págs. 222-224)—sentía animadversión hacia las mujeres. Probablemente, como varios de sus antepasados, presentaba una anomalía de los órganos genitales.

Forneron, en las notas añadidas al tercer volumen en su *Historia de Felipe II*, establece el paralelismo siguiente entre D. Carlos, hijo de este rey, y D. Carlos (Carlos II), su biznieto; idéntica privación de virilidad; idénticas manías de la garganta (Carlos II se tragaba un hígado de pollo y lo vomitaba de la misma manera); era idiota, hasta el punto de creer que la ciudad de Mons «pertenecía al rey de Inglaterra y de tenerle conmiseración cuando Luis XIV hizo la conquista de esta provincia»..., ¡que era española!

Hacia el fin de su vida tenía terrores nocturnos y exigía que hubiese tres frailes junto a su cama.

Durante su horrible agonía quedó otra vez entregado a los magos y exorcistas. Se invocaba al diablo delante de él para dar la puntilla a su razón, casi perdida. Afírmasele que su enfermedad se debe a un sortilegio: una droga compuesta de seso humano que le han administrado en su chocolate. Para curarlo tiene que beber cada día una taza de aceite consagrado. La Inquisición intervino y detuvo a los brujos (¡entre ellos el propio confesor del rey!). Pero Carlos II no se repone de esta pesadilla y cree ver sin cesar fantasmas a su alrededor (1). Tres monjes que pasan la noche junto a él salmodiando para espantar a los fantasmas (Paul de Saint Victor).

_____

(1) Veremos más adelante el parentesco psicopático del último Austria con el primer Borbón de España: Felipe V aparece también atacado de terrores y durante su sueño pretende que unos malvados vienen a rasgarle las carnes y que unos escorpiones rodean su lecho y le muerden. No hay mejor demostración del parentesco de ambas dinastías que la locura que las une—cadena de eslabones invisibles, pero terribles, que no perdonan.

La misma tanatofilia (del griego *tanaos*, muerte; *filia*, amistad) característica de sus antepasados, reaparece en Carlos II. Su padre se acostaba con frecuencia en un ataúd fabricado expresamente. Carlos II hizo abrir todos los ataúdes de El Escorial por orden de tiempo y de sucesión. Sin emoción alguna vió desfilar todos aquellos cadáveres. Cuando aparece el de su madre, le besa fríamente la mano desecada; pero ante María Luisa de Orleáns, que había sido su única alegría en este mundo, las lágrimas se le saltaron y cayendo con los brazos extendidos sobre el ataúd abierto, decía al cadáver: «¡Mi reina, mi reina! Antes de un año vendré a haceros compañía...»

Murió algunos meses después... (1).

* * *

Así acabó en España la dinastía de Habsburgo. Y el país no estuvo lejos de seguirla a la nada...

Vistos los predecesores, pasemos ahora a estudiar brevemente los antepasados directos de los Borbones de España.

LOS BORBONES DE FRANCIA

El fundador de la casa real de Borbón fué ANTONIO, DUQUE DE BORBÓN (prognata inferior), que llegó al trono de Navarra por su casamiento con Juana de Albret.

Era un hombre vicioso y pusilánime, despreciado por sus contemporáneos por su incapacidad y

---

(1) PAUL DE SAINT VICTOR, *Hommes et Dieux*.

su cobardía. Fué muerto de un tiro en el sitio de Ruen, lo que no mejoró su reputación.; incluso las gentes se burlaron porque fué muerto mientras orinaba en la trinchera. Su mujer, Juana de Albret, es célebre, en cambio, por su espíritu y su carácter enérgico y decidido. (DR. JACOBY, pág. 399.)

De sus cuatro hijos, dos mueren en la infancia por accidente, una muere sin posteridad, a pesar de haberse casado. El otro es Enrique IV, rey de Francia.

ENRIQUE IV, rey de Francia y de Navarra, fué el único Borbón de inteligencia y habilidad política. Sus retratos nos revelan su prognatismo inferior y el desarrollo considerable de la nariz. Otra tara congénita de la familia—las necesidades sexuales excesivas—nos aparece también en él. Se casó dos veces y tuvo además numerosas amantes.

Sólo tuvo hijos de la segunda de sus mujeres legítimas, María de Médicis. Del primero, *Luis XIII* de Francia, y del quinto, *Gastón de Orleáns*, hablaremos más adelante. La segunda, *Isabel*, se casa con Felipe IV de España; el cuarto, *Enrique*, duque de Orleáns, muere en la infancia. La última, *Enriqueta*, se casa con Carlos I de Inglaterra; es una mujer sensual, galante, testaruda y de mala cabeza.

De los hijos de sus amantes, varios mueren sin casarse. Dos de ellos, hijos de Gabriela d'Estrées, *César, duque de Vendôme*, y *Alejandro de Vendôme*, gran prior, se distinguieron por sus vicios infames.

En los hijos legítimos de Enrique IV vemos aparecer los estigmas cargadísimos que inmediata y definitivamente se van a fijar en los Borbones y van a caracterizarlos.

Hay que decir que la madre traía a la familia las numerosas taras de los Médicis, decadentes en extremo. *María de Médicis* era escrofulosa, de inteligencia muy limitada, insoportable de carácter, devota y viciosa; no cabe duda de que intervino en el asesinato de su marido (DR. GALIPPE, páginas 303-304). Era hija de Juana de Austria, hija de Fernando I, emperador de Alemania, y por ella venía a los Borbones una aportación de sangre habsbúrgica. Su padre, *Francisco María I*, había sido un modelo de viciosos y de tiranos: aplastó al pueblo a fuerza de contribuciones, vendió la justicia, se enriqueció confiscando los bienes de las grandes familias y se dejó dominar por una intrigante, Bianca Capello, de Venecia (DOCTOR JACOBY, pág. 347).

El heredero de Enrique IV fué LUIS XIII. Según dice JACOBY (pág. 402), tenía este rey un carácter enigmático; no le faltaba valor, inteligencia e incluso talento, aunque había sido dejado por su madre en la más profunda ignorancia. Para explicar su frialdad hacia las mujeres y la melancolía que le afligía, han afirmado los historiadores que se había entregado desde la niñez a la masturbación. Casado a los catorce años con Ana de Austria, no parece haber usado durante mucho tiempo de sus derechos conyugales. La castidad de sus relaciones con mademoiselle de La Fayette y con mademoiselle de Hautefort es cosa indudable. «Los amores del rey—dice el marqués de Montglas—no iban más allá de la conversación.» Sabemos que la degeneración lo mismo puede manifestarse por falta que por exceso de una función. Luis XIII pecó por falta, contrariamente a la generalidad de los Borbones, una de cuyas características son los excesos sexuales.

Preténdese que tuvo relaciones contra naturaleza con el marqués de Cinq-Mars.

Había sido siempre un hombre enfermizo. Madame de Motteville dice que al morir estaba tan exhausto, debido a sus cansancios, a los disgustos, *a las cacerías*, a las medicinas que había tomado, que no podía vivir *más* (¡y, sin embargo, murió a los cuarenta y dos años apenas!). Puede tenerse como cosa segura que era completamente impotente mucho tiempo antes de morir (DR. JACOBY, pág. 403).

Luis XIII había acumulado una serie de estigmas degenerativos. Según Cabanés, sucumbió a una tuberculosis intestinal secundaria. Un historiador contemporáneo habla de la deformación de su cara:

Tenía la lengua tan larga y tan gruesa que cuando se le salía de la boca sólo difícilmente podía retirarla, y se veía obligado a rechazarla con el dedo. Por este motivo era tartamudo... (1).

Su hermano *Gastón, duque de Orleáns*, «era cobarde, crapuloso y vicioso, intrigaba siempre y siempre entregaba a sus amigos y a sus partidarios» (GALIPPE).

Luis XIII se casa con *Ana de Austria*. De esta Ana de Austria, hija de Felipe III (primera aportación de sangre de los Habsburgo de España a los Borbones de Francia), sabemos ya que era una mujer de inteligencia muy limitada, extraordinariamente sensual y comilona.

De ellos nacieron Luis XIV y Felipe, duque de Orleáns.

---

(1) J. R. DE PRADE, *Sommaire de l'Histoire de France*, París, 1684, t. V, pág. 207 (cit. per GALIPPE, pág. 353).

Este se «entregaba a orgías crapulosas, y principalmente a vicios infames» (GALIPPE, pág. 353).

De LUIS XIV sabemos que era un megalómano, pretencioso y fatuo, que se creía de esencia divina, superior a los demás seres humanos y representante de Dios en la tierra; se hacía dar el nombre de *Rey Sol.* Sostuvo continuas guerras que ensangrentaron a Europa y arruinaron a su país. Para imponer a Felipe V en España luchó durante catorce años, dejando a Francia en la miseria, y no menos arruinada a España. Era excesivamente sensual y tuvo varias amantes. Murió de gangrena senil en 1715.

Su mujer fué *María Teresa*, hija de Felipe IV de España y hermana de Carlos II. Traía, por lo tanto, a los Borbones, como su tía y suegra Ana de Austria, los numerosos estigmas de una raza en la agonía.

Tuvieron seis hijos.

El mayor fué Luis, el Gran Delfín, *único que sobrevivió.* Todos los demás, *Felipe, Luis, Ana, María* y *María Teresa, murieron en la infancia.*

Del Gran Delfín, padre de Felipe V, hombre obeso y estúpido, hablaremos más adelante.

De los hijos que tuvo Luis XIV de sus amantes varios *murieron en la infancia.* Pero conviene citar alguno de los otros, pues llevan impreso el sello estigmatizante de la familia.

Luis, hijo de la duquesa de Lavallière, *conde de Vermandois*, se entregó a los amores infames y murió joven. El *duque de Maine*, que tuvo de la marquesa de Montespán, era jorobado, cobarde y malo. De ella tuvo también al *conde de Vexin*, muy inteligente, pero que muere joven de una enfermedad cerebral; a *Luisa Francisca* (mademoiselle de Nantes), inteligente, pero **extraña,**

mala, falsa, viciosa y coja, que se casa con
Luis III, duque de Borbón-Condé, y a *Francisca
María* (mademoiselle de Blois), muy gruesa, entregada a la bebida y con un labio inferior grueso, que se casa con el regente de Francia, duque
de Orleáns. De madame de Soubise tuvo al *cardenal de Soubise*, gran limosnero de Francia:
costumbres infames, hombre-mujer, dice Mi-
CHELET.

El Gran Delfín tuvo, de su casamiento con *María Ana Cristina de Baviera*, tres hijos: *Luis*, duque de Borgoña; *Felipe V*, rey de España, y *Carlos Manuel, duque de Berry*.

Los tres hermanos fueron perfectamente incapaces. A Felipe V le dedicaremos un capítulo
aparte. Pero nos interesa conocer aquí a sus dos
hermanos para ver qué puntos calzaba la familia
del fundador de la dinastía de los Borbones españoles.

El *duque de Berry* prometía mucho en su infancia y era el favorito de toda la familia real; pero
no dió después más que pruebas de incapacidad. Su
ignorancia extremada—nunca supo más que leer y
escribir—le hizo muy tímido. Era grueso y adiposo,
como su hermano (DR. GALIPPE, pág. 364).

LUIS, DUQUE DE BORGOÑA, murió a los veintinueve
años. SAINT SIMON dice de él que en su infancia «se
entregaba a la masturbación. En su juventud era
duro y colérico hasta el máximo extremo, incluso
contra los objetos inanimados; impetuoso hasta el
furor, incapaz de sufrir la menor resistencia, aunque sea de las horas y de los elementos, sin entrar
en furias que hacían temer que todo se rompiera en
su cuerpo, excesivamente testarudo, apasionado por
toda clase de voluptuosidades—por las mujeres, y, lo
que es raro, al mismo tiempo tenía otra inclinación

igualmente fuerte. No le gustaba menos el vino y la buena comida; le gustaba la caza con furor, la música con una especie de arrobamiento, y el juego, donde, sin embargo, no podía sportar que lo venciesen y donde el peligro con él era extremo... Desde lo alto de su grandeza sólo consideraba a los hombres como átomos, con los cuales no tenía ningún parecido, y apenas sus hermanos le parecían intermediarios entre él y el género humano, aunque siempre se hubiese afectado criarlos en una igualdad perfecta. El ingenio, la penetración, brillaban en él, y aun en sus furias sorprendían sus respuestas.

Este carácter cambió cuando pasó de los diez y ocho años, y a los veinte años era afable, dulce, humano, moderado, paciente, modesto; pero al mismo tiempo cayó en una devoción exagerada, hasta negarse obstinadamente a asistir a un baile el día de Reyes...

Era jorobado y contrahecho hasta el punto de ser cojo, aunque sus piernas fuesen hermosas y perfectamente proporcionadas. Su fisonomía era desagradable, debido a la mandíbula inferior, que encajaba en la superior (1).

De sus cuatro hijos, uno nace antes de tiempo y dos mueren en la niñez.

Sólo sobrevive Luis XV, el más siniestro vicioso que haya existido jamás, y a quien, como abuelo de la reina María Luisa, madre de Fernando VII, reservamos el lugar que le corresponde al hablar de estos personajes.

* * *

Conocidos así ya los predecesores y los antepasados de los Borbones de España y la pesada carga que les transmitían, podemos presentar al lector, finalmente, la dinastía que acaba de caer.

_____

(1) DR. GALIPPE, pág. 364.

CAPITULO III

EL FUNDADOR DE LA DINASTÍA

Con la dinastía borbónica venían a reinar en España monarcas extranjeros—impuestos por un país extranjero—, consecutivos a una dinastía no menos extranjera.

Como se ve, la monarquía no podía ser más netamente española ni más consubstancial con España...

Si al menos el hombre que va a instalarse a la cabeza del Estado y al frente del inmenso imperio hubiese sido inteligente y enérgico, su capacidad habría sido bien venida y salvadora, tras los infaustos tiempos de decadencia de la dinastía de los Austrias.

Pero, desgraciadamente, no había de ser así. Venía un nuevo monarca y no era más que otro representante más de esa internacional de los reyes en la que los estigmas físicos y morales se multiplican y abundan de manera pavorosa. Y así resultó que el fundador de la dinastía fué un verdadero demente, que, de ser un simple particular, habría pasado muchos años encerrado;

(1) Felipe V reinó de 24-XI-1700 a 10-I-1724 y nuevamente de 6-IX-1724 a 9-VII-1746.

para mayor desgracia de España ¡dirigió sus asuntos durante cerca de medio siglo! Su demencia no nos ha de extrañar ahora que sabemos cuáles eran sus predecesores. Y este desequilibrado hacía prever, por otra parte, lo que había de ser la dinastía...

Los propios contemporáneos se horrorizaban del estado de España en aquellos tiempos. El mariscal de Berwick (1) y su hijo el duque de Liria dirigieron al regente de Francia una memoria, en diciembre de 1722, en la que decía que «la situación de España no ha sido jamás peor, ni su gobierno ha estado más mal organizado, aun en tiempos de Carlos II». Y añadía que el estado del país era tan lamentable que no eran sólo las tropas las que se quejaban, sino todo el mundo: los ministros de justicia no están pagados, los tribunales no tienen ya autoridad alguna, el pueblo está aplastado por las contribuciones, la nobleza está envilecida... Y, para colmo de desgracias, el rey únicamente piensa en cazar y anda nueve meses al año por los bosques, con los animales feroces... (2).

Añádanse a esta desastrosa y desmoralizadora situación los errores políticos gravísimos y la introducción de un centralismo aún más agudo que el de los Austrias, y se comprenderán las consecuencias que para el porvenir de España tuvo aquella lamentable inauguración de la dinastía. Sembráronse los conflictos que, fuera y dentro del país, habían de tener, a la larga, consecuencias catastróficas, y no fué la menor salvajada el

---

(1) De este célebre general hablaremos más adelante.

(2) Memoria existente en el Ministerio de Negocios Extranjeros francés, *Espagne*, vol. 323, fol. 87; cit. por PIMODAN: *Louise-Elisabeth d'Orléans*, págs. 125 y ss.

brutal sometimiento de Cataluña y su aplastamiento consecutivo a sangre y fuego.

Aunque no hace falta en verdad repetirlo, de
tan evidente como es, viene esto una vez más a
demostrar las pavorosas consecuencias que para
un estado tiene la existencia de un rey incapaz.
Y si no se trata sólo de un rey, sino de toda una
dinastía que dura dos siglos y cuarto, puede com-
prenderse la acción destructiva que en los más
vitales tejidos de la nación ejerce semejante
hecho...

* * *

Presentemos ahora al fundador de la dinastía
borbónica española, al vástago que en su ser traía
el resultado de las taras acumuladas por nume-
rosísimas generaciones de reales antepasados y
desastrosa mixtura, que se hallaba agravada en
las últimas por la mezcla de los Borbones con
los Austrias, cuyo estado de degeneración ya nos
es conocido.

El nuevo rey de España era nieto de Luis XIV,
de quien ya hemos hablado, e hijo del Gran Delfín, personaje que vamos a presentar al lector. Así
verá, como dice GALIPPE, que «la descendencia
de Luis XIV [en España] no valía más que la de
los Habsburgo de España. Para el médico, todos
estos hechos se encadenan en un orden natural
y las cosas son así porque no podían ser de otra
manera. Nadie escapa a su destino, es decir, a su
hereditariedad».

El padre de Felipe V, LUIS, llamado EL GRAN
DELFÍN, nació en 1661 y murió en 1711.

Había estado casado con *María Ana Cristina
Victoria de Baviera*, hija del elector Fernando

María, duque de Baviera; se dice que más adelante se casó secretamente con la señorita Choin. María Ana de Baviera tenía un prognatismo inferior que evidencian sus retratos.

El Gran Delfín era «un hombre sin inteligencia, de humor muy desigual, perezosísimo, increíblemente silencioso, fútil y meticuloso en las cosas pequeñas, completamente insensible a la miseria y al dolor de los demás; malo, sería cruel si no fuera perezoso». SAINT-SIMON ha dicho de él:

Carecía de luces y conocimientos; radicalmente incapaz de adquirirlos, muy perezoso, incapaz de elegir acertadamente, carecía de discernimiento; había nacido para el aburrimiento (1), que comunicaba a los demás, y para ser una bola que rodaba al azar, impulsada por otros, excesivamente testarudo y pequeño en todo, absorbido en su grasa y en sus tinieblas.

Así había sido también su madre, la reina María Teresa (2), princesa semiimbécil, a quien no se había podido jamás hacer comprender, por ejemplo, que no tenía por qué apresurarse para llegar a las ceremonias; tal era el miedo que tenía de que le tomaran su lugar. El Gran Delfín era extremadamente grueso; tuvo un ataque de apoplejía a la edad de treinta y nueve años. Sólo se le conocía un hijo natural, aunque enviudó a los veintinueve años; no tuvo nunca hijos de su Choin, y sólo tuvo una hija de mademoiselle de la Force (3).

---

(1) Melancolía que repite la de Luis XIII, a la que se añade la que los Habsburgo le habían transmitido por su madre y por su abuela. La veremos reaparecer en Felipe V y Fernando VI.

(2) La hija de Felipe IV, según sabemos.

(3) DR. GALIPPE, pág. 358.

En cuanto a la madre de Felipe V, diremos que María Ana de Baviera era horrorosamente fea y enfermiza, y que pasó su vida entre el aburrimiento y el embarazo, encerrada en sus pequeñas habitaciones, situadas detrás de su departamento, sin vista y sin aire... (1).

De estos padres nació el primer Borbón de España. Veamos como nos lo presenta el DR. JACOBY.

FELIPE V, segundo hijo del Gran Delfín, fué el fundador de la casa de Borbón. Rey a la edad de diez y siete años (1700), dió al principio pruebas de valor personal; pero pronto cayó en una indolencia extremada, que con el tiempo se transformó en una postración muy próxima a la imbecilidad. Era muy sensual; pero como su excesiva devoción no le permitía tener amantes, se ligaba a sus esposas con un amor bestial. A los diez y ocho años cayó en la más negra melancolía porque María Gabriela de Saboya, con quien se había casado, aun no era núbil. «Más melancólico que nunca, sombríamente amoroso, encarnizado en lo imposible» (MICHELET), no se separaba jamás de su mujer, esperando la posibilidad de acostarse con ella. La necesidad sexual era en él tan imperiosa, que aunque su primera mujer se iba muriendo de escrófulas, continuó, sin embargo, acostándose con ella hasta su último suspiro, y fué dificilísimo hacer que abandonara el lecho de la agonizante. Se sospechaba que durante su corta viudedad tuvo relaciones sexuales con la princesa de los Ursinos, entonces octogenaria. Tenía treinta y nueve años cuando Saint-Simon, que vino a Madrid al frente de una embajada, lo encontró ya en un estado de imbecilidad completa. Rara vez salía de la cama y nunca iba a hacer del cuerpo si no era en compañía de su mujer; colo-

---

(1) DESDEVISES DU DÉZERT, *L'Espagne sous l'ancien régime: les institutions*, capítulo sobre los reyes, págs. 8-23.

cábanse entonces para ellos dos sillas con su correspondiente agujero en medio, al lado de la cama. En sus raras veleidades de oposición a los proyectos políticos de la reina, proyectos absurdos e imposibles, su mujer lograba fácilmente vencer su resistencia negándose a las relaciones conyugales. Felipe caía entonces en un estado de sombría locura. Sólo con enorme dificultad se obtenía su firma; afirmóse, sin embargo, que su abdicación en 1724 había sido inspirada por el deseo y la esperanza de suceder en el trono de Francia a su sobrino Luis XV, cuyo estado enfermizo hacía temer una muerte próxima; pero otros han pretendido que no quería conservar la corona de España porque su confesor le había inspirado dudas sobre el valor del testamento de Carlos II. Hay que notar, además, que al morir su hijo se apresuró a volver a ocupar el poder. Cuatro años más tarde, y cuando tenía apenas cuarenta y cinco, su mala salud le hizo definitivamente incapaz de ocuparse de los asuntos del reino, y su mujer lo relegó al Pardo; le obligó al mismo tiempo a firmar el decreto por el cual la encargaba del gobierno. Habiendo recobrado un poco de salud, volvió a Madrid y se estableció en el Buen Retiro. La reina se cuidó de hacerlo ver frecuentemente por el pueblo, para que la gente pudiera convencerse del buen estado de su salud; pero pronto tomó la enfermedad un carácter muy grave. El rey cayó en una melancolía profunda, y la reina tuvo que vigilarlo sin cesar y rodearlo de guardias, a fin de que no pudiera escaparse. Pero el enfermo se aprovechó de un momento en que la reina, cansada, se había retirado a descansar, y escribió al Consejo la orden de proclamar rey al príncipe de Asturias. La reina pudo, sin embargo, retirar la orden en el momento en que iba a ser publicada, e hizo jurar al rey que no abdicaría clandestinamente.

Murió de apoplejía fulminante (1).

(1) DOCTOR P. JACOBY, *Études sur la sélection dans les rapports avec l'hérédité chez l'Homme*, pág. 369.

Presentado así brevemente nuestro Felipe V, vamos nosotros ahora a completar el cuadro patológico, destacando algunos hechos sintomáticos.

* * *

Felipe V había heredado de su padre su mutismo: «Hacía falta que conociera bien a una persona para decirle un par de palabras», dice BRUNET en la *Correspondance de Madame*. Veremos que el mutismo y el laconismo aparecen también en las generaciones siguientes.

Felipe V sólo fué valeroso en su primera juventud. Este valor no reaparece después de Villaviciosa. En 1711, Vendôme mete prisa para que marche a Barcelona, pero no puede decidirle a ello... «a causa del embarazo de la reina». En 1719 se presenta en el ejército, pero es la reina la que pasa las revistas ¡mientras el rey se queda generalmente en compañía del ama de cría de su esposa! (1).

El destino de esta reina—Isabel Farnesio, segunda esposa de Felipe—fué tragicómico: estaba condenada a vivir al lado de un monomaníaco encadenado, según se ha dicho, por su piedad al lecho conyugal, y dependía de sus mujeres lo mismo que el hambriento del que calma su hambre: el suplicio de los gemelos siameses, agravado por la representación y la etiqueta (2).

Felipe se volvió lipemaníaco (locura melancólica),

a los cuarenta años de reinado celular. Sólo había un medicamento capaz de calmar su delirio: cuan-

(1) MONSEÑOR BAUDRILLART, *Philippe V et la cour de France*, citado por DESDEVISES DU DÉZERT.

(2) P. DE SAINT-VICTOR, *Hommes et Dieux*, pág. 306.

do la reina le veía hundido en su sombría melancolía hacía llamar al célebre cantante Farinelli, como en tiempos remotos se había llamado a David y a su arpa en socorro de la razón de Saul, y sólo el cantante lograba disipar esta tristeza que con tanta frecuencia aplastó al monarca hipocondríaco.

El mismo Farinelli acunará al sombrío Fernando VI, que debía heredar la enfermedad y al mismo tiempo el médico de su padre. Felipe y Fernando firmaban: *yo el rey*; en realidad, fué un castrado el que gobernó a España bajo los dos reinados (1).

Ya desde principios de su reinado Felipe V se había mostrado melancólico y había empezado a sentir unos malestares a los que llamaron *vapores*. Estos vapores, según el DR. CABANÉS, eran un legado del abuelo paterno. Y cuando el joven rey de España comunica a Luis XIV que la causa del retraso de su correspondencia son sus *vapores*, éste trata de calmar la inquietud del nieto y de tranquilizarlo, como persona que conoce el mal por haberlo sufrido por sí mismo. «Son incómodos—le dice—, pero no son peligrosos y no alteran el fondo de la salud. Piense usted en ellos lo menos que le sea posible y no tome ninguna medicina para curarlos.»

Ya en aquellos años de juventud, al iniciar su reinado, aparece el cuadro patológico de Felipe bastante cargado y anuncia lo que será más adelante.

El agente francés LOUVILLE, que vivió en la intimidad del rey, escribía desde Nápoles al ministro francés Torcy la siguiente carta, que es un cuadro clínico muy elocuénte:

(1) DR. CABANÉS, *Le mal héréditaire. II. Les Bourbons d'Espagne*, págs. 239-240.—No hay que olvidar que en Italia era costumbre castrar a los cantantes.

La salud del rey me inquieta bastante. Los vapores que tiene lo hunden en una melancolía prodigiosa, que no tiene más causa que el humor que le envía humos a la cabeza y que a veces le dificulta la respiración. Me ha confesado que nunca se había sentido bien curado desde su sarampión y que su cabeza se había encontrado siempre embarazada desde aquel tiempo, pero no tanto, ni con mucho, como desde que está en Nápoles. Yo creo que la falta del ejercicio a que estaba acostumbrado contribuye bastante a ello, así como la ausencia de la reina. Este humor o algún otro que no conocemos lo sume en una indolencia y un abatimiento extraordinarios, que lo hacen incapaz de todo, y su humor se vuelve tan negro que nada puede conmoverlo y que me ha confesado que la vida misma era un peso para él... (1).

CABANÉS comenta:

Louville veía bien: el rey sufría de no tener su mujer a su lado; su tedio de la vida, su melancolía, sólo la presencia de la reina los podía curar.

Estos hechos nos hacen adivinar la influencia extraordinaria que tendrán sus mujeres en este rey mental y sexualmente desequilibrado.

La locura se anuncia ya en estos primeros años del siglo. Lo veremos por la siguiente carta de LOUVILLE, fechada en Milán, carta que merece un breve comentario:

Los vapores del rey continúan y nos ponen en unos aprietos que no puedo expresarle. Difícil es adivinar la causa. En cuanto a los efectos, el rey se halla en un estado de tristeza continua. Dice que

(1) Archivos *Affaires Étrangères, Espagne*, 112, f. 197; cit. por CABANÉS, *Le mal héréditaire*, II, pág. 93.

cree siempre que se va a morir, que tiene la cabeza vacía y que le va a saltar; y no es que le asuste la muerte, puesto que absolutamente no la teme; pero se ocupa involuntariamente en este pensamiento, que no puede quitarse de encima, lo que es una marca segura del vapor que, dentro de quince días tal vez, tomará otro objeto, como suele suceder ordinariamente. En una palabra, está en una situación muy lamentable y que me causa, en mi caso particular, una no escasa dificultad, no pudiendo alejarme de él en este estado, y *recayendo sobre mí todos los detalles de su servicio y de su campaña.* Esto le hace mucho más taciturno todavía que antes; querría estar siempre encerrado y no ver a nadie, salvo un escaso número de personas a las que está acostumbrado.

Como vemos, durante su estancia en Italia, en 1702, aparece ya la sombría melancolía que había de acompañarle toda su existencia y llevarle a la demencia declarada; ya se evidencian así en el fundador de la dinastía, desde los primeros tiempos de su reinado, las monomanías precursoras de la locura. Finalmente, el propio LOUVILLE nos delata las consecuencias que esto tenía y había de tener siempre en el gobierno o, mejor dicho, en el desgobierno de España: no era entonces el rey, sino un favorito francés el que se ocupaba de todos los detalles de su servicio y de su campaña. Es decir, que el gobierno del enorme imperio español estaba abandonado al capricho y a los intereses de cualquier valido extranjero que se llame Louville, princesa de los Ursinos, Ripperda, Alberoni o Farinelli... ¡La monarquía sigue siendo consubstancial con España!

* * *

Dice MICHELET al hablar de Felipe V:

El sexo todo lo anulaba en él. Fué el marido más asiduo, más marido que se haya visto nunca, encarnizado, implacable de exigencia amorosa.

Y añade, citando un hecho que también recuerda JACOBY:

Su primera mujer, enferma de muerte, perdida de humores fríos, disuelta y cubierta de llagas, no tuvo tregua ni un solo día. No pudo hacer cama aparte.

CABANÉS, a su vez, dice:

Felipe V pasaba dos veces al día de los brazos de su mujer a los pies de su confesor: no era ya más que un trapo humano (1). Bajo la influencia de excesos que se adivinan, su razón se debilitó y se llegó a creer que su estado era lo bastante grave para pensar en la sucesión.

Cita después la siguiente carta dirigida por Alberoni al duque de Parma, existente en los archivos napolitanos y publicada por DOM H. LECLERC en su *Historia de la regencia, bajo la minoría de Luis XV*:

El 4 de octubre de 1717 fué atacado el rey por una melancolía tan negra que se creyó que iba a morir de un momento a otro. Las súplicas del confesor, del médico, las amenazas, no tuvieron efecto alguno. Se imaginaba, y aun hoy no se le ha quitado del magín, que al salir a caballo el sol le había ata-

---

(1) Esto era ya en tiempos de Isabel Farnesio, es decir, después de 1714.

cado aquella parte de la cabeza que cree tener enferma. A todas las razones que se le oponían respondía que le entristecía que no le creyeran, pero que su próxima muerte lo justificaría.

Oigamos ahora nuevamente a CABANÉS:

Como no quería interrumpir sus cacerías, le subían a una carroza o le sentaban en un caballo, incapaz como era de subir sin ayuda.

Lejos de mejorar, la situación empeoraba. Felipe V hablaba nada menos que de hacer su testamento, en el que demostraría su amor hacia la reina, que le había llevado a aquel estado. Con Alberoni, Isabel le empujaba a redactar dicho documento, que debía revestir a ambos cómplices del poder supremo.

Evócase sin dificultad el cuadro de un reino gobernado por un aventurero y por una mujer que no dudaba de su poder sobre un ser sin voluntad, cuyo tiempo se pasaba entre el reclinatorio y la alcoba.

Para saber lo que pasaba en ésta, no hay más que prestar oídos a las palabras de Alberoni cuando el cardenal indigno fué vergonzosamente despedido como un criado. Según él, Felipe V no tenía más que «el instinto animal con el que había pervertido a la reina...; sólo necesitaba un reclinatorio y los muslos de una mujer (*sic*)...» El astuto cardenal había penetrado tan a fondo en la intimidad del matrimonio que contaba de él las historias más picantes: cómo Felipe, agotado por las voluptuosidades y repleto de escrúpulos, saltaba fuera de su lecho, se arrodillaba, contrito y lacrimoso, ante los personajes de la tapicería, implorando de ellos su absolución por el pecado de lujuria que acababa de cometer. Otras veces, acurrucado en su lecho, saltaba sobre el cura que venía a ofrecerle la *paz* a besar, casi lo estrangulaba, y cuando el desgraciado había logrado desprenderse, la reina amenazaba al eclesiástico con hacerlo matar si se atrevía a revelar lo que acababa de pasar ante sus ojos (1).

Cuando el rey dudaba de la palabra de su confesor, el padre Bermúdez, éste sacaba de debajo de su hábito un crucifijo, y la vista del santo emblema bastaba para hacer volver al pobre Felipe a una humilde docilidad.

El célebre duque de Saint-Simon, que le vió en esta época (1721), registra la transformación sufrida por el rey desde que estaba en España, es decir, desde que él no lo había visto:

La primera ojeada, cuando hice una reverencia al rey de España al llegar, me sorprendió tanto que tuve necesidad de apelar a toda mi sangre fría para reponerme. No vislumbré rastro alguno del duque de Anjou, a quien tuve que buscar en su rostro adelgazado e irreconocible. Estaba encorvado, empequeñecido, la barbilla saliente, sus pies completamente rectos se cortaban al andar y las rodillas estaban a más de quince pulgadas una de otra; las palabras eran tan arrastradas, su aire tan necio, que quedé confundido. Una chaqueta sin dorado alguno, de un paño burdo moreno, no mejoraba su cara ni su presencia.

Un médico puede establecer fácilmente las causas de esta decadencia fisiológica...

MATHIEU MARAIS nos da a conocer en sus Memorias cuál era, a menos de la mitad de su carrera, el género de vida del fundador de la dinastía:

---

(1) DR. CABANÈS, *Le mal héréditaire*, II, págs. 142-143. Cita a DOM LE CLERC, t. II, 380, quien ha tomado estos datos de V. PAPA, *L'Alberoni e la sua dipartita della Spagna*, Turín, 1877, páginas 73-95.

No deja a su mujer. Están juntos, acostados, hasta las nueve o las diez de la mañana; hacen sus oraciones juntos, van a misa juntos. Después de la misa, juegan al billar juntos, hacen alguna lectura piadosa juntos, y después comen juntos. Después de comer juegan al *piquet* juntos, van a pasear juntos, vuelven para leer juntos una vez más, y se ocupan juntos en buenas acciones; después cenan juntos, y, así, todo lo hacen juntos...

Entonces, a los cuarenta años, el rey abdica.

Viste ya «un traje de paño burdo de un solo color, que le cae hasta media pierna, y un báculo que le sirve de bastón». Está atormentado sin cesar por «un priapismo perpetuo» que lo agota, y que tendrá todo el tiempo para emplear (1).

El 10 de enero de 1724 abdica, ocupando el trono pocos meses Luis I.

* * *

En la segunda parte de su reinado se van agravando en Felipe V todos los estigmas anteriores, hasta llegar por fín a la locura total.

Seguía el monarca demostrando el mismo amor bestial y estúpido hacia su mujer. Ambos dormían siempre en el mismo lecho. «Ha sucedido incluso que teniendo los dos calentura no se les ha podido persuadir de que no estuvieran juntos en la misma cama, ni aun trayendo otra cama junto a la suya.» Cuando la reina estuvo a punto de parir, sólo se consiguió que su marido se alejara algunas horas.

Pasaban la mañana sentados juntos en el lecho, donde únicamente se dedicaban a leer libros de devoción.

_____

(1) Cabanés, págs. 144-146.

A la locura sexual del rey se añadía un misticismo que lo hacía intolerante. Esta religiosidad excesiva se destaca en su acto de abdicación. Nos la indica, por ejemplo, el siguiente párrafo relativo a la Inquisición:

Proteged y mantened siempre—recomendaba a su hijo—el Tribunal de la Inquisición, que se puede llamar verdaderamente el sostén de la fe y al que los estados de España deben su conservación en toda su pureza, sin que las herejías que han afligido los otros estados de la cristiandad, y que les han causado tan horribles y detestables desolaciones, hayan podido jamás introducirse en ellos.

Como dice MICHELET, Felipe y la reina habían tenido la delicadeza de ofrecer, como bienvenida a la pequeña francesa de que hacían su nuera, el espectáculo regocijante de un «asado» de nueve cuerpos vivos, el horror de los gritos, el olor de las grasas, de las frituras de carne humana. El historiador inglés Coxe cuenta—sólo en España (sin América)—, bajo Felipe V, ¡782 autos de fe!...

Hemos dicho que Felipe había alimentado durante cierto tiempo la esperanza de acceder al trono de Francia; pero la rápida mejoría de Luis XV hizo desvanecer sus ilusiones. Contrariamente a lo que se temía, esta noticia tuvo un contragolpe feliz en su estado moral. Se levantó por primera vez en varios meses y consintió en que le afeitasen la barba, que se había dejado crecer durante todo el tiempo de su reclusión. Hacía mucho que se negaba obstinadamente a dejarse afeitar, cortar los cabellos y las uñas, ante el temor de que aumentaran sus males... Sus cabellos pasaban muy por debajo de su peluca, que no se quitaba nunca; las uñas de los pies le molestaban hasta tal punto que no podía andar, y estaba en un estado de suciedad horrible... Se mordía los brazos y se creía muerto, y preguntaba por qué no le habían enterrado, o bien decía que ya no tenía brazos ni piernas! (CABANÉS.)

Tenía caprichos extraños, como el de hacer abrir las ventanas los días en que helaba fuera y envolverse en mantas durante la estación caliente, haciendo además que estuvieran entonces las ventanas herméticamente cerradas. Resultaba de ello un calor que ahogaba en el interior de las habitaciones, lo que, por otra parte, no parecía molestarlo mucho más que la suciedad horrible en que se complacía.

Tenía una pierna hinchada siempre fuera de la cama y la movía sin cesar. Cuando no se creía muerto se creía envenenado, o transformado en rana, y entonces soltaba unos alaridos horrorosos que despertaban de noche a todo el palacio. Y, sin embargo, cuando hablaba de asuntos con el embajador francés, razonaba con exactitud y sorprendía su memoria.

En 1729 pareció mejorar su estado. Se levantó de la cama y se aficionó a la pesca de caña y al dibujo.

Después se puso a vivir de noche y a dormir de día.

Tomaba un refrigerio a las once de la noche, trabajaba con sus ministros hasta las dos de la madrugada, cenaba y se acostaba de cinco a seis. Se levantaba a las dos de la tarde y oía misa.

Le gustaba molestar a su compañera, que era, es cierto, perfectamente insoportable. No es que no la amase, pero este amor no era más que una costumbre. En el mes de marzo de 1731 se le ocurrió una travesura que creía sin duda muy espiritual: en cuanto la reina se dormía, hacía abrir las ventanas y hacía mucho ruido para despertarla, de tal modo que la desgraciada no lograba dormir más de tres horas cada veinticuatro.

Tenía el espíritu de contradicción: si uno de sus ministros colocaba en sitio preferente un documento que le importaba fuese firmado por el rey, éste sentía un placer maligno en relegarlo detrás de todos los demás, para demostrar bien a las claras que se había dado cuenta de la maniobra (1).

En 1731, nueva transformación en la manera de vivir. Pasábase generalmente siete u ocho horas en la mesa, y un día se quedó dormido en ella durante cinco horas consecutivas. Comía hasta reventar de indigestión; en cambio, bebía muy poco. El resultado de este absurdo régimen fué que tuvo las dos piernas hinchadas, el rostro lívido y lleno de bultos. A pesar de la hinchazón de las piernas estábase de pie día y noche. Alternativamente, y sin razón alguna, estaba alegre o triste, y nada le afectaba.

Felipe estaba siempre deplorablemente vestido. Un documento de 13 de julio de 1722 nos revela que no había mudado de ropa desde hacía un año. Así, su traje caía hecho pedazos, y principalmente su pantalón, descosido desde la cintura hasta abajo. Le servía de muy poco: cuando le sucedía algún desarreglo, sea porque se sentase, sea porque su pantalón cayese, se le veían los muslos al desnudo. Al principio, un ayuda de cámara de confianza remendaba este pantalón; se cansó de hacerlo. El rey de España hacía él mismo los remiendos con seda que

(1) DR. CABANÉS, *Le mal héréditaire*, II, págs. 228-229.

pedía a las camareras. A veces, cuando salía para
ir a misa, la reina sostenía con alfileres los jirones
del pantalón, y él la dejaba hacer. La sangre
fría de que daba muestras entonces parece incon-
cebible (1).

* * *

No era menos caprichoso y desequilibrado su
carácter que su conducta.

Como dice DESDEVISES DU DÉZERT, al reseñar
la obra citada de BAUDRILLART, no le abandonaba nunca la gravedad que conservara desde el
vientre de su madre: iba a su despacho como a
su tema, era incapaz de someterse a una regla
ordenada, y no hacía seis meses que estaba en
España cuando ya su confidente Louville decla-
raba sin ambages que aquel hombre «no rei-
naría»...

Su piedad excesiva no le impidió tiranizar a
sus súbditos, y, basada exclusivamente en las
fórmulas exteriores, no tuvo suficiente poder sobre él para transformarlo en un soberano activo,
fiel cumplidor de los deberes de su cargo.

Ya hemos visto cómo para el monarca los dos
puntos cardinales de la vida eran el lecho y el
reclinatorio, pintoresca mezcolanza que en verdad simbolizaba la locura místico-erótica de que
estaba atacada la nación...

En sus tendencias místicas y en sus actos religiosos aparecía el desequilibrio que existía en
todo lo suyo.

Tenía unos escrúpulos de conciencia excesivos.
Pidió a su confesor que le dijera «si las víspe-

---

(1) *La Folie de Philippe V*, en Feuilles d'Histoire, de ARTHUR
CHUQUET, 1.º enero de 1910. Cit. por CABANÉS,

ras que debe leer tienen que ser todas de Santa Isabel, sólo con la conmemoración de la octava de la dedicatoria a la Santísima Trinidad, o si deben ser todo el capítulo de la dedicatoria». Se hacía leer los maitines por la reina delante del embajador de Francia. En cierta ocasión en que la reina había logrado *disminuir la intensidad de sus devociones*, oye todos los días una misa, recita todas las mañanas los oficios del Espíritu Santo, todas las noches el rosario y se confiesa varias veces y comulga por lo menos una vez por semana (1).

Egoísta feroz, no tiene medida alguna ni en su benignidad ni en su severidad.

Un holandés, el barón de Ripperda, sube a los más altos puestos de la pobre España, que está en subasta para caer en manos de todos los aventureros extranjeros que quieran venir a saquearla... Repentinamente el rey le retira su favor y lo persigue con saña hasta el palacio de la embajada de Inglaterra.

La camarera mayor, princesa de los Ursinos, había gozado durante años de la total confianza del rey.

Cuando éste se casó con Isabel Farnesio, en gran parte debido a las recomendaciones de la princesa, la nueva reina la hizo al conocerla una acogida muy cordial. La princesa se arrodilla para besarle la mano (notemos de paso la etiqueta, que hacía semidioses de los dignos personajes que vamos conociendo...), pero Isabel la levanta, la abraza efusivamente y la hace entrar en su habitación...

Al poco rato se oyen fuera grandes voces. La

---

(1) DESDEVISES DU DÉZERT, *Philippe V.*

reina llama a gritos a Alberoni, que se encontraba cerca de la puerta. Encuentra a la reina fuera de sí. «Detengan a esta loca, a esta insolente—vocifera—. Hagan preparar una carroza y condúzcanla a la frontera con una guardia de cincuenta hombres. No le dejen más que una camarera y un lacayo... Que no escriba ni hable a nadie...»

La orden se ejecuta. La princesa de los Ursinos viaja en una noche obscura y glacial hasta la aldea de Atienza, a la que llega de madrugada, indignada, helada y medio muerta de cansancio.

La noticia de lo sucedido disgusta profundamente al rey; pero éste no se atreve a revocar totalmente las órdenes de la reina; sin embargo, firma inmediatamente unas cartas patentes en las que confiere a la princesa de los Ursinos el principado soberano de Rosas y de Cardona, queriendo indemnizarla así del disgusto que ha sufrido y agradecer sus servicios. Le envía además una carta de simpatía en la que le dice: «La ruego que cuente totalmente con mi estimación y con mi amistad...»

Pero llega hasta la reina la noticia de las disposiciones tomadas... Vence fácilmente la débil voluntad del rey... ¡y éste anula las cartas patentes que ha firmado algunas horas antes y deja a la desterrada seguir dolorosamente su camino hacia Francia!

Esta vergonzosa debilidad de Felipe V es el primer triunfo de la Parmesana.

Así, la autoridad de este rey demente y con menos energía que un niño reside en otros. Un cardenal indigno, Alberoni, medita, concibe y propone; la reina acepta, quiere y ordena; el rey murmura con frecuencia, se enfada algunas veces, *obedece siempre*. Sus enfados son tan impotentes y ridículos como los de un niño (1).

En sus favores tiene excesos de desequilibrado. La primera vez que el cantante Farinelli se hizo oír en palacio recibió de Felipe V su retrato rodeado de brillantes, se le fijó un sueldo de ciento treinta y cinco mil reales, se le dió alojamiento en la corte, un coche con dos mulas para seguirla en sus andanzas. Y por si esto fuera poco, la reina le regaló un nudo de brillantes de cuatro mil pesos, y el príncipe de Asturias, un reloj, una sortija de mil doblones y un nudo de diamantes para el sombrero...

Como vemos, el primer Borbón de España estuvo siempre dominado por alguien: Louville, la princesa de los Ursinos, Orry, Alberoni, Ripperdá, sus mujeres, sus confesores... España, repitámoslo, era campo abonado para todos los aventureros, para todos los extranjeros de mayor o menor solvencia moral.

Presentaremos después al lector sus mujeres y algo más de lo que ya sabemos respecto al poder que tuvieron sobre este demente.

La más exacta de las definiciones del estado de la voluntad real es la que hace el embajador francés Tessé: «Un rey indeciso, que jamás puede tomar sobre sí la responsabilidad de decir *lo quiero*.»

* * *

Anotemos rápidamente las diversas fases por las que va pasando el desequilibrio de este mo-

---

(1) Véase MARQUIS DE COURCY, *L'Espagne après la Paix d'Utrecht.*

narca hasta su muerte, añadiendo a lo que ya sabemos unos cuantos hechos sintomáticos.

En el mes de junio de 1727 tuvo una crisis, consecuencia, según se dijo, de una indigestión. El rey había vuelto a caer en sus terrores enfermizos y en su melancolía habitual. Como su incapacidad para el despacho de los asuntos de estado fuese aún mayor que de costumbre, la reina hizo admitir al príncipe de Asturias en el Consejo. Encerró a su marido en el Pardo. Cuando estuvo mejor, le hizo exhibir ante el pueblo.

El 20 de junio de 1728 sucedió una escena singular. A las cinco de la mañana se levantó el rey y en camisa y descalzo quiso salir. La reina, que se despertó al oír el ruido, le hizo comprender lo indecente y lo ridículo de semejante idea, y logró que volviera a acostarse. Tenía en aquel momento puesta una camisa de la reina, que le llegaba hasta los talones; su locura consistía entonces en imaginar que querían envenenarle con una camisa; por esta razón sólo quería ponerse las de Isabel Farnesio, después de haberlas llevado ella. Trató de huir varias veces; cierto día golpeó a la camarera y después a la reina, que habían acudido para oponerse a la escapatoria. La reina lo sermoneó severamente, y le dijo «que no se acostaría más con él». Lloró entonces su majestad durante todo el día y se negó a trabajar con sus ministros (1).

A raíz de esto púsole la reina centinelas de vista, reforzó la guardia de su cuarto. Hizo cambiar varias veces las cerraduras de las habitaciones a consecuencia de las múltiples tentativas de Felipe para escaparse del palacio. Nadie podía ser

---

(1) *La Folie de Philippe V.* Cit. por CABANÉS, págs. 222-224.

admitido a su presencia sin una autorización especial, y los guardias tenían orden de impedir al rey que saliera bajo ningún pretexto.

Intentó Felipe abdicar por sorpresa, burlando la vigilancia de la reina; pero ésta logró retirar el decreto antes de que fuera publicado. A partir de este momento (junio de 1728), la reina no dejó en manos del rey ni tinta ni pluma; para disipar su aburrimiento le facilitaba «unos difuminos y mechas de velas diluídas en agua, con lo que se divertía dibujando» (1). ¡Así se entretenía el monarca de España!

Recordemos de pasada—nos falta espacio para más—algunos hechos curiosos que acaban de pintarnos a este pobre desequilibrado:

La reina firmaba todos los actos públicos, haciendo caso omiso de su marido, habiéndose procurado la estampilla del rey; le daba drogas para despertar en él los instintos genésicos desde que éstos decayeron, ya que en ellos se fundaba todo su dominio; peleábanse los dos, insultábanse mutuamente y el monarca daba a Isabel Farnesio palizas memorables, cosa sabida por las confidencias que ésta hizo al embajador francés, conde de Rottembourg. ¡Buen puñado de detalles sabrosos sobre aquel raro matrimonio, señor absoluto de todas las Españas!...

Después de una de estas palizas el rey obligó a la reina... a que le pidiera perdón. «Quiero—dijo a sus criados—que se deshaga de sus cuatro evangelistas.» Llamaba así a Patiño, al marqués de Scotti, al confesor de la reina y a su camarera. Bastaba que se pronunciara delante de él el nombre de uno de estos réprobos para que Fe-

---

(1) DUCLOS, *Mémoires Secrets*, t. II, pág. 280. Cit. por CABANÉS.

lipe se pusiera furioso; y a estas cóleras seguían palabras más o menos incoherentes (1).

En agosto de 1732 sufre Felipe un nuevo ataque de melancolía.

No hubo medio de sacarlo de su apatía. Quiso abdicar en el príncipe de Asturias. Y para hacer la abdicación indispensable se abstuvo de gobernar. «Durante dos semanas no dijo una palabra a sus ministros, y mientras tanto afectaba una ternura excesiva hacia el príncipe de Asturias» (CABANÉS).

Un enviado francés que vió a Felipe V en el mes de junio de 1734, nos lo pinta así:

Tenía el rostro descarnado y el color de un muerto. Sus dos manos, juntas, apenas podían poner el sombrero sobre su cabeza, tardando mucho tiempo y temblando mucho... (2). Aunque creía siempre que estaba enfermo, no quería, sin embargo, tomar ninguna medicina. La última manía que había tenido era no querer beber... Sus ojos estaban apagados. Apenas tenía fuerzas para entrar en una silla de ruedas, y le era completamente indiferente que le llevaran a derecha o izquierda.

En 1736 le dieron unos ataques de hipo muy violentos; después fueron unos gemidos que alternaban con gritos que parecían alaridos. Este hipo persistió hasta su muerte, que se produjo diez años después, con algunos intervalos de calma.

Alternaban estos fenómenos con la manía de persecución. Se arañaba con las uñas largas y cortantes que se había dejado crecer. Preten-

---

(1) DR. CABANÉS, Le mal héréditaire, II, págs. 226-227.
(2) Tenía entonces Felipe cincuenta y un años apenas.

día entonces que algún malvado se había aprovechado de su sueño para herirlo. Otras veces aseguraba que había alrededor de su cama escorpiones que le mordían (1).

* * *

Por fin la mísera existencia del primer Borbón español tuvo su punto final repentinamente en un ataque de apoplejía fulminante que le dió el 9 de julio de 1746.

Cerca de medio siglo había reinado este demente. Por España había corrido la sangre a torrentes para que nos hiciera el honor de sentarse en el trono. Luego, durante años sin fin, los españoles aguantaron al loco coronado. Pero, con todo, no fué lo peor que lo aguantaran, sino que dejaran a sus sucesores que se eternizasen durante más de dos centurias en el país. Fué la dinastía, como iremos viendo, un verdadero manicomio desencadenado sobre España, a la que dejó arruinada y reducida a la cuadragésima parte de su territorio, ¡precisamente en la época en que todas las demás potencias europeas se hallaban en pleno período de expansión!

¿Qué podrá valer el pueblo que ha aguantado como un estúpido borrego semejante monstruosidad?... Es la pregunta angustiosa que acude a nosotros.

* * *

Casóse Felipe, como sabemos, dos veces. La primera, con *María Luisa Gabriela*, hija de Víc-

(1) LA PLACE, *Mélanges*, t. II, págs. 151 y ss. Cit. por CABANÉS.

tor Amadeo II, duque de Saboya. La segunda, con *Isabel*, hija de Eduardo Farnesio II. Estas trajeron a la dinastía nuevas taras y enfermedades, que vinieron a añadirse a las ya abundantes de Felipe. Así se irá explicando el lector las características de la descendencia.

De *María Luisa de Saboya* tuvo dos hijos, y ambos fueron reyes de España. Como veremos, el primero, *Luis*, fué un memo, y el segundo, *Fernando VI*, un loco furioso.

De *Isabel Farnesio* tuvo seis hijos.

El primero, *Carlos III*, fué el menos lamentable de los Borbones de España; pues bien, veremos que, aun así y todo, tuvo varias rarezas, que revelaban la hereditariedad patológica que sobre él pesaba.

Del segundo, *Felipe*, fundador de la casa de Borbón-Parma, iba a nacer aquella vergonzosa María Luisa, digna nieta de dos degenerados como Felipe V y Luis XV.

Su última hija, *María Antonieta*, se casó con Víctor Amadeo III, duque de Saboya y rey de Cerdeña: «Enana, inteligente, pero depravada y mala» (1).

Hemos dicho que las dos mujeres de Felipe V traían también una pesada herencia. Vamos a demostrarlo.

* * *

María Luisa Gabriela de Saboya procedía de una familia en pleno estado de degeneración. Su padre, *Víctor Amadeo II*, murió completamente loco; tenía prognatismo inferior pronunciado. Su abuelo *Carlos Manuel II* tenía la nariz excesi-

---

(1) DR. GALIPPE, pág. 223.

vamente desarrollada. La hermana mayor de María Luisa, *María Adelaida*, se había casado con Luis, duque de Borgoña, hijo del Gran Delfín, primogénito de Luis XIV; estaba atacada de bocio y de escrófulas; tuvo cuatro hijos: uno que nació prematuramente y no fué viable; dos muertos en la cuna, y el cuarto cuyo carácter era extraño, neuropático, incestuoso y crapuloso (Luis XV).

Tal era la familia. Presentemos ahora a la interesada.

María Luisa de Saboya era un verdadero «demonio colérico», y en sus momentos de violencia nada la contenía: daba entonces a su augusto esposo unas palizas épicas; la menor contradicción la ponía fuera de sí. Tenía un medio categórico para llegar a sus fines: era, cuando proponía algo, exigir la decisión inmediatamente. El rey, encontrándose así cogido por sorpresa, no tenía tiempo para reflexionar, y a fin de evitar una escena, cedía, cedía siempre. Se puede imaginar cuáles eran los argumentos de que se valía la reina por poco que encontrase resistencia; es muy fácil adivinarlos a través de la correspondencia diplomática que nos ha dado tantos datos preciosos sobre la corte de España; hay principalmente un diálogo entre Louville y un jesuíta, el padre Daubenton, que cabría muy bien en una escena de comedia... (1).

Pronto se manifestaron en María Luisa los primeros síntomas de la enfermedad que debía llevarla al sepulcro: fué una escrofulotuberculosis, enfermedad familiar de la que, como sabemos,

---

(1) Dr. Cabanés, *Le mal héréditaire*, II, pág. 98.—Remitimos al lector al curiosísimo libro de Cabanés para la lectura de este pintoresco diálogo, que la escasez de espacio nos impide copiar aquí.

sufría también su hermana María Adelaida. Del embarazo siguiente al nacimiento del príncipe de Asturias sólo resultó el infante Felipe Manuel, que vivió pocos días, y cuya autopsia demostró una considerable hipertrofia del corazón y una deformación craneana. Varios embarazos sucesivos acabaron de agotarla. Sus glándulas se habían hipertrofiado extraordinariamente; estaba debilísima y sufría sudores agotadores, su palidez era extraordinaria y no lograba disimular con un tapabocas los progresos de su mal. Finalmente, María Luisa sucumbió el 14 de febrero de 1714, cubierta de tumores fríos que supuraban...

Como sabemos, su regio marido no había dejado el lecho conyugal hasta el último momento.

Los dos hijos que la sobrevivieron fueron reyes de España: el uno era tonto, el otro murió completamente loco.

* * *

Isabel Farnesio, que era quien había de dar a Felipe V la sucesión que iba a asegurar a la familia borbónica al trono de España, tenía una historia patológica tan cargada como su predecesora (más, era poco menos que imposible...). Fué Isabel el último vástago de una raza decadente y agotada, que desapareció con ella del mundo de los vivos.

En efecto, la familia Farnesio carecía ya de vitalidad. El padre de Isabel, *Odoardo Farnesio II*, príncipe de Parma, murió en 1693, a los veintisiete años de edad. Era obeso y le caracterizaba su prognatismo inferior.

Su tía *Margarita María* murió sin posteridad de su marido, que era su primo carnal.

Su tío, *Francisco, duque de Parma*, murió en 1727, sin posteridad, y era tan obeso como su padre y sus hermanos.

Su hermano *Antonio*, último representante varón de la familia, murió, igualmente sin posteridad (de su mujer Enriqueta de Este), en 1731. Con él se extingue la casa.

Antonio Farnesio, de una corpulencia extraordinaria, sólo amaba la buena comida y la tranquilidad (GALIPPE, pág. 328). Tenía prognatismo inferior.

La descripción que de Isabel Farnesio hace el príncipe de Mónaco en carta escrita al ministro francés Torcy el 19 de octubre de 1714 no es desfavorable. Su cara es alargada y las viruelas han hecho que sus trazos sean más gruesos. Sin embargo, su rostro no deja de ser atractivo, quedando reparados por la gracia de su cabeza, por unos ojos azules muy vivos y por unos dientes y una sonrisa muy bonitos.

Isabel, ambiciosa en extremo, dominó en seguida totalmente a su marido.

Este pasaba dos veces al día de los brazos de su mujer a los pies de su confesor.

El pobre Felipe parecía no poder sobrevivir mucho tiempo a los excesos de la vida conyugal. Sin embargo, sobrevivió; pero — según sabemos por la ya mencionada descripción de Saint Simon—quedó encorvado, con la barbilla saliente y muy lejos del pecho, con los pies tocándose al andar, las rodillas a dos palmos de distancia la una de la otra, un aire estúpido y la palabra arrastrada.

Tenía Isabel a su marido dominado por el lazo

sexual y por el terror religioso. En cierta ocasión, queriendo obtener de él un favor, le amenazó con parir un niño muerto, que no recibiría bautismo. El rey accedió en seguida a sus deseos (1).

Sabiendo que su influencia dependía de la vivacidad de los instintos sexuales del fundador de la dinastía, cuando éstos empezaron a aflojar Isabel trató inmediatamente de reavivarlos:

... Hacía seguir a su real marido un régimen de especias y de guisos, de carnes y de vino de Alicante, que le mantenían en un enervamiento continuo. Teníale así bajo el dominio de sus caricias o de sus negativas.

Mediante ingredientes «que reavivan el amor a expensas de la vida», conducía al memo del monarca al desequilibrio cerebral, a la imbecilidad. Vamos a asistir a las fases progresivas de esta decadencia mental (2).

En 1738, Champoiseau describe así a la reina:

Disimulada, celosa, desconfiada, curiosa, amable y seductora cuando nada le inquietaba, de una violencia insoportable ante la menor contradicción... No era mala, sin embargo, y a veces incluso buena y compasiva (3).

Ya sabemos la vida que Isabel hizo llevar a su desequilibrado marido. Hubo épocas en que ni un momento se separaban y en las que todo, absolu-

---

(1) DESDEVISES DU DÉZERT, *Philippe V*.
(2) DR. CABANÉS, *Le mal héréditaire*, II, pág. 139.—En las páginas anteriores ha visto ya el lector la marcha de esta decadencia.
(3) Cit. por DESDEVISES DU DÉZERT, *Philippe V*.

tamente todo, lo hacían juntos; por fin puso en
tal estado al imbécil del rey que, según hemos
visto, Cabanés dice que no era ya más que «un
trapo humano»...

En suma, el espectáculo que daba la familia
real española hubiera producido risa y asco en
cualquier hogar de simples mortales. Pero ellos
eran reyes... «por la gracia de Dios».

* * *

De estos seres iban a descender los Borbones
de España. La influencia que semejante acumulación de taras iba a tener sobre ellos había de
ser evidentemente enorme. Y aun se agravó más
por los continuos matrimonios consanguíneos que
iban a aportar a la raza nuevos y pesadísimos
estigmas.

CAPITULO IV

LUIS I. MONARCA EFÍMERO

El pobre Felipe V había abdicado.

Automáticamente pasó a ser rey el príncipe de Asturias aquel 17 de enero de 1724.

* * *

Luis I habíase casado poco antes con mademoiselle de Montpensier, hija del regente de Francia, haciéndose así un nuevo matrimonio consanguíneo entre Borbones.

No valdría la pena que nos detuviéramos a hablar de este Borbón insignificante, que sólo reinó pocos meses y que tenía apenas diez y siete años. Pero no debemos despreciar un único eslabón de la cadena, para que quede bien demostrado que los estigmas degenerativos—físicos y morales—no han fallado una sola vez en los Borbones de España. Esto aparte de que los Borbones de que nos ocupamos ahora—marido y mujer—fueron lo suficientemente cómicos para que refiramos brevemente algunas anécdotas sintomáticas de estos regios personajes y del estado en que sus cabezas se hallaban.

Luis era, según sus contemporáneos, francamente feo, delgado, larguirucho, de salud débil. No había recibido la educación apropiada al papel que debía representar (cosa que indefectiblemente ha sucedido con todos los Borbones españoles, como iremos viendo).

Eso sí, le habían enseñado a bailar y, sobre todo, a cazar, deporte que—ya lo sabemos—es la monomanía familiar. En Luis, la obsesión hereditaria llegó hasta el punto de que una de las primeras cosas que se le ocurrió regalar a su prometida fueron ¡*dos fusiles de caza*!

* * *

Tenía un temperamento tan ardiente que hubo que quitar de su habitación el retrato de su novia, «cuya imagen agitaba sus noches». ¡Tan grande era su impaciencia de poseer a su mujer!

De él decía el célebre Saint Simon que «tenía la inteligencia de un niño, la curiosidad de un adolescente y las pasiones de un hombre».

* * *

Presentemos ahora a la hija del regente.

Dejaba mucho que desear. Su falta de educación era extraordinaria. Y las cartas que de ella han quedado atestiguan su absoluta ignorancia incluso de la ortografía.

Luisa Isabel era una mujer enfermiza, que llegó a España con los ganglios del cuello infartados. Felipe V empezó por creer que se trataba de viruelas. Y como el Regente poseía una mala fama tan merecida, acabó temiendo que se tratara de una sífilis. Hay que ver los apuros que tuvo que pasar el embajador extraordinario, Saint Simon, para demostrar lo contrario, tras un largo interrogatorio a que lo sometieron los soberanos y un examen cuidadoso que hizo a la paciente, improvisándose médico. ¡Por fin logró disipar las aprensiones de los reyes de España!

Luisa Isabel era además una desequilibrada. Tenía los más extraños caprichos y sus perversidades precoces dejaron atónita a la corte española, que, sin embargo, no tenía mucho de qué sorprenderse.

Así, por ejemplo, no quiso de ningún modo ir a ver a su suegra, que la había cuidado durante su enfermedad y cuyas habitaciones estaban al lado de las suyas. Encerróse en un mutismo absoluto, y a cuanto se le decía sólo contestaba por monosílabos.

Se organizó un gran baile en la corte en honor suyo. No le dió la gana de asistir a él y dijo que, si querían, que fueran los reyes: «Que hagan lo que les guste; yo haré lo que a mí me place.»

El duque de Saint Simon, cumplida su misión, iba a volverse a Francia. He aquí cómo describe la solemne audiencia de despedida:

Estaba Luisa Isabel bajo un dosel, en pie, las damas a un lado, los grandes del otro. Hice mis tres reverencias, y después mi cumplido. Me callé luego, pero en vano, porque no me respondió ni una palabra. Tras algunos momentos de silencio quise darle tema para contestarme, y le pregunté si algo deseaba para el rey, para la infanta y para madame, el duque y la duquesa de Orleáns. Me miró y soltó un eructo estentóreo. Mi sorpresa fué tan grande, que quedé confundido. Un segundo eructo estalló, tan rüidoso como el primero. Perdí la serenidad y no pude contener la risa; y mirando a derecha e izquierda vi que todos tenían su mano sobre la boca y que sacudían los hombros. Finalmente, un tercer eructo, más fuerte aún que los dos primeros, descompuso a todos los presentes y a mí me puso en fuga con cuantos me acompañaban, con carcajadas tanto mayores cuanto que forzaron las barreras que cada uno había intentado oponerles. Toda la gravedad española quedó desconcertada, todo se desordenó; nada de reverencias: cada uno, torciéndose de risa, salió corriendo como pudo, sin que la princesa perdiese ni un átomo de su seriedad...

Esta desequilibrada no hizo muy feliz a su real marido el poco tiempo que vivieron juntos. La raza decadente no había puesto en Luis más que una escasa vitalidad: se constipaba fácilmente, soportaba mal las fatigas de la caza y seguía delgado y débil; fué un anormal entre los anormales que nacieron de Felipe V. Su mujer, en cambio, engordaba, cansaba a sus damas a fuerza de andar y comía con un sólido apetito las comidas más extraordinarias.

Se entretenía además Luisa Isabel en hacer inundar por sorpresa, mediante surtidores escondidos, a los que se paseaban por los jardines, y un día, cortando los cordones de las sayas de la condesa de Altamira, camarera mayor de la reina y modelo de seriedad, hizo que la encopetada dama se quedara en camisa en medio de la corte...

En fin, realizó tantas locuras y dijo tales sandeces, que el tímido Felipe V la amenazó con encerrarla y que el mariscal de Tessé, embajador de Francia, escribía:

No es culpa suya, y le aseguro a usted que ha aprendido muchas cosas en el Palais Royal que no ha olvidado en su palacio y de las que habla a sus damas. Conozco una a quien ha dicho hace veinticuatro horas: «Si quisiese ser p..., ¿querría usted servirme de a...?»

Como vemos, estos regios Borbones siempre han tenido la misma afición al lenguaje grosero del populacho, y el mismo sadismo sexual.

* * *

Mientras tanto, el pobre Luis, sombra de rey que duró un par de temporadas, no sabía qué hacerse con aquella fiera. Su inteligencia, tan desarrollada como la de su progenitor, no lograba dictarle la actitud que hacia ella debía adoptar. El pobre diablo escribía a sus padres el 5 de abril de 1724:

Hoy he ido a tirar y he matado treinta y dos palomos y algunos conejillos; por lo demás, la reina va de mal en peor, y si le digo algo se enfada conmigo y no sé qué hacer.

Por lo demás, en efecto, ¿qué hacerse con una reina de España que un día, sin más ropa que una bata y una camisa sobre el cuerpo, se paseó por los jardines del Retiro enseñando pies y piernas a quien quería verla, y manifestando una exuberancia tan extraordinaria que se la creyó borracha? Al día siguiente al de semejante proeza, se entretenía en lavar pañuelos y, por la tarde, en camisa, ¡lavaba las losas de un gran mirador a la vista de todo el mundo!

Para colmo, se supo que había adquirido la costumbre de emborracharse.

¡Felizmente, el pobre Luis iba a verse libre de su molesta mujer muriéndose de repente!

Hacía una vida agotadora para un ser tan débil. Según el mariscal Tessé,

en cuanto ha almorzado se va a jugar a la pelota; el resto del día, bajo un gran calor, se va de caza y camina como un montero; por la noche, sin trabajar eficazmente, creemos que se excede, y, sin embargo, no le gusta su mujer ni a su mujer él.

Antes del alba del 31 de agosto de 1724 moría este rey efímero. Y la corte de España se apresuró a devolver a la encantadora Luisa Isabel a su país...

Entonces empezó el segundo reinado de Felipe V. Ya lo conocemos.

CAPITULO V

FERNANDO VI

Al morir Felipe V le sucede FERNANDO VI, único hijo que le quedaba de su casamiento con María Luisa de Saboya. Fernando reinó de 1746 a 1759.

Hijo de madre tuberculosa y de padre atacado de locura melancólica, Fernando VI dió bien pronto muestras de su desequilibrio.

Su juventud había sido muy triste en aquella corte de Madrid, donde su madrastra, Isabel Farnesio, le trataba con gran frialdad.

Sabía Isabel con toda seguridad que el príncipe de Asturias no podría tener posteridad y que la corona iría a parar a manos de su propio hijo, D. Carlos, rey de las dos Sicilias; así es que no tuvo miramiento alguno hacia un príncipe que no podía favorecer sus proyectos ambiciosos; lo consideró siempre como una cantidad despreciable.

La corte de Francia tuvo informes muy exactos sobre la enfermedad de Fernando. He aquí, en efecto, lo que se lee en un despacho de La Marck a Amelot, fechado el 19 de enero de 1759 y conservado en los archivos de *Affaires Etrangères* de París:

Aunque por su gran juventud se encuentran en él los movimientos necesarios para contentar a una mujer, sin embargo le faltaba *naturalmente* lo que por artificio se quita en Italia a los que se quiere hacer entrar en la música, de manera que el príncipe tenía muchos fuegos, pero no producían ninguna llama ni resultado alguno propio de la generación (1).

● ● ●

Veamos ahora cómo nos presenta el DR. JACOBY (pág. 371) a este rey:

Fernando VI se había casado con Magdalena Teresa, hija de Juan V, rey de Portugal. Hijo y sucesor de Felipe V, había heredado la enfermedad mental de su padre. Atormentado por el temor perpetuo de la muerte, estaba hundido en la más sombría melancolía. De una piedad ardiente, era, como Felipe V, esclavo de su mujer, princesa muy fea, monstruosamente corpulenta, más que estrafalaria, tan melancólica como su marido, pero amable e inteligente. El rey y la reina sentían una pasión por la música que iba hasta la excentricidad. Después de la muerte de su mujer, Fernando VI cayó en una postración completa, se condenó a la soledad, al silencio y a la abstinencia. Durante un año entero no cambió de ropa, no se vistió y no se acostó en una cama, durmiendo a veces media hora en su butaca, y murió a la edad de cuarenta y siete años, un año después que su mujer. Entre otras ra-

---

(1) C. STRYIENSKI, *Fernand VI, roi d'Espagne*, en «Chronique Médicale», 15 noviembre de 1902. Cit. por GALIPPE, páginas 231-232.

rezas de la reina, estaba obsesionada por el temor
perpetuo de caer en la miseria después de la muerte de su marido, idea que la hacía muy ávida. Pues
bien; al producirse el fallecimiento del rey, un año
más tarde que el de su mujer, se encontraron en su
cuarto setenta y dos millones en monedas, en el momento en que el Estado se encontraba en la mayor
penuria de dinero.

Al morir la reina, como hemos visto ya, el rey
cayó en un estado de depresión del que nada le podía hacer salir. Se encerró en el castillo de Villaviciosa, y no pronunciaba una palabra, negándose
a tomar conocimiento de los asuntos de Estado,
de manera que no pudo redactarse una sola memoria ni despacharse una sola orden.

Nada, ninguna medicina—¡ni aun los cantos de
Farinelli!—le podían hacer salir de su mutismo.

Lord Bristol escribía lo siguiente al célebre
ministro inglés Pitt, el 13 de noviembre de 1758:

El rey católico continúa en Villaviciosa, sin que
se tenga esperanza alguna de variación en su salud... No quiere que le afeiten, y se pasea en bata
y camisa; ésta no se la ha cambiado desde hace
un tiempo increíble. No se ha acostado durante diez
noches... No quiere acostarse, porque se imagina que
cuando esté en esta posición se morirá.

El barón de Gleichen, en sus *Recuerdos*,
dice que

Fernando VI había heredado de su padre su enfermedad del dios de los jardines y el terror ma-
niático de que se quería atentar contra su vida.
Esta doble irritabilidad, moral y física, lo había
hecho aún más dependiente de la reina María Teresa de Portugal, su mujer, que Felipe V lo había
sido de la suya.

Lo que comenta CABANÉS diciendo que ambos esposos, atacados de *lipemanía* (locura melancólica)—los alienistas conocen perfectamente estos casos de *locura de dos*—, no podían hallar alivio a su melancolía habitual más que cuando oían el canto del tenor Farinelli, quien, por otra parte, nunca hizo mal uso de su favor.

Acabó de desarreglar la razón del desgraciado Fernando la noticia de la tentativa de asesinato contra Luis XV, a la que al poco tiempo siguió otra contra el rey de Portugal.

Cuenta en sus memorias el BARÓN DE GLEICHEN que al tener noticia del último de estos atentados, el rey

se orientó en su cuarto de manera de tener a Francia a su derecha y a Portugal a su izquierda; y blandiendo la carta, que volvía a leer, vociferó tras un largo silencio: «¡Puñalada por allí, pistoletazo por aquí, y yo en medio! ¡Ay de mí!» Y después de esto se escondió bajo la cama de la reina, que estaba frente a la suya, y de debajo de la cual sólo se le pudo sacar con gran dificultad.

Sexualmente no era menos excesivo que su padre.

Al verse su mujer atacada de viruelas—dice CABANÉS—, se mostró muy afectado; a consecuencia de esta circunstancia tuvo que imponerse *privaciones que llevaron al colmo sus furores afrodisíacos*. ¡No ha llegado a escribirse que quería violar a la moribunda hasta en su agonía!

Después de la muerte de Magdalena su estado mental empeoró, aunque esto parezca cosa difícil... Hubo que llevarlo a la Casa de Campo, donde al llegar—dice el BARÓN DE GLEICHEN—se colgó del gentilhombre de cámara hasta hacerlo caer al suelo; hubo necesidad de separarlo a la fuerza.

Durante una semana se negó a comer en absoluto; al cabo de este tiempo se hartó de comida.

Este círculo vicioso de ayunar, hartarse y estreñirse duró varios meses. Esforzábase en no evacuar nada, *sentándose en los pomos puntiagudos de las sillas antiguas de su cuarto, de los cuales hacía tapones...* (CABANÉS).

En su libro *La Médécine à travers les siècles*, el DR. J. M. GUARDIA ha publicado la memoria del DR. PIQUER, que cuidó a Fernando VI. Tenemos así datos concretos sobre el estado mental de este monarca, que a la impotencia unía la locura.

En apariencia, el rey tenía el cuerpo sano; pero, según PIQUER, todas las funciones languidecían y todas las noches su cabeza estaba inundada de sudor. Sucedíanse los ataques agudos de melancolía, y antes de 1758 tuvo uno que duró trece meses.

El rey se empeñaba en no comer más que carnes fuertes y ni siquiera probaba legumbres o frutas.

• • •

La enfermedad que le llevó al sepulcro empezó el 7 de septiembre de 1758. Se inició con ataques de terror: cree que va a morir asfixiado o súbitamente. Paséase por su cuarto durante diez o doce horas sin parar, hasta que una hinchazón, seguida de ulceración y de supuración, se manifiesta en las piernas y le obliga a interrumpir estos viajes alrededor de su cuarto... Se complace en el aislamiento más absoluto,

y todas las manifestaciones de la inteligencia anuncian una profunda alteración.

Su imaginación está completamente desordenada y sufre ataques de ansiedad. A fines de diciembre tiene calentura, enfriándose pies y manos; la lengua está seca y negra, los labios azulados; le dan movimientos convulsivos de los miembros y tiene un estreñimiento extraordinario (treinta y seis días). El DR. PIQUER concluye que se trata de una «manía melancólica» y que el centro del mal se halla en la cabeza, lo que se confirma por el desorden de las funciones cerebrales, la inflamación de los ojos y los sudores de la cabeza.

Su melancolía se acentúa y le dan verdaderos ataques de locura furiosa. Echa a la cabeza de sus servidores vasos y platos, trata de estrangularse con sus sábanas, con sus servilletas, siente grandes terrores y lanza gritos agudos; pronuncia palabras desconexas, tiene errores groseros de los sentidos, pierde la memoria. Suplica a los asistentes que le den ideas, ya que su cabeza está vacía: decía que no tenía pensamientos y que era forzoso morir por falta de ellos (DR. PIQUER).

El 6 de agosto de 1759 le da un ataque de epilepsia, quedando sin palabra, y tres días después sufre dos ataques más, a consecuencia de los cuales pierde los sentidos y queda paralizado. Muere por fin el 10.

Fernán Núñez, en su *Vida de Carlos III* (t. I, págs. 115-135), nos da otros detalles sobre Fernando VI y su enfermedad.

Cuando se encerró en el castillo de Villaviciosa sus monomanías aumentaron, como ya sabemos. Había días en que se cerraba en su habitación y se negaba a abrir, incluso para oír misa, aunque era muy devoto. Le daban ataques repentinos de furor, mordiendo los vasos de plata con que le habían substituído los vasos de cristal. Por fin se acostó sin querer volverse a levantar, haciendo en la cama todas sus necesidades. ¡Luego las lanzaba contra los que se le acercaban, sirviéndose de ellas como de proyectiles!...

En suma: que estaba loco de remate.

* * *

Como sabemos, el católico rey Fernando VI, señor de medio mundo, habíase casado con la hija de D. Juan V, María Magdalena Teresa Bárbara, y había puesto en su mujer una confianza sin límites, no tomando jamás decisión alguna si antes no había obtenido su aprobación.

Con menos voluntad aún que su padre, creía haber desempeñado sus deberes de soberano en cuanto había dejado en manos de sus ministros el peso del gobierno.

Sabemos que su placer favorito fué la música, y que, lo mismo que a su padre, Farinelli, con sus canciones, era la única persona que lograba aliviar algo su melancolía.

Fernando VI lo nombró intendente de teatros y espectáculos de la corte. El país estaba arruinado, pero se organizaban fiestas espléndidas en el Retiro y en Aranjuez, cuyos bosques se iluminaban profusamente. Los españoles se indignaban, pero su indignación no iba más allá de algunas murmuraciones contra los favores que el monarca concedía al «capón» y contra el hecho de que las cantantes italianas por él llamadas fuesen recibidas a su llegada a Barcelona o a Madrid «como si se tratase de un gran capitán que había ganado una batalla».

El verdadero amo de la monarquía fué el jesuíta Ravaga, confesor del rey. Fernando VI comprendía tan mal los intereses de su corona—¿pero qué iba a comprender este pobre eslabón en la demencia de la serie borbónica?...—que estuvo a punto de ceder Galicia a Portugal, a cambio del Sacramento (región disputada a orillas del Paraná). La oposición del rey de Nápoles le hizo abandonar este proyecto; pero el marqués de la Ensenada, que fué quien le advirtió, cayó en desgracia y nada marcó mejor la nulidad del rey que la dificultad en que se encontró a raíz de la caída de su ministro. Se mostró tan inquieto, tan alicaído, que la reina se prometió a sí misma no proponerle nunca más la destitución de ningún ministro, ante el temor de ver nuevamente caer al rey en semejante estado (1).

* * *

Tal fué Fernando VI, tercer Borbón de España...

---

(1) DESDEVISES DU DÉZERT, *L'Espagne de l'ancien régime. Les institutions.*

CAPITULO VI

CARLOS III

Abrese con Carlos III — que empieza a reinar el 11 de agosto de 1759—un paréntesis sorprendente en la dinastía: ¡era casi normal, casi equilibrado!

Habiendo muerto Fernando VI sin hijos, la corona de España pasó a su hermano, Carlos III, príncipe inteligente y enérgico, y a quien incluso se creía ser fruto del adulterio. Tuvo trece hijos, de los cuales seis murieron en la infancia, dos murieron sin hijos; uno, Felipe, idiota, declarado incapaz de reinar, muere a los treinta años sin alianza (1).

Así, con Carlos III, nos aparece por primera vez en el trono español un Borbón inteligente—veremos después que, en realidad, el caso se da por primera y última vez—; nos hallamos ante un degenerado superior. El hecho es tan extraño que, para explicarlo, según nos dice JACOBY, ha habido que suponer que Isabel Farnesio no lo tuvo de Felipe V...

---

(1) DR. JACOBY, pág. 371.

Sin embargo, la falta de vitalidad de varios de sus hijos, y las múltiples taras de los otros, confirman que nos hallamos únicamente ante una de esas excepciones que aparecen en las series degeneradas.

En efecto, en sus hijos vamos a ver la continuidad de las taras degenerativas.

María Luisa, nacida en 1745, se casa en 1765 con Pedro Leopoldo, gran duque de Toscana y después emperador de Alemania. Sus retratos nos delatan su fealdad y nos dicen que si en ella el prognatismo familiar era poco acentuado, tenía, en cambio, un aplastamiento lateral del rostro y un considerable aumento del diámetro vertical del mismo, lo que bien a las claras nos revela su estado de degeneración congénita.

Felipe, duque de Parma y de Plasencia, hijo mayor de Carlos III, debía suceder a su padre en el trono de Nápoles al pasar éste al de España. Pero no pudo realizarse este proyecto por hallarse Felipe sujeto a ataques de epilepsia, siendo, por lo tanto, incapaz de reinar. Tanto es así que en la solemne proclamación que leyó Carlos III en Nápoles al acceder al trono de España, decía:

Entre los cuidados y las graves atenciones que me ocupan a causa de la muerte de mi augusto hermano Fernando VI, me encuentro llamado a la corona de España; la imbecilidad notoria de mi hijo mayor fija particularmente toda mi solicitud. Un número considerable de mis consejeros de Estado, un miembro del Consejo de Castilla, otro de la Cámara de Santa Clara, el teniente de la Sommaria de Nápoles y la Junta entera de Sicilia, representada por seis diputados, me han expuesto unánimemente que, después de haberlo intentado por todos los medios posibles, no han logrado descubrir en el desgraciado príncipe, mi hijo mayor, el menor rastro de juicio, de inteligencia ni de reflexión, y que, no habiendo cambiado este estado desde su infancia, no sólo es incapaz de sentimientos religiosos y se halla privado de todo uso de razón, sino que no aparece para lo por venir ni el más pequeño vislumbre de esperanza.

A *Carlos IV*, rey de España, le dedicaremos el capítulo que le corresponde, y veremos que no hará mal papel en la serie de Borbones desequilibrados que han reinado en el pobre país condenado a ser teatro de las hazañas de la dinastía...

Fernando Antonio Pascual Juan (nacido en 1751) sucedió a su padre en Nápoles en 1759. Oigamos a JACOBY (pág. 372):

Fernando IV, rey de Nápoles; tronco de aquella dinastía de los Borbones de Nápoles, cruel, pérfida, ininteligente, y que acabó por ser expulsada del trono y del reino por un puñado de voluntarios.

Antonio Pascual (1755-1817). Este hijo de Carlos III merece un momento de atención. Casóse con la segunda hija de María Luisa, la infanta María Amalia, que murió dos años después, a los diecinueve de edad.

Antonio Pascual era tonto de remate, casi tanto como su hermano mayor.

Era un comilón «sin más Dios que su vientre» (GARCÍA RUIZ), a quien la reina María Luisa «graduaba de hombre *de muy poco talento y luces*, y agregaba, con razón, la calidad de *cruel* (VILLA URRUTIA). Tonto y cruel son dos cualidades que suelen ser inseparables, y no puede sorprendernos verlas reunidas en el Antonio Pascual.

Su estupidez tuvo ocasión de brillar en los

asuntos de Estado. Los franceses le obligaron a salir de Madrid el 4 de mayo de 1808. Presidía entonces la Junta de Gobierno de Madrid, y su imbecilidad quedó registrada elocuentemente en la carta que dirigió, en momentos tan terribles para España, a Francisco Gil y Lemus, vocal más antiguo de la Junta. Admire el lector la epístola:

AL SR. GIL.—A la Junta, para su gobierno, la pongo en su noticia cómo me he marchado a Bayona de orden del rey, y digo a dicha Junta que ella sigue en los mismos términos como si yo estuviese en ella. Dios nos la dé buena. Adiós, señores, hasta el valle de Josafat.—ANTONIO PASCUAL.

¡Esto fué lo que se le ocurrió escribir a este pobre tonto a raíz del Dos de Mayo! Es una prueba fehaciente del estado de su cerebro, que era poco más o menos el de toda la familia. ¡Qué puntos calzaría ésta que Antonio Pascual fué el mentor de Fernando VII en las jornadas de Bayona!

Veamos en qué circunstancias trágicas—en el momento en que los Borbones regalaban España a Napoleón—vino nuestro Antonio Pascual a ser el Talleyrand español.

Hizo saber el emperador al príncipe de Asturias que si se adherían él y los infantes D. Carlos y don Antonio a la cesión hecha por Carlos IV de la corona de España y renunciaban a los derechos eventuales que a ella tuvieran, les aseguraría, por un tratado cuyo borrador les sometió Duroc, una suerte, aunque no tan ventajosa, a lo menos apreciable dadas las circunstancias. Consultaron sus altezas a Escoiquiz, que se excusó de dar su parecer, porque nadie podía guiarles mejor *por su edad y su experiencia,* que el infante D. Antonio, recién llegado de

Madrid, que gozaba justa reputación, fuera y dentro de Palacio, de tonto de remate. *Discutieron a solas los tres el asunto y resolvieron acceder al tratado, nombrando a Escoiquiz su plenipotenciario* (1).

Estos talentos eran, ya lo vemos, dignos de medirse con Napoleón...

García Ruiz (2) define así a este hijo de Carlos III:

... el infante Antonio Pascual, cuya simpleza tocaba ya en los límites de la imbecilidad, sin que por esto dejara de ser un malvado de primer orden.

Durante los primeros años de la reacción fernandina, Antonio Pascual dirigió las persecuciones y fué uno de los miembros más influyentes de la camarilla de Fernando VII.

¡En manos de gentes así han andado los destinos de España!

◆ ◆ ◆

La educación de Carlos III había sido defectuosísima. Figúrese el lector lo que podía ser la instrucción que se daba a los infantes bajo la dirección de un padre que calzaba los puntos de Felipe V.

Edifícanos sobre el particular la siguiente anécdota que VILLA URRUTIA publica, después de recordar que

la educación de príncipes e infantes, materia ardua de suyo, era aún más en la corte de España, donde

---

(1) VILLA URRUTIA, *Fernando VII*, págs. 91-92.—Subrayamos nosotros.

(2) *Historias*, I, 75.

dejaba mucho que desear, y de ello es buen ejemplo lo que contaba el sabio obispo D. Antonio Tavira.

Quejóse en una ocasión a Carlos III el preceptor de los infantes, Pérez Bayer, de la desaplicación del infante D. Antonio Pascual, que era, además, tonto, y el rey, sin responder al preceptor en derechura, dijo:

—Cuando yo era muchacho, mis maestros, que veían mi poco amor al estudio, me amenazaron repetidas veces que se lo dirían al rey mi padre; casi siempre surtía buen efecto la amenaza; pero duraba poco la enmienda. Así, determinaron por fin quejarse al rey, y hubo orden de llevarme a su presencia. Dicho se está que yo llegué temblando y del todo sobrecogido. Mi padre, al verme, dijo a mis ayos, con grave ademán, que acrecentó mi temor:

—¿Conque el infante no quiere estudiar?

—No, señor—respondieron ellos.

—¡Pues si no quiere estudiar, que no estudie!

Con esto volvió la espalda y se fué. Yo, que tal oí, di dos zapatetas en el aire y desde entonces no volví a abrir un libro.

Tavira añadía que Pérez Bayer, que había trabajado con fervor hasta allí en educar a los infantes, se enfrió y les dejó después hacer su voluntad (1).

* * *

Tenía ya cuarenta y tres años Carlos III cuando sucedió a su hermano Fernando VI.

Su físico no podía ser más desagradable: corto de estatura, con los hombros redondos, los ojos pequeños, una nariz disforme, muy larga y ancha, que caía sobre una boca desdentada.

La vestimenta rústica del rey delataba el poco cuidado que ponía en vestirse. Gastaba unos pan-

(1) MARQUÉS DE VILLA URRUTIA, *Fernando VII, rey constitucional*, págs. 10-11.

talones de piel cuyos bolsillos parecían dos alforjas, tan llenos los llevaba siempre. Los usaba hasta que se caían a pedazos.

FERNÁN NÚÑEZ, en su historia de este rey, nos revela varios detalles curiosos. Metíase, de mal humor, por encima de la chaqueta de caza, un traje de rico tejido, en el que a veces había botones de diamante. Y con él debía esconder enteramente su traje de debajo; pero no siempre lograba cubrirlo del todo. Con esta facha se presentaba en la corte, en la capilla, en los besamanos, y en cuanto acababa la ceremonia volvía a su cuarto soltando un gran suspiro de satisfacción y exclamando: «¡Gracias a Dios! ¡Ya se acabó!», como si se hubiese quitado de encima un gran peso.

De su mujer, María Amelia de Polonia, traza un historiador un retrato poco favorable.

Se parecía más a un hombre que a una mujer. Tenía labios gruesos, facciones muy acentuadas, una voz estridente y un carácter impaciente, que no sufría la menor contradicción. Cuando se encolerizaba, llegaba a pegar a sus camareras... El rey la consultaba con frecuencia y utilizaba sus consejos; pero cuando la reina se irritaba, cosa que le sucedía con frecuencia, fracasaba ante la impasibilidad en que se encerraba el soberano (1).

Veamos ahora el retrato acabado que de Carlos III nos hace el historiador inglés COXE:

Lejos de carecer de capacidad, si hubiera recibido su razón toda la cultura conveniente, no hubiese sido inferior a la elevada misión que había recibido

---

(1) FRANÇOIS ROUSSEAU, *Règne de Charles III d'Espagne*, París 1907, t. I, pág. 9. Cit. por CABANÉS.

del cielo. Dotado estaba de una memoria prodigiosa y conversaba con gracia y facilidad; notábase en sus discursos muy sano juicio y perspicacia y hablaba con igual facilidad el italiano, el francés y el español. Mientras permaneció en el trono de Nápoles mostró cabal conocimiento del gobierno y de los intereses del reino, y si jamás llegó a conseguir aquel grado de instrucción con respecto a los de España, no fué ciertamente porque le faltasen luces ni loable deseo de adquirirlo.

Diferenciábase mucho de su padre y de su hermano Fernando, a quienes ocupaban extremadamente las cosas más tenues; Carlos, por el contrario, tenía un carácter varonil y vigoroso, y jamás retrocedía ante las más duras pruebas. Los triunfos no lograban envanecerlo, ni acobardarlo la adversidad. Eran impenetrables sus secretos, y tan dueño era de sus sentimientos y exterioridad, que ni sus miradas ni su lenguaje descubrían sus pensamientos secretos. Habíase publicado ya en París el pacto de familia cuando en Madrid era completamente desconocido. Hallábanse los jesuítas en camino para salir de España, y los individuos de esta orden, cuya turbulenta curiosidad burlaba todas las precauciones de los particulares y el misterio de los gabinetes, no tenían ni siquiera idea de una medida tan enérgica, concebida y ejecutada con tanta prudencia.

Sus costumbres y conducta eran irreprensibles, hasta el punto que, durante su larga viudez, jamás dió la menor ocasión para hablillas y murmuraciones. Tan severo como era consigo mismo lo era con los demás, sin ser indulgente siquiera ni con las flaquezas de la juventud, ni con sus hijos, cuya conducta vigilaba con igual severidad.

Fué escrupuloso observador de los principios religiosos, sin dejarse, empero, gobernar por su confesor, y mostrarse obediente servidor de la corte romana; antes bien cuidaba mucho de que no invadiese el clero. Fué muy superior a sus antecesores en los esfuerzos que hizo, tanto para reformar los abusos como para limitar el poder del clero.

Aun cuando exigía con rapidez la más pronta y ciega obediencia a su voluntad; aun cuando no permitía a sus ministros que se apartasen en lo más mínimo del respeto que le debían, en lo cual era muy escrupuloso con todos, sin distinción de clases, modificaba su autoridad con una benevolencia sin límites. Si era respetado y temido como soberano, como hombre amábanlo todos, y los que lo habían tratado de niño encanecieron o murieron sirviéndolo.

Sus *defectos* eran *poco numerosos*, pero muy visibles; entre otros, no puede pasarse en silencio su amor a la caza, o, por mejor decir, su deseo de tirar tiros, que pronto se convirtió en una pasión dominante, que absorbía toda su atención, haciéndolo olvidar sus demás ocupaciones. Un viajero ha hecho la observación bastante cómica de que, lo mismo que Tito miraba como perdido el día en que no había hecho algún bien, consideraba Carlos III como tal el día en que no había consagrado algún tiempo a su recreo favorito. Tanta importancia daba a sus hazañas de cazador, que escribió un diario en el cual apuntaba todas las piezas de caza que había tirado. Poco tiempo antes de su muerte se jactó ante un embajador extranjero de haber dado muerte con su propia mano a quinientos treinta y nueve lobos y a cinco mil trescientas veintitrés zorras, y añadió con la sonrisa en los labios: «Ya veis que mi recreo no deja de tener alguna utilidad para mi reino» (1).

Otro defecto era su tenacidad en sostener sus opiniones y las resoluciones que una vez había tomado. Jamás manifestó esta tenacidad más a las claras y con más fuerza que en la conducta que siguió con

---

(1) N. de COXE: Luis XIV había encargado a sus descendientes que se entregasen al ejercicio de la caza, a fin de destruir la hipocondría, hereditaria en su familia.

sus ministros. En cuanto había conseguido ganar su
confianza, o le eran familiares, por hábito se entregaba en sus manos sin reparo ninguno, sostenién-
doles no sólo contra el clamor popular, sino contra
las quejas más fundadas de incapacidad y mala
conducta. Así como las más de las personas dota-
das de este mismo carácter, se envanecía de su terquedad. Además de la anécdota que hemos referido ya, relativa al conde de Aranda, he aquí otra de
la misma naturaleza. En la época en que el ministro de la guerra Muniain, a causa de una disputa,
se retiraba a menudo de Palacio pretextando una
indisposición, hizo Carlos la observación siguiente:
«Preciso es que D. Gregorio Muniain tenga mucha
confianza en mi conocida aversión a cambiar; porque, de lo contrario, no se atreviera a irritarme con
tan continuas faltas de respeto.»

Con respecto a la dirección de su gobierno, se mostró Carlos en todos tiempos afanoso por la prosperidad de los españoles. Fomentó el comercio y la
agricultura, favoreció las bellas artes, a que se había aficionado en Italia, distinguiéndose en muchas
ocasiones como protector de la industria y promo-
vedor de todos los conocimientos útiles. Durante su
reinado brotaron las instituciones más provechosas
al Estado, en las ciencias y en las letras, y se formaron infinitas personas interesadas en su cultivo,
muchas más que durante el reinado de sus antecesores. En sus días, los españoles mostraron también que el espíritu de los viajes que tres siglos antes los había movido a surcar mares desconocidos,
y llevado al Nuevo Mundo, no se había apagado
aún. Antes de los viajes memorables de los nave-
gantes ingleses, emprendieron varias expediciones
para explorar las costas e islas del mar Pacífico, y
particularmente las costas del norte, del este, del sur
y del sudeste del continente americano. Si los nombres de González, Monte, Ayala y Maurelle no han
logrado una celebridad igual a la de Anson, Cook,
Vancouver, Bougainville y La Pérouse, no es por

falta de mérito por parte de tan eminentes personajes; antes bien, ha consistido esta obscuridad en la política suspicaz de su gobierno con respecto a todas las operaciones que mandaba hacer en las posesiones de América (1).

Como hijo de la casa de Borbón, tuvo Carlos III, durante toda su vida, una inclinación no menos fuerte que natural a Francia; pero como español y jefe de una gran monarquía, procuraba aparentar que era indiferente para con aquella nación. Con frecuencia manifestaba temores de que su gabinete se constituyese en pasivo ejecutor de las órdenes de Francia, como en tiempos de su padre. Sin embargo, se enteraba poco de los pormenores de los negocios y sus preocupaciones lo cegaban demasiado para dejarle medio de burlar las intrigas continuas y la política perseverante de aquella corona; en efecto, si se exceptúan los últimos años de su reinado, las operaciones principales de su gobierno se dirigieron más bien por principios favorables a la política extranjera que por intereses reales de la nación que mandaba.

Era Carlos de mediana estatura, y aunque no muy ancho de espaldas, eran sus formas fuertes y atléticas. Su complexión, si bien excelente, se resentía mucho de su ejercicio diario, y su rostro, expuesto constantemente a la intemperie de la estación, formaba un contraste notable con su color natural. Las facciones más notables de su rostro eran una nariz larga y largas pestañas, que crecían a medida que iba envejeciendo; pero lo que daba un carácter especial a su fisonomía era la expresión dulce y amable de su mirada. Su sonrisa y trato eran tan seductores que lo llamaba vulgarmente el pueblo el *buen* rey.

Uno de los más notables viajeros de aquellos tiempos ha dejado una descripción característica del

---

(1) N. de COXE. BOURGOIN, vol. II, pág. 96. *Viaje de Vancouver y descubrimientos rusos.*

modo de vestir de aquel rey cazador. «Gasta casi
siempre un sombrero de ala ancha, una casaca de
paño de Segovia, una chupa de gamuza, un cuchillo de caza, calzones negros y medias de lana. Sus
bolsillos están siempre llenos de cortaplumas, guan-
tes y mil bagatelas útiles para caza. Los días de
gala usa un traje magnífico; pero como se propone ir de caza por la tarde y no quiere perder tiempo, los calzones negros los guarda con toda clase
de traje. Me parece que sólo hay tres días en todo
el año en que no va a caza, y los tiene apuntados
en el calendario (1).

Si esto sucediese con frecuencia, se resentiría de
ello su salud; si se hubiese visto obligado a permanecer en palacio, infaliblemente habría caído enfermo. Ni la tempestad, ni el calor, ni el frío le impedían salir; y cuando se le dice que hay un lobo en
tal o cual sitio, no se para jamás en la distancia:
recorrería gustoso la mitad del reino por matar esa
fiera, objeto favorito de su caza. Sin contar un número infinito de personas de la servidumbre real,
empleadas en la caza, se toman con mucha frecuencia, sea en Madrid, sea en las aldeas vecinas, hombres para hacer batidas y forzar a las zorras, jaba-
líes y otros animales a ir al desfiladero en donde
se halla situado el rey con la familia real (2).

La caza, que llega en la familia borbónica a
constituir una verdadera obsesión, alcanzaba el
grado de monomanía en Carlos III.

Este rey se levantaba, se vestía; luego se des-
ayunaba con una taza de chocolate. Después
de haber oído la misa, penetraba en las habitaciones de sus hijos y charlaba con ellos; encerrá-

---

(1) N. de COXE.—Los únicos días en que el rey de España estaba
intratable eran los dos de Pasión, en que no podía ir a caza.
(2) COXE, *España bajo el reinado de la casa de Borbón,* IV,
396-401.

base para trabajar hasta las once. A esta hora, el príncipe de Asturias y los demás infantes eran admitidos en el departamento del rey hasta la llegada de su confesor; tocábales después el turno a los embajadores, y antes que todos los demás a los de Francia y Nápoles. Al mediodía, el rey comía en público; se hacía presentar a los extranjeros de distinción y daba su mano a besar a los españoles que tenían que pedirle alguna gracia o que agradecerle algún favor. Una vez acabadas estas formalidades, Carlos salía de caza y no volvía antes de la noche. No era que sintiese por esta diversión un placer extraordinario; pero «sabiendo por experiencia que su familia estaba expuesta a caer en melancolía y temiendo sus malos efectos, se esforzaba por escapar a toda costa a la inacción; y ésta era la causa del ardor con que se entregaba a este deporte, que, por otra parte, había sido el deporte favorito de sus antepasados» (CABANÉS, pág. 267).

El citado historiador inglés COXE habla de los varios defectos del rey y completa lo dicho con algunas anécdotas que nos pintan claramente lo excesivo de la afición del monarca por el arte venatorio, principal desequilibrio de este rey, del que con razón se ha dicho que fué *un hombre equilibrado entre locos* (CABANÉS).

Oigamos nuevamente a COXE:

Su devoción no era ilustrada ni estaba exenta de superstición. Ya hemos referido en esta obra varios rasgos que pintan su credulidad de niño; he aquí otro, contado por Burgoin, que da testimonio de él Carlos III, quien instituyó en Nápoles la Orden de San Jenaro con esta divisa: *In sanguine foedus.* Su fe en el milagro de la transmutación era tan ciega, que Bourgoin le oyó contar que el milagro se había interrumpido un día estando en Nápoles. En vano se agitaba la santa ampolla sin que la sangre dejase de permanecer coagulada. Mucho tiempo se buscó la causa de este notable suceso, y por fin se dió con ella. Hay una tradición en Nápoles según la cual para que se efectúe la transmutación no debe existir la menor comunicación entre el cuerpo de San Jenaro y su sangre milagrosa. Se visitó cuidadosamente el sepulcro y se descubrió una hendidura en el tabique que separa la ampolla. En el punto en que se remedió este descuido, se verificó el milagro.

También merece crítica la inflexibilidad de su carácter y el imperio que dejaba tomar a sus ministros como intérpretes de su voluntad, por lo que el despotismo ministerial se aumentó notablemente en su reinado. Su tenaz apego a la rutina es conocido, y lo mismo el imperio que la costumbre ejercía en su ánimo. Los años iban siguiendo unos a otros con la más perfecta uniformidad, sin que en nada variasen sus ocupaciones. El día, la hora, el minuto de la salida del rey para este o aquel sitio real eran siempre los mismos, sin la más ligera variación. Ya hemos contado lo que pasó con las oraciones escritas por el hermano Sebastián, que llevaba siempre consigo. Por otra de semejantes rarezas llevaba constantemente en los bolsillos de su casaca los juguetes de su infancia, que su ayuda de cámara cuidaba mucho de trasladar de una casaca a otra, aun cuando fuese la de gala. En sus viajes al Pardo tenía costumbre de apearse del carruaje y detenerse al lado de un árbol que había en el camino. De tal modo le tomó cariño, que cuando se trató de construir la magnífica carretera que va a Madrid, mandó que a toda costa se conservase su árbol querido. Pero de todos los defectos de este príncipe el que merece más crítica es su ciega pasión a la caza, que no sólo causaba crecidos gastos, sino que distraía al rey de sus deberes, porque tratándose de una cacería desatendía Carlos los negocios más importantes. La noticia de la aparición de un lobo o un jabalí a varias leguas de distancia de un sitio real ponía en movimiento a toda la corte. Los acontecimientos políticos que ocurrieron en Europa durante aquel reinado no ejercieron, ni con mucho, tan grande influjo en el ánimo del rey como la muerte de algunas fieras. Esta afición, llevada al extremo, desnaturalizaba el carácter de Carlos hasta el punto de hacerle injusto y cruel. Cítase un rasgo de severidad de este monarca que no podía nacer de otro origen más que de la caza. Un mísero labriego de las cercanías de Madrid se atrevió un día a recoger en los bosques reales algunas bellotas que destinaba a su pobre familia. Como lo descubriese un guarda, se dió cuenta al rey, a cuyos ojos era el mayor de los crímenes el penetrar en los sitios vedados a todo el mundo. Por lo tanto, se resolvió que fuese el culpable a espiar su falta a los calabozos de Ceuta, en donde habría de permanecer tantos años como bellotas había robado. Todos los ruegos y súplicas que al rey se dirigieron fueron inútiles; Carlos permaneció inexorable, porque era una cosa horrorosa, decía, el privar a los pobres animalitos de su sustento. El decreto se llevó a debido efecto, y el desgraciado labriego pasó seis años de su vida en un calabozo húmedo y lóbrego de Ceuta. Al cabo de este tiempo volvió a Madrid lleno de rabia y desesperación, resuelto a saciar su sed de venganza dando muerte al guarda que lo había denunciado al rey. En efecto, lo mató, de resultas de lo cual fué sentenciado a la pena capital y ahorcado en Madrid.

Tomamos de un viajero inglés (1) la relación siguiente relativa al recreo favorito de Carlos III, la cual está llena de verdad y exactitud:

El rey pasa la mayor parte del tiempo en la caza. Por la mañana, después de una breve excursión, vuelve a comer, habla a los ministros extranjeros,

---

(1) Nota de COXE.—*Townshend*, t. II, pág. 72 y sigs.

se retira algunos minutos con su confesor, y comúnmente a las tres, y algunas veces antes, sale de palacio y recorre ocho o diez leguas antes de empezar
la caza. A la caída de la tarde toma el coche y vuelve; el tiempo no lo detiene jamás, porque no teme
ni truenos, ni relámpagos, ni granizo, ni lluvia, ni
nieve. Cuando se moja su ropa cambia al momento, y a su comitiva suele decir con frialdad: «El
agua no rompe huesos.» Por ser día de fiesta no re-
nuncia su diversión, exceptuando dos días de la
Semana Santa; y aunque tiene un carácter muy
suave, dicen que está de mal humor, que nadie se
atreve a hablarle en estos momentos. Estando a la
muerte uno de sus hijos, salió, como de costumbre, a caza, asegurando que no tardaría en resta-
blecerse. Poco después le dijeron que el niño había
muerto, a lo cual contestó: «Pues ya que no tiene
remedio, tengamos paciencia.» Generalmente le
acompañan el príncipe de Asturias, el capitán de
guardias, su caballerizo mayor, su sumiller de
corps, un médico y un cirujano. Todas estas personas van en cinco carruajes, y además hay otro para
el botiquín, las escopetas, las municiones, ropa de
muda, etc., etc. Cada carruaje lleva seis mulas, y
como en el camino hay muchos tiros de caballos para
la escolta también, el número de caballerías que se
necesita cada día pasa de doscientas. Estos animales tienen que correr cuatro leguas por hora, por lo
cual suceden con frecuencia contratiempos a los
hombres y a los animales.

Cuando el rey caza, no va nunca confiado enteramente a sus perros; por lo general se emplean doscientos hombres en recorrer el país y poner la caza
a tiro en sitios convenientes, en donde él y el príncipe lo esperan con criados ocupados en cargar escopetas, tantas cuantas sea preciso. Toda caza es
indiferente para el rey; pero le halaga sobre todo
la idea de libertar al país de lobos, de que lleva
cuenta exacta. Cuando me hallaba yo en el Escorial
llegaba el número de lobos que había destruido a

mil ciento diez y ocho. En cuanto se descubre uno
a distancia regular, una infinidad de personas, desde mil seiscientas hasta dos mil, según la extensión
del monte, salen para seguir la huella de la fiera,
cercarla y llevarla al sitio en que tiene el rey medios de matarla. Este gasto, preciso es confesarlo,
es superfluo, porque un pequeño número de paisa-
nos sería suficiente para destruir al enemigo o hacer
que salga de aquel país; pero si un buen soberano
se entretiene en matar un lobo, no pensarán sus
súbditos que pagan demasiado caro este recreo. Sin
embargo, sería una fortuna para España que todo
el gasto se limitase a esto; pero esta es ciertamente
una mínima parte de la suma total que cuesta esta
manía del rey. En las cercanías de los sitios, las
tierras están sin cultivar hasta una grande extensión. El bosque del Pardo tiene 30 leguas de cir-
cunferencia, y si a éste se agregan todos los terre-
nos incultos cerca de Aranjuez, San Ildefonso y el
Escorial; si además se considera que los ciervos,
que gozan de entera libertad, recorren tranquilamente el país intermedio, la pérdida de la nación se
eleva a cantidades muy crecidas. Verdad es que el
rey paga generosamente a los labradores los perjui-
cios que experimentan; pero el mal que aqueja a la
comunidad en general no puede remediarse fácilmente, porque el país, falto de alimentos, se despuebla y las poblaciones se arruinan.

Algunas personas que conocen bien al rey me han
dicho que en la juventud ha tenido amor a las letras; pero que como lo distrajesen de este estudio,
se había apegado a su familia, afecto que se había
aumentado a causa de la costumbre y de su deseo de
vivir a sus anchas. Es ciertamente persona que tiene buenos principios y se le considera generalmente como una de las personas más virtuosas de su
reino; pero esta pureza de costumbres debe atri-
buirse a que su razón está siempre entretenida y no
a su organización natural.

Prolongué mi presencia en el Escorial sobre todo

para presenciar una de las cuatro batidas que hay al año, la cual se dispuso para el 28 de noviembre, antes de que volviese la corte a Madrid.

El día designado, el caballero Liston tuvo la bondad de colocarme con el embajador de Nápoles, quien, como representante de familia, dió con este motivo una comida; fuí en su carruaje hasta el sitio de la diversión. Era una extensa llanura dominada por una colina; a distancia de un cuarto de legua se elevaba un bosquecillo en el que el rey con sus tres hijos y criados se ocultaron. Muchos días antes se habían repartido dos mil hombres en grupos por todo el país, a fin de cazar los animales y llevarlos al centro común, patrullando noche y día y acercándose lentamente unos a otros.

Poco después de situarnos en una eminencia, empezamos a ver los ciervos a una gran distancia, que llegaban por todas partes hasta el sitio fatal. A medida que se acercaban oíamos, primero débilmente y después muy claro, el estruendo de las armas, y vimos la turbación de los animales, que corrían precipitadamente en todas direcciones, pero que cambiaban a cada instante, como si ignorasen adónde dirigirse para estar más seguros. Cuando se empezaron a notar los grupos de batidores estaban separados por intervalos y estrechaban a los animales únicamente con sus gritos y el ruido de las armas; pero a medida que avanzaban por la llanura formaban una especie de muralla, y al estar más cerca la reforzaron doblando sus filas y obligando así a los animales a pasar formando rebaño delante de los cazadores reales. Entonces empezó la matanza, y durante más de un cuarto de hora fué continuo el fuego. Algunos ciervos, ya tuviesen más discernimiento que los demás o mejor memoria, o se hallasen excitados por un temor más vivo, o por un valor más exaltado, se negaron a seguir cuando se acercaron a la emboscada, y dando una vuelta rápida, a pesar de los gritos, de los movimientos y fuego de los guardas, saltaron por cima de sus filas dobles y huyeron por el bosque.

Cuando cesó el fuego, se dirigieron todos los carruajes al bosque, y todos los que en ellos iban se apearon para presentar sus respetos y ver la caza muerta. Nosotros vimos parte de ella extendida en dos líneas sobre el campo de batalla, y al rey y sus hijos ocupados mirándola. Los guardas volvieron cargados de ciervos que, heridos mortalmente, habían huído a una distancia considerable; y a medida que llegaron, echaban su carga a los pies del soberano. La curiosidad me movió a contar el número de estos animales muertos, que era de ciento cuarenta y cinco y un jabalí. En aquel instante escuché un murmullo y vi que todo el mundo se ponía en movimiento. Dirigiendo mis pasos al sitio a que se agolpaban todos, vi a cierta distancia personas que llegaban con un jabalí con el cuello y las patas atadas y que iba colgando a un palo. Cuando se acercaron, el monarca y sus hijos, armándose de nuevo, se colocaron en una línea, y cuando estuvieron a una distancia conveniente, se dejó caer la carga, cortáronse las cuerdas una tras otra y el pobre animal, mal herido, procuró moverse; pero una descarga certera lo libertó de todos sus tormentos.

El gasto de la diversión de aquel día se calcula en trescientos mil reales.

Por la noche, según costumbre, se colocó toda la caza en la habitación donde cena el rey, y en donde lo acompañaban los embajadores de familia, esto es, los de Nápoles, Portugal y Francia, quienes debiendo ser más atentos y rendidos felicitan al rey por todo cuanto le entretiene y le hablan todas las noches de la caza del día como si se tratase del negocio más grave e interesante (1).

Con razón dice CABANÉS

---

(1) GUILLERMO COXE, España bajo el reinado de la casa de Borbón, t. IV, págs. 407-413.

que llevada hasta un punto semejante no es ya la caza una pasión, sino que es casi sadismo, y nadie se sorprenderá de que el carácter del hombre que gozaba con semejantes diversiones se haya resentido.

Sin embargo, el mismo autor reconoce, como hemos dicho ya, que «Carlos III fué un hombre normal entre locos».
El reinado de Felipe V había sido

una larga somnolencia interrumpida por pesadillas y mezclada de demencia, con algunas raras veleidades de energía.
Fernando VI fué un monomaníaco que tuvo la fobia de la muerte, hasta el punto de morir del miedo de morir.
Carlos III tuvo el gusto de la puntualidad llevado hasta la manía, pero conservó el equilibrio de sus facultades hasta el fin de una existencia que fué larga gracias a una sólida constitución y gracias también a una sobriedad ejemplar y a costumbres casi ascéticas. Jamás dió lugar a críticas desde este punto de vista, y si era severo para los demás, no lo era menos para sí mismo en una cuestión en la que no quería que se bromeara (1).

Carlos III llevaba una vida monótona, matemáticamente arreglada y extraordinariamente aburrida. En fechas idénticas pasaba de una residencia a otra: de Madrid al Escorial, a San Ildefonso o a Aranjuez. «Antes se habría parado el sol en su evolución.»
Este género de vida, del que era esclavo y que

---

(1) CABANÉS, *Le Mal Héréditaire*, II, págs. 275-276.

imponía a los demás tiránicamente, duró hasta su última enfermedad.

Murió en diciembre de 1778.

* * *

Tal fué el menos malo de los monarcas de la casa de Borbón.

CAPITULO VII

CARLOS IV Y MARÍA LUISA

Bajando la pendiente, la familia borbónica llega en esta generación a un grado increíble de estupidez, de bajeza y de decadencia. Sin embargo, en cuanto a maldad refinada y cobardía canallesca, sólo el hijo de este matrimonio, Fernando VII, sobrepasará todo lo que se pueda imaginar. ¿Parécenle al lector excesivas estas expresiones? Pues lea y verá.

Empecemos por oír cómo nos presenta a CARLOS IV el DR. JACOBY:

Monarca de inteligencia limitada,. de carácter duro, completamente dominado por su mujer, y que no tuvo en su vida más que dos sentimientos vivos: su amistad por el amante de su mujer, que era un hombre corto, astuto y cobarde, con todos los vicios y ninguna cualidad, y un odio implacable hacia su hijo, que fué un tirano sanguinario, cobarde y pérfido, muy vicioso y estúpidamente devoto (1).

El estado mental del monarca no podía ser más triste.

_____

(1) JACOBY, pág. 372.

No era raro ver al rey de España y de las Indias conceder cada día un cuarto de hora a los asuntos y pasar horas enteras con torneros, armeros o criados de cuadra. Carlos IV sería clasificado por los alienistas modernos en la clase de los semi-imbéciles, capaces de recibir cierta instrucción, pero desprovistos de la más mínima dignidad y de la más mínima energía (1).

Del corpachón de Carlos IV se había ausentado la voluntad. Era de una abulia perfectamente estúpida. El 14 de diciembre de 1788, el mismo día en que se estrena el nuevo rey, empieza ya María Luisa a mandar. Oigamos a un testigo contemporáneo:

En este día primero ambos recibieron a los embajadores de familia y ambos despacharon juntos con los ministros de Marina y Estado, quedando desde la primera hora establecida la participación del mando en favor de la reina como naturalmente y sin esfuerzo alguno (2).

DESDEVISES DU DÉZERT nos pinta al rey como hombre de estatura elevada, pero de frente deprimida, ojos apagados y boca entreabierta, que marcaba su fisonomía con un sello inolvidable de bondad y de debilidad.

Nada delata mejor su carácter que los cuadros de Goya.

Es un buen gigante, fácil de conducir y tonto, pero con ataques de violencia terribles a veces. La caza, la esgrima, la lucha y el boxeo con palafreneros y marinos habían desarrollado su fuerza física y su energía natural.

---

(1) DESDEVISES DU DÉZERT.
(2) Nota original de JOVELLANOS, publicada por JOSÉ GÓMEZ ARTECHE, en su *Reinado de Carlos IV*, I, págs. 3-4.

Todos los esfuerzos de los preceptores y de su padre tendieron a refrenar esta voluntariedad ciega; pero sólo se consiguió esto a costa de atrofiar completamente su voluntad. (DESDEVISES DU DÉZERT.)

Un día se le vió precipitarse, espada en mano, sobre Esquilache.

En cierta ocasión maltrató a dos personajes eminentes, al marqués de Grimaldi y al conde de Aranda: a uno le dió una bofetada y al otro un bastonazo (1).

Era devoto, pero con una devoción cuya finalidad única era alcanzar el paraíso sin gran dificultad. Oye varias misas diariamente e instala nacimientos y capillas en sus habitaciones.

Su instrucción había sido muy poco cuidada, igual que había sucedido, según sabemos, con sus predecesores y lo mismo que había de pasar con los demás Borbones de España.

Trató de completarla posteriormente por lecturas. Placíale la pintura y la música y era un buen dibujante de jardines.

Tenía, por otra parte, aficiones y gustos ridículos y pueriles.

Pasábase horas enteras con torneros, armeros o mozos de cuadra, y cuando estaba de buen humor no le disgustaba boxear con ellos, como ya hemos dicho. Había hecho construir una fragata minúscula, que botó al agua en los estanques de Aranjuez, y había adornado su retrete como un lujoso tocador.

Tenía además la manía de las colecciones. Primero, relojes; después, ya en Roma, cuadros.

Poseía miles de relojes de todas formas y ta-

---

(1) MOREL-FATIO, *Etudes sur l'Espagne*, segunda serie, pág. 462.

maños, que le absorbían mucho tiempo. Eran, puede decirse, los únicos objetos de que este monarca se preocupó cuando cedió el trono a su hijo Fernando; él mismo vigiló su embalaje al salir de España. Este tesoro le acompañó siempre a todos los sitios que habitó. El piso que ocupaba en el palacio Borghese estaba lleno de ellos. En su dormitorio tenía varias docenas de relojes, y su gran ocupación, su única ocupación, era cuidarse de ellos de manera que su marcha fuera exacta y uniforme (1).

CABANÉS cita algunos detalles curiosos sobre la monomanía del rey.

Mientras estaba aún en el trono, había encargado a París un reloj tan complicado que su fabricación exigió un trabajo de varios años. Por fin se lo llevaron a Roma, donde fué difícil instalarlo a causa de sus enormes proporciones.

Todo un piso del palacio que ocupaba lo llenaba su colección de instrumentos de relojería. Su ocupación casi exclusiva consistía en darles cuerda y ponerlos en hora, de manera que su marcha fuera exacta y, ante todo, uniforme. El conde de San Martín, gentilhombre piamontés que era a la vez gran mayordomo, gran chambelán y gran escudero de Carlos IV, había recibido de su amo la demostración más insigne de confianza el día en que le había encargado de la inspección de sus relojes. Cuando todos marcaban la una de la tarde, el conde de San Martín venía a anunciar que la comida de S. M. estaba servida. Cierto día, gran conmoción porque el mayordomo no se había presentado a la hora ha-

---

(1) N.-F. J. DE BAUSSET, *Memorias*, t. IV.—Cit. por CABANÉS, *ob. cit.*, págs. 298-300.

bitual; de repente se oyó una campanita: eran
los seis relojes que llevaba siempre el mayordomo en su cintura y que llamaba *sus relojes pe-
rezosos*, porque a veces eran los últimos que tocaban. Explicóse así el retraso y todos' se tranquili-
zaron, incluyo el rey (1).

No menos curiosas fueron sus aficiones musi-
cales.

Como en Roma conocían el gusto del proscrito
por la música, pusieron a la disposición del ex
rey los cuatro músicos mejores de la orquesta del
Gran Teatro, para formar un quinteto. Una noche, Carlos IV les hizo ejecutar bajo su dirección
los célebres quintetos de Boccherini; el concierto empezó cuando lo indicó el rey con toda la gravedad de un director de orquesta: fué una caco-
fonía espantosa. A los pocos minutos volvió el
rey al salón inmediato, en el que se encontraban
la reina, los infantes y Godoy, abandonando a los
músicos a sí mismos.

«Ya lo veis—les dijo el rey, secándose el sudor
con su pañuelo rojo, con el violín bajo el brazo
y el arco en la mano—; ya lo veis, ya lo oís, no
pueden seguirme. ¡Ah! ¡Si al menos tuviera yo
aquí a mi violoncelista Dupont! ¡El sí que me seguía! ¡Pero estos romanos no pueden; es demasiado pesado para ellos!» En efecto, no se atre-
vían, como Dupont, a saltar tres o cuatro líneas,
que era lo que hacía a lo mejor el rey, y, según
parece, con bastante frecuencia (2).

Pasaba a menudo que Carlos IV empezaba solo
un 'trozo musical de conjunto, y a las observa-

---

(1) Cabanès, *Le Mal Héréditaire*, II, págs. 314-318.
(2) Memorias de Bausset, t. IV, pág. 294. Cit. por Cabanès, páginas 312-314.

ciones de su primer violinista, el rey contestaba con gravedad que él no era quién para esperarse...

Además de la monomanía de la caza había heredado Carlos IV de sus antepasados el carácter silencioso y lacónico. Casi excepcional fué el largo discurso que pronunció en Barcelona cuando allí se encontraba la corte en 1801.

Después de múltiples fiestas, en la noche del 7 de noviembre se hizo una representación alegórica, ofrecida por los colegios y gremios,

a cuyos delegados, al besarle la mano, se dignó el rey dirigirles en su estilo lapidario el siguiente discurso, el más largo de cuantos pronunció en Barcelona: «Nos vamos porque es preciso; lo sentimos; no nos olvidaremos de vosotros; os quedaremos muy agradecidos, y estamos muy contentos, porque hemos visto lo mucho que nos queréis.» Y no hay que decir que Carlos IV, por no perder el tiempo y la costumbre, salió también de caza algunos días (1).

* * *

En realidad, como era lógico esperarlo de este pobre hombre sin voluntad y sin inteligencia, este Borbón, quinto de la serie española, no reinó ni gobernó. Gobernaron por él su mujer y el amante de su mujer, que si estaban tan ayunos de meollo como Carlos, tenían, en cambio, bastante más voluntad.

El monarca no era más que una especie de autómata. Era la reina quien preparaba los documentos que el rey debía firmar. Y Carlos IV los firmaba casi siempre sin leerlos.

(1) VILLA URRUTIA, *Fernando VII, rey constitucional*, páginas 19-20.

Este matrimonio triangular se quería entrañablemente. El rey no quería menos a Godoy que a su mujer.

Invitado a cenar con María Luisa por Napoleón y Josefina, y no viendo en la mesa más que cuatro cubiertos, exclamó afligido: «¿Y Godoy, señor? ¿Y Manuel?...» Napoleón, sonriendo, mandó a buscar al amante de la reina—al buen Manuel—, sin cuya compañía no podía pasarse el marido...

Así, sin inteligencia y sin cultura, sin honor y sin dignidad, se comprende que el pobre Borbón no podía poseer una capacidad extraordinaria para dirigir el Estado, y que era aún menos capaz de ponerse al frente de sus tropas y de conducir una campaña. Sus ardores bélicos se daban por satisfechos con los puñetazos que cambiaba con los mozos de su cuadra...

Su abuelo Felipe V había tenido un temperamento militar y había sabido mostrar, a veces, algún valor. Fernando VI y Carlos III no fueron guerreros; no lo fué más su descendiente, cuyas cualidades físicas, tan superiores en él a las cualidades intelectuales, hubieran, sin embargo, debido hacerle apto para semejante estado. Un turista alemán que visitó Madrid en 1792 escribía estas líneas significativas: «Pasar revistas, tener regimientos propios, establecer un campamento, mandar en persona: he aquí cosas que no se le ocurren a un rey ni a un príncipe español. Durante toda mi residencia aquí, nunca he visto a un miembro de la familia real usar uniforme» (1).

La tristeza congénita de los Borbones se manifestó en Carlos IV, quien puede decirse que jamás asistió a una representación teatral.

---

(1) Véase CABANÉS, *Le Mal Héréditaire*, II, págs. 296-298.

A instancias del ministro de Estado, Carlos III había consentido en dejar edificar, en sus diversas residencias, teatritos, con el fin de procurar algunas distracciones a los cortesanos y a los numerosos funcionarios de los palacios reales, que se morían de tedio. Pero él no comparecía jamás en ellos. No los frecuentó más su hijo, pero por un motivo singular que no escondía: por patriotismo. Detestando a los franceses, exteriorizaba en todas circunstancias al odio que les había jurado. Un inglés ha contado que cuando se vino a proponer a Carlos, príncipe de Asturias entonces, que dejase representar en palacio a una compañía de cómicos franceses que en 1769 pasaba por Aranjuez para ir a Cádiz, el príncipe no sólo negó la autorización solicitada, sino que dijo que tiraría a la compañía por la ventana si se atrevía a desobedecerle. La compañía no hizo caso alguno de las amenazas y trabajó ante un público entusiasta, que no le escatimó los aplausos. Las bailarinas del cuerpo de baile, en su mayoría italianas, participaron en el éxito de los comediantes. Más adelante, cuando reinaba Carlos IV, dos cantantes célebres se pusieron muy de moda, protegidas por la reina, la ninfómana María Luisa, y por grandes damas como la duquesa de Osuna y la duquesa de Alba, la maja desnuda de Goya, que no temió exponer a todas las miradas sus encantos y su impudicia (CABANÉS) (1).

_____

(1) Los duques de Alba llevan el nombre de duques de Berwick y de Alba, dando la precedencia al título inglés, sin duda por ser de origen real. Parécenos interesante conocer los orígenes de esta noble casa.

Procede del rey Jacobo II de Inglaterra, hijo de Carlos I, de la familia de los Estuardo.

Pero preferimos dejar la palabra al DR. GALIPPE:

«Carlos I, Rey de Inglaterra y de Escocia (1600-1649). Se casa con Enriqueta María, hija de Enrique IV, rey de Francia; tuvo de ella:

A.—CARLOS II, rey de Inglaterra (1630-1685). Se casa con Ca-

Podía ésta, en descargo suyo, invocar la conducta de la propia reina, que era la comidilla del público por su depravación y que «únicamente su

talina, hija del rey Juan IV de Portugal. Muy vicioso, epiléptico (*muerto sin posteridad legítima*).

B.—MARÍA.—Se casa con Guillermo II de Nassau, príncipe de Orange; muere joven; su único hijo muere *sin posteridad.*

C.—JACOBO II. Rey de Inglaterra. Tartamudo, de inteligencia muy limitada, medio loco, devoto, vicioso y sanguinario.

D.—ENRIQUE. Duque de Gloucester. Muere joven.

E.—*ENRIQUETA ANA. Se casa con Felipe I, duque de Orleáns. No tiene posteridad masculina;* una de sus hijas es *estéril.*

Jacobo II. Rey de Inglaterra (1633-1701); se casa con:

*) ANA HYDE, hija de Eduardo, conde de Clarendon; tuvo de ella:

A.—Un hijo muerto en la infancia.

B.—MARÍA II. Reina de Inglaterra. Se casa con GUILLERMO DE NASSAU, *príncipe de Orange y después rey de Inglaterra. Muere joven y sin hijos;* inteligencia muy limitada.

C.—N..., una hija, muerta en la infancia.

D.—ANA. Reina de Inglaterra. Se casa con Jorge, hijo de Federico III, rey de Dinamarca. Corta de inteligencia, timorata, entregada a las bebidas fuertes, tuvo once hijos, todos muertos en la infancia.

E.—*N..., un hijo muerto en la infancia.*

F.—N..., un hijo muerto en la infancia.

G.—*N..., una hija muerta en la infancia.*

H.—N..., un hijo muerto en la infancia.

**) MARÍA BEATRIZ ELEONORA DE ESTE, hija de ALFONSO IV, DUQUE DE MÓDENA.

I.—*N..., un hijo muerto en la infancia.*

J.—*N..., una hija muerta en la infancia.*

K.—N..., una hija muerta en la infancia.

L.—N..., una hija muerta en la infancia.

M.—JACOBO EDUARDO FRANCISCO (JACOBO III). El pretendiente, 1688-1766.

N.—MARÍA LUISA ISABEL, muere joven.

Este cuadro genealógico—dice JACOBY (obra citada, pág. 426)—muestra ya a los Estuardos en plena degeneración, que resulta marido se obstinaba en considerar como la más virtuosa de las esposas». Esta había creado todo un sistema de espionaje, gracias al cual conocía

aún más evidente cuando se recuerdan los caracteres del último rey de esta familia.

Carlos I era pérfido, sin honor y hasta sin valor; y la perfidia parecía pertenecer a su propia naturaleza; una tendencia incurable le empujaba siempre a emplear los medios sombríos o indirectos, ha dicho Macaulay. Era un solapado sin escrúpulos, traidor, mentiroso, que se daba el gusto de violar los juramentos más sagrados y su palabra de honor de rey y de caballero; su perfidia, sus mentiras, su falta de palabra acabaron por desanimar y asquear a los partidarios más adictos y fueron la verdadera causa de su caída. Este «rey caballero» se negaba a satisfacer los deseos de su pueblo y no cedía más que ante las amenazas; incluso fué cobarde en el campo de batalla. (Macaulay.) Es cosa sabida que se le sospechó mucho de haber envenenado a Jacobo I, su padre.

Carlos II, hijo mayor de Carlos I, tenía tan mala fe, tanta perfidia como su padre, pero era además frívolo, inconstante, indiferente sobre todo, sin dignidad y sin patriotismo, de una ignorancia crasa y extraordinariamente perezoso...

Extremadamente vicioso, era esclavo de toda mujer que deseaba, esclavo de sus amantes, que se entregaban, sin embargo, ante su vista a sus cortesanos...

Casi al fin de su vida tuvo, según parece, ataques de epilepsia; en efecto, hacia fines del año 1684 se hizo irritable y grosero, lo que no era natural en él; en los primeros días de febrero de 1685 su pensamiento se extravió y tuvo un ataque pasajero de locura completa y de estupor, consecutivos a un ataque de epilepsia.

No tuvo hijos legítimos, pero dejó varios bastardos: el duque de Montmouth, Jacob Croft, «el rey Montmouth», libertino, incapaz, irresoluto, pero ambicioso; conspiró contra su padre; perdonado, reincidió y tuvo que huir...

Jacobo II, segundo hijo de Carlos I, tan sensual y egoísta como su hermano, era además estúpido, malo, grosero, inhumano, rencoroso, feroz, falso, traidor y mentiroso, como todos los Estuardos; extremadamente devoto y completamente embrutecido por la superstición; además de esto era timador, bribón, avaricioso y venal. Reprimió con ferocidad inaudita las revueltas en Escocia y en el Oeste; hizo matar y saquear masas enteras de seres humanos y bromeaba pesadamente sobre estos las personas capaces de perjudicarla en el espíritu del rey; alejaba a las personas demasiado clarividentes y desterraba sin piedad a todos los que eran enemigos suyos o enemigos de Godoy, su amante. Incluso desterraba a las personas a quienes el favorito miraba con demasiada complacencia. Llegó a no tomar ninguna precaución, a no guardar medida alguna. Un documento conservado en los archivos del Ministerio de Relaciones Exteriores de París (*Archives Affaires Etrangères*, «Espagne», núm. 659, f.º 278), da, en un impresionante resumen, este cuadro de España, o, más exactamente, de la corte en esta época:

Es el vicio en toda su fealdad, es el escándalo más nauseabundo; ni urbanidad, ni delicadeza, ni pudor, privado o público; las costumbres están corrompidas, sin estar dulcificadas... Ningún mira-

---

hechos en la mesa... Apasionado por el acto sexual. En efecto, su primera mujer, Ana Hyde, era fea; la abandonó por una amante más fea aún: Arabella Churchill. Su otra amante, Catalina Sedley, no era ménos fea y desagradable...

Además de todo esto era de una cobardía innoble, abyecta, y cuando apareció el manifiesto de Guillermo de Orange, su inteligencia, que nunca había sido muy lúcida, se nubló completamente; cuando fué detenido cerca de Sheerness, «el miedo lo dominó y su estupidez, perdida por el terror, se puso a divagar y a decir frases incoherentes». En su destierro de Saint-Germain, los cortesanos de Versalles lo despreciaban por su estupidez...» (Dr. GALIPPE, *L'hérédité des Stigmates de Dégénérescence et les Familles Souveraines*, págs. 413-420.)

De la unión adulterina de este curioso ejemplar de monarca con la mencionada Arabella Churchill, que estaba casada con un coronel, descienden las nobles casas de los duques de Fizt-James y de Berwick.

En 1717, Jacobo Fitz-James, duque de Berwick, grande de España, teniente general del ejército español, se casó con Catalina de Portugal Colón, hija de Pedro Manuel, duque de Veragua y de la Vega.

miento, ningún velo esconde este horrible espectáculo a los ojos de la multitud, y tal vez en toda España no hay una sola persona que no sepa que, para alimentar la extraña sensibilidad de la reina, no es demasiado la asiduidad de un funcionario titular (el rey), las atenciones pasajeras del príncipe de la Paz (Godoy) y el concurso frecuente de la flor y nata de los guardias de corps... (1).

¡La corte de España era, como vemos, un lodazal ignominioso!

Y todo esto—y más que irá viendo el lector— pasaba, no hay que olvidarlo, en los buenos tiempos de la España neta y tradicional, con monarquía, Inquisición, autoridad y religión, mucha religión...

* * *

Para comprender el desequilibrio de María Luisa, para explicarnos este caso notable de vicio, ninfomanía y cinismo, hay que conocer los precedentes patológicos que sobre ella pesaban. Esto no es sólo importante por ella, sino porque, además, viene a fijar una nueva tara en las hembras de los Borbones españoles, tara que reaparecerá claramente en su nieta Isabel II: la necesidad sexual excesiva, hasta rayar en la locura, necesidad que nada podía satisfacer y que hacía que se diesen los más escandalosos ejemplos, exhibiendo las reinas ante el público la impudicia de amantes en serie, de amantes oficiales...

* * *

María Luisa era hija de aquel Felipe, duque de Parma (segundo hijo de Isabel Farnesio y de

---

(1) CABANÉS, ob. cit., págs. 302-304.

Felipe V), que se había casado con su prima Luisa Isabel de Francia, hija mayor de Luis XV. Así, pues, no sólo sus padres habían realizado un casamiento consanguíneo, sino que ella también lo realizaba al casarse con su primo carnal, hijo de Carlos III...

La madre de María Luisa tenía, como su homónima la hija del regente de Francia que se casó con nuestro ya conocido Luis I, el temperamento herpético. «Unas manchas rojas aparecieron en su rostro, su garganta y sus hombros cuando llegó a España, e Isabel Farnesio la apodó la tiñosa (1).

«Muy depravada», dice de la hija de Luis XV y madre de la no menos depravada María Luisa, el DR. GALIPPE.

Antes de hablar del padre de Luisa Isabel, y para completar el cuadro de la familia de María Luisa de España, daremos la lista de sus tíos y sus características, según el DR. GALIPPE (páginas 366-368):

Ana Enriqueta. Herpética, enfermiza, incestuosa (muerta sin alianza).

Luis. Delfín (1729-1765)...

María Adelaida. Epiléptica, estrafalaria, violenta, incestuosa (muerta sin alianza).

Victoria Luisa María Teresa. Muerta sin alianza.

Sofía Filipina Isabel Justina. Escrofulosa, enfermiza (muerta sin alianza).

Luisa María. Priora de los carmelitas de Saint Denis. (Tipo familiar; escrofulosa, enfermiza, violenta...)

Salvo la hija mayor, ninguna de las hijas de Luis XV había estado casada. Hemos visto que habían tenido relaciones incestuosas con su padre; el conde de Narbona, ministro de Luis XVI y de Napoleón I, nacido en 1755, pasaba por ser el fruto de una de estas uniones. *Mme. Henriette* y *Mme. Adelaide* eran casi las amantes declaradas del rey su padre. *Luisa Isabel* (1), ambiciosa, viciosa y extraordinariamente depravada, pasaba por haber empujado a Luis XV a tomar a sus hijas como amantes. *María Adelaida* era orgullosa, altiva, cruel, es-trafalaria, violenta, de espíritu corto y falso, sacudida en sus movimientos; era *epiléptica*, hecho de la mayor gravedad. El único hijo varón de Luis XV, el delfín *Luis* (1729-1765), era un hombre de inteligencia muy limitada, de carácter extraño y de piedad ardiente. Había nacido malo físicamente, mal conformado. A los doce años tenía ya la cabeza gruesa y el carácter que se vió más tarde. Creció, engordó, pesado, extraño, discordante, vislumbrando a veces su fatalidad muy mala. A los diez y siete años escribía al viejo Noailles: «Arrastro difícilmente la masa pesada de mi cuerpo.» De Luynes lo encontraba *niño* a los veinte años, variable y *pesadamente ligero*, pasando de una cosa a otra; además, extraño, absurdo, cantando, por ejemplo, *Tinieblas* con su mujer, la segunda delfina, en el cuarto lúgubre en que fué expuesta la primera. Era un cerebro, a lo que parece, marcado por las manías sombrías del rey semiloco de Madrid... A los veinte años su corpulencia fué enorme; era una «montaña de carne», un «monstruo de grasa». Se casó dos veces y tuvo nueve hijos, de los cuales cuatro *murieron en la infancia*.

Conocidos ya así los tíos de María Luisa—personas tan recomendables como puede verse—, presentaremos ahora al abuelo, a Luis XV, uno de los seres más viles que hayan existido.

_____

(1) La hija mayor de Luis XV y madre de María Luisa.

Dejemos nuevamente la palabra al Dr. Galippe (pág. 366):

Inútil es recordar el carácter crapuloso, los vicios innobles de Luis XV, su indiferencia hacia los intereses de su país, que sacrificaba al capricho de sus amantes, lo seco de su corazón, su insensibilidad a las desgracias, a la enfermedad y a la muerte de sus próximos parientes (*idiotez moral*). Es cosa sabida que detestaba a su hijo, y que si amaba a sus hijas con un amor incestuoso, no tenía ningún cariño por ellas. Se divertía emborrachándolas, haciéndoles seguir, muchachas delicadas y enfermizas, sus cacerías; asistir a sus orgías, pasar noches enteras en la mesa, aun cuando estaban enfermas; no quería que la enfermedad de sus hijas estorbase lo más mínimo sus placeres o aun sus mismas costumbres, como, por ejemplo, la de tenerlas en sus cacerías y en sus cenas. En cuanto a su incesto, parece que tuvo siempre un gusto particular por este crimen. Además de sus hijas, tuvo también una relación con la viuda de su hijo, que incluso murió de un mal parto, y al tomar una amante encontraba particularmente picante viciar también a sus hermanas y vivir así con todas ellas a la vez. No cabe duda tampoco de que se entregó al vicio con niños, lo que se ha querido negar. Michelet dice que crió él mismo en secreto, sin la asistencia de una mujer de servicio, en un cuartito de su departamento, una niña que compró a la edad de nueve años, de la que hizo él mismo la educación, enseñándole las oraciones, etc., y después la violó y la puso encinta. Notemos que desde su infancia tenía rarezas, era nervioso y se entregaba a los amores infames. Con frecuencia tenía herpes en todo el cuerpo. Murió de viruelas.

✳ ✳ ✳

Conocida ya su honrada familia, podemos ahora presentar al lector a María Luisa, reina de España, digna madre de Fernando VII y no menos digna abuela de Isabel II.

María Luisa era una mujer fea, prematuramente ajada por los partos repetidos y por la enfermedad. A la edad de treinta y ocho años nos la pinta así un diplomático ruso:

Los partos repetidos, las indisposiciones y tal vez también un germen de una enfermedad que se dice hereditaria, la habían ajado completamente; su color se había vuelto aceitunado y la pérdida de sus dientes ha dado el golpe de gracia a su belleza (1).

Habíase casado a los catorce años con un príncipe que tenía diez y siete, y que jamás fué para ella un apoyo ni un guía.

Vegetó durante veinte años en la corte de su suegro en el mayor aburrimiento. Hacia 1786 se enamora de Manuel Godoy, soldado de los Guardias de Corps, a quien eleva al grado de favorito. Desde entonces, toda su política está subordinada a esta única e importante consideración: *conservar a Godoy*. ¡Y como ella llevaba toda la política del país, puesto que ya sabemos que gobernaba totalmente al rey, resulta que durante una veintena de años la política de España no tuvo más objetivo fijo que mantener en funciones al amante de la reina!

¡Y esto en uno de los momentos más arduos de la política europea, durante toda la revolución francesa y en tiempos de Napoleón! Así se explica que acabase todo catastróficamente: pérdida de la independencia de España, invadida por los

(1) TRATCHEWSKI, *L'Espagne a l'époque de la Révolution française*, «Revue Historique», t. XXXI, pág. 9.—Cit. por CABANÉS, página 308.

franceses en connivencia con sus propios reyes, y pérdida del mayor imperio colonial existente, en el momento en que precisamente los demás países coloniales veían crecer rápidamente los suyos...

Aun después de la catástrofe, cuando España se debatía en los horrores de la invasión y de los prolegómenos de la guerra de la independencia, lo único que se le ocurre a la reina católica es que su favorito no se separe de ella... En efecto, en 1808, después de las terribles jornadas de Aranjuez, el peligro que corría Godoy, prisionero de Fernando VII, le preocupaba más que su propio rebajamiento. Escribía a su hija la reina de Etruria:

Pedimos (al gran duque de Berg) que salga el príncipe de la Paz y que nos lo deje cerca de nosotros para siempre, para acabar tranquilamente nuestros días juntos (1).

María Luisa sólo se ocupó casi siempre en intrigas miserables y en futesas. DESDEVISES DU DÉZERT recuerda a este propósito una anécdota que pinta a la reina de cuerpo entero. En 1800, Bonaparte ofreció algunas armas de lujo a Carlos IV. La reina, amoscada porque no se acordaban de ella, pregunta entonces si no le harán ningún regalo. Pensóse en ofrecerle algunos hermosos trajes de seda de Lyon. Pero María Luisa prefiere «unos vestidos de gasa, de linón o de muselina bordada con los colores más frescos y las formas más nuevas». ¡Tenía entonces cuarenta y nueve años! Con ra-

---

(1) BAUSSET, *Memorias*, t. I, pág. 152. Cit por DESDEVISES DU DÉZERT, *L'Espagne de l'ancien régime*: *Les Institutions*,

zón observa DESDEVISES que sus gustos permiten medir la seriedad de su espíritu.

Pronto exhibió la reina en público las relaciones que tenía con su amante. Informóle al rey un escrito anónimo de lo que sucedía. Carlos IV se contentó con advertir a su esposa, recomendándole paternalmente que se mostrase más reservada en lo porvenir. María Luisa simuló un violento ataque de nervios, y su asustadizo marido acabó por pedirle perdón por haberla puesto en semejante estado...

En otra ocasión, en el mes de marzo de 1800, habiéndose producido entre Godoy y la reina una pelea pasajera, ésta había tomado como favorito a un cierto Mallo.

—Manuel—dijo un día el rey a Godoy—, ¿quién en ese Mallo, que tiene todos los días coches y caballos nuevos? ¿De dónde le viene el dinero para satisfacer a gustos tan caros?

—Señor—contestó Godoy con la mayor seriedad del mundo—, Mallo no posee, es cierto, un maravedí; pero se dice que está sostenido por una mujer vieja y fea que roba a su marido para pagar a su amante.

El rey comprendió la alusión, soltó una gran carcajada y volviéndose hacia la reina, que estaba presente, le dijo:

—Eh, María Luisa, ¿qué te parece eso?

—Hombre, Carlos—replicó la reina—, ¿no sabes que a Manuel le gusta bromear?

El valimiento de Godoy renació con más fuerza que nunca, y el rey, aún más que la reina, no podía separarse de él. Los dos esposos tenían una preocupación que les era común: conservar a Godoy (1).

---

(1) DR. CABANÈS, págs. 304-306,

El canónigo Escoiquiz, sujeto muy poco digno de confianza por sus costumbres, que eran harto relajadas, pero que es un testigo muy interesante, por haber vivido varios años en la corte española, como preceptor del príncipe de Asturias, Fernando, y, además, porque serían inútiles cuantas pesquisas hiciéramos para buscar gente de más altos vuelos morales y mentales en corte semejante, nos dibuja en sus *Memorias* el siguiente retrato de María Luisa (1):

Una constitución ardiente y voluptuosa; una figura, aunque no hermosa, atractiva; una viveza y gracia extraordinarias en todos sus movimientos; un carácter aparentemente amable y tierno, y una sagacidad poco común para ganar los corazones, perfeccionada por una educación fina y por el trato del mundo, de que una excesiva etiqueta no privó, como sucedía en España, sus primeros años, la habían de dar precisamente, aunque a los catorce de su edad, época de su casamiento, un imperio decisivo sobre un joven esposo del carácter de Carlos, lleno de inocencia y aun de total ignorancia en materia de amor, criado como un novicio, de solos diez y seis años, de un corazón sencillo y recto y de una bondad que daba en el extremo de la flaqueza. Véase, pues, si se descuidaría en aprisionar su corazón con cadenas indisolubles y en acostumbrarle a su yugo una mujer que, a sus brillantes cualidades exteriores ya enunciadas, juntaba un corazón naturalmente vicioso, incapaz de un verdadero cariño, un egoísmo extremado, una astucia refinada, una hipocresía y un disimulo increíbles y un talento que, aunque claro, dominado por sus pasiones, no se ocupaba más que en hallar medios de satisfacerlas, y miraba como un tormento intolerable

---

(1) Cit. por VILLA URRUTIA en *Fernando VII, rey constitucional*, pág. 23, nota.

toda aplicación a cualquier asunto verdaderamente serio. La ignorancia consiguiente a esta inaplicación acababa de cerrar todo camino a su enmienda y de consumar la desgracia de su marido y de sus vasallos, obligándola a fiar a las manos del favorito más inexperto las riendas del gobierno, siempre que él supiera aprovecharse del ascendiente absoluto que, a falta de amor, le daba el vicio sobre su alma corrompida.

Siendo aún princesa de Asturias, en 1782, tenía ya una conducta escandalosa. En una carta escrita al padre maestro Francisco Javier González por el venerable fray Diego José de Cádiz, éste decía que había sido llamado por los príncipes a Palacio y que le recibieron en pie con demostraciones de gran benevolencia, que le sirvieron de admiración, la cual creció hasta el asombro cuando vió a la princesa ponerse de rodillas para que le diese la bendición (singular mezcolanza de erotismo y superstición la de esta María Luisa, con la que la reina católica no hacía más que repetir. un hecho harto generalizado en la patología social de nuestra Península)...

Dos papeles escribió luego María Luisa—nos dice VILLA URRUTIA (1)—pidiéndole el remedio de varias necesidades, *especialmente de una que sin milagro manifiesto no lo tiene*. «A esta señora—añadía fray Diego—me siento interiormente tirado por una de aquellas fuertes inclinaciones que me hacen pedir con lágrimas el bien de su alma, que, aunque no es perdida, se apetece sea mejor el ejemplo que dé a todos. Vivo confiadísimo en su logro, porque es una de tres almas que en particular pedí al Señor me concediese en esta misión, y las otras dos ya me las

(1) *Fernando VII, rey constitucional*, pág. 84, nota 1.

ha concedido.» Y un mes después escribía desde Málaga: «El mayor cuidado que me traje fué el de la princesa nuestra señora, la que se quedó como se estaba sin la resolución que necesita, y tan de veras le pedí a Nuestro Señor.» Pero las lágrimas y las oraciones del venerable no lograron que se realizase el milagro indispensable para remediar la necesidad de que la princesa adolecía, y que, lejos de irse amortiguando con los años, adquirió con la costumbre irresistible cuerpo.

* * *

María Luisa tuvo siete hijos; sobre esto no cabe duda. Lo que ya no podemos saber es cuáles lo eran verdaderamente de su marido.

Cinco fueron hembras y dos varones.

El mayor de éstos es· *Fernando VII*.

El segundo, el pretendiente *Carlos María José Isidro*, que tanta sangre española hizo verter.

Don Carlos no era mucho más inteligente que su tío Antonio Pascual. Fué hipócrita, indiferente ante la muerte de sus mejores partidarios y auxiliares, y se rodeó de ineptos y de personajes sin moralidad. Esta camarilla tuvo la culpa de la muerte de Zumalacárregui, general de verdadero mérito, y de la pérdida de la guerra. En Valençay, igual que su hermano Fernando, se humilló de la manera más vil ante Napoleón. Le felicitó, además, efusivamente por su divorcio, a pesar de su alardeado catolicismo. Hipócritamente aparentó gran entusiasmo por el régimen constitucional en 1820. Durante el segundo sitio de Bilbao dictó las más estúpidas medidas. Nombró a la Virgen de los Dolores generalísimo de sus ejércitos. Hombre sin energía ni voluntad, declara un día a Maroto traidor para desdecirse al siguiente. Hizo un casamiento consanguíneo con la princesa de Beira. En suma, este hijo (?) de Carlos IV era hipócrita, débil, irresoluto, poco inteligente y de escasísima cultura, exageradamente devoto, hasta caer en lo ridículo, duro y sin corazón. Un digno hermano de Fernando VII.

* * *

Era, además, aviesa. Pruébalo el encarnizamiento cruel con que se dedicó a hacer la vida imposible a su nuera María Antonia, primera mujer de Fernando VII. La infeliz princesa consumióse rápidamente y pronto dió con su ser en el cementerio. A ello no colaboró poco la maldad de María Luisa, que queda probada por numerosas cartas y cuyos actos de perfidia refinados y constantes torturaron la breve existencia de la princesa de Asturias.

Consiguió expulsar a las dos camareras que se había traído de Nápoles la princesa, y que eran el único lazo que aun le unía a su familia y a su patria de origen, donde había pasado la mayor parte de su vida, dando con esto un enorme disgusto a su nuera.

Gustaba la princesa de dar largos paseos con su marido por los jardines de Aranjuez, y la reina se preguntaba en qué pararían estas *caminatas*, hasta que un día, en la calle de la Reina, detuvieron a un torero de a caballo para preguntarle quién era su sastre, porque quería ella que le hiciese un jubón, y consultó entonces María Luisa a Godoy si debía prohibirles que salieran a pasear so pretexto del excesivo calor... (1).

_____

(1) VILLA URRUTIA, *Fernando VII, rey constitucional*, pág. 28.

El único consuelo de María Antonia eran la música y los libros. Pero María Luisa se esmeró en perseguir la afición de su nuera a la lectura, y después de escudriñar por los rincones en busca de las obras que estuvieran en su poder, le exigía que se las entregara.
En una carta llama a su nuera duende.

El *duende se convirtió* con el tiempo en *escupitina de su madre, víbora ponzoñosa, animalito sin sangre y sí todo hiel y veneno, rana a medio morir, diabólica sierpe*; porque no había cosa que hiciese María Antonia que a su suegra no le pareciera censurable por pecaminosa o inconveniente (1).

Según el autor citado, era tan grande la admiración que sentía la reina católica por su amante, que nada hacía sin consultarle. En carta de 7 de noviembre de 1804 le decía:

Tu memoria y fama sólo acabarán cuando el mundo se destruya, y entonces quedarán premiadas en la gloria. No te asustes, Manuel, pues aunque parezco un fraile, ni lo soy ni puedo tomar nada de ellos.

Para estar bien al corriente de todas las ideas de su nuera y no darle un instante de tregua, decidió ponerle un confesor benévolo y confidente.

Buscóle, pues, Godoy a la princesa, por encargo de la reina, un confesor que entendiese bien el italiano, porque *ya iba urgiendo* (carta de María Luisa de 24 de enero de 1803), y este confesor, el padre Fernando, fué dócil instrumento de Dios y de los

_____

(1) VILLA URRUTIA, obra citada, pág. 28.

que le eligieron para aquel cargo de confianza, si bien por pacato no quiso meterse en honduras para averiguar la razón de la castidad de su tocayo el príncipe.

A lo que añade Villa Urrutia en nota:

En cuanto al secreto de confesión, hay un papel del inquisidor general, D. Ramón José de Arce, al príncipe de la Paz, comunicándole una noticia que le decía había obtenido bajo secreto de confesión. A estas condescendencias con el príncipe debía el inquisidor general y patriarca de las Indias su rápida fortuna.

Así iba penetrando el desorden y la inmoralidad en toda la organización del Estado español, presidido por aquellos monarcas viciosos y desequilibrados...

* * *

No sólo era María Luisa de una ignorancia enciclopédica, sino que, además, se jactaba de ella y de no leer.

Indignada de que a su nuera le gustara instruirse, escribe a Godoy desahogando su furor:

Soy mujer, aborrezco a todas las que pretendan ser inteligentes, igualándose a los hombres, pues lo creo impropio de nuestro sexo; sin embargo de que las hay que han leído mucho y habiendo aprendido algunos términos del día, ya se creen superiores en talento a todos; tal es la Jaruco y otras varias, y no digo nada de las francesas; pero como soy española, por la gracia de Dios, no peco por allí (1).

---

(1) Carta do 21 de mayo de 1804, cit. por Villa Urrutia, *Fernando VII*, pág. 29. La condesa de Jaruco, según nos dice este autor, era una hermosa habanera, en extremo voluptuosa, que fué amiga del rey José.

En efecto, no era *por allí*, no era por la cultura precisamente por donde pecaba...

Siguió María Luisa haciendo espiar de la manera más refinada a su nuera : por su confesor, el padre Fernando, ya conocido nuestro ; por su médico Núñez, por la baronesa de Saint-Louis, que se decía su amiga, y por algunos criados españoles. Llegó en su refinamiento enfermizo a extremos increíbles.

De cuanto se decía o hacía en el cuarto de los príncipes tenía, pues, la reina más o menos fiel noticia, y a su inspección se sometía antes de que fueran a la colada las prendas que más de cerca tocaban a su nuera, y sobre las cuales escribía después a Godoy con la misma libertad con que le hablaba de sus propios achaques. Mas quiso también saber lo que María Antonia escribía o a ella le escribían, y desde entonces toda la correspondencia de la princesa, así como la de los embajadores *macarrones,* que así llamaba María Luisa a los de Nápoles, abríase en Madrid, y de su contenido se daba cuenta a su majestad y era después enviada a su destino (1).

* * *

Con lo que precede parécenos que han quedado suficientemente pintados los personajes reales que, *por la gracia de Dios*, se sentaron en el trono de España y de las Indias en los veinte años que median entre 1788 y 1808.

Después, en Bayona, estos monarcas vendieron sus Estados a Napoleón, creyéndolos propiedad suya...

No podían ser más abyectos los amos, ni más bajo el país que los aguantara.

(1) VILLÁ URRUTIA, obra cit., pág. 34.

¡Pero más asco da aún que admitiera nuevamente a la dinastía que le había vendido después de tantas vergüenzas! El castigo de la reincidencia fué enorme, y con los Borbones *deseados* consumóse la ruina de la nación y corrieron ríos de sangre.

Pasemos ahora a Fernando VII, que merece lugar de honor en esta galería de degenerados...

CAPITULO VIII

FERNANDO VII

Tócanos ahora hablar de FERNANDO VII, caso patológico de extraordinario interés dentro de la serie borbónica.

Fué el ser más vil, bajo, hipócrita y cruel que pueda imaginarse. Asesino de miles de víctimas, mercader que vendió a España por treinta millones de reales, fué un individuo atacado de locura, no por pacífica, en apariencia, menos sádica y criminal en realidad... Es, como veremos, un digno resultado de las taras que sus antepasados le transmitían.

¡Triste idea de España da el hecho de que tan monstruoso ejemplar de la humanidad haya podido reinar largos años y morir tranquilamente en su cama, y que la dinastía a que pertenecía subsistiera un siglo!

Sabemos cuán cargada era su herencia, tanto por parte de su padre como por la de su madre, y conocemos ya la acumulación de estigmas que le legaron sus antepasados. Su personalidad se halla en pleno dominio de la demencia y es, como la de Nerón, la de Calígula, la del mariscal de Francia Giles de Retz y otros casos célebres de locura sádica que la Historia registra, digna de apasionar a un psiquiatra...

Es tal la acumulación de monstruosidades por él cometidas, que habría para llenar con ellas varios volúmenes como éste. Mas para pintar el estado mental de este degenerado nos bastará presentar aquí algunos de los rasgos esenciales de su vida.

* * *

Veamos cómo describe su persona GARCÍA RUIZ (1):

Era el príncipe de Asturias de feo rostro, con la nariz gruesa y boca hundida y la barba saliente, que si no aparecía repugnante consistía en sus grandes ojos negros y bastante vivos; su natural era perverso, como lo demostró durante toda su vida; preciso es confesar que el influjo todopoderoso y para él depresivo de Godoy ante los reyes, los desvíos y desprecios de éstos y cuanto observaba en la licenciosa vida de su madre, contribuyeron bastante a hacer a Fernando disimulado, sombrío, suspicaz, rebelde y pronto a la tiranía; en esto cabe gran parte de responsabilidad a María Luisa; que la Historia nos enseña que difícilmente se dan Nerones como no haya Agripinas que los creen...

Por toda la Europa contemporánea se le conocía y se le despreciaba y a él dedicó Chateaubriand aquella célebre frase de que «hay monarcas que se sientan en el solio para hacerle despreciable».

El marqués de Villa Urrutia formula del monarca el siguiente juicio:

_____

(1) EUGENIO GARCÍA RUIZ, ex ministro de la Gobernación, _Historias_, Madrid, 1876, t. I, págs. 74-75.

En cuanto a Fernando VII, vimos que, como príncipe de Asturias, se mostró hijo rebelde y descastado con los reyes, desleal y cobarde con sus amigos, felón para con la patria. De estos rasgos distintivos de su carácter dió también hartas pruebas durante el mes que reinó en España (1) y las tres semanas que pasó en Bayona; pero lo que resultó más de relieve y hubo de influir principalmente en su destino fué la falta de valor personal. Así como su ilustre antepasado, el primer Borbón que reinó en España, se granjeó por animoso (2) la voluntad y el apoyo de los españoles, Fernando, que era de suyo en extremo cobarde, sólo pensó en poner a salvo su persona, dejando que sus súbditos, cuya suerte le importaba poco, se arreglaran como mejor pudieran con los franceses. El miedo le hizo salir de Madrid al encuentro del emperador; el miedo no le consintió detenerse en Vitoria ni intentar la fuga; el miedo le obligó, después de las frustradas negociaciones con Napoleón y de las vergonzosas disputas con Carlos IV, a abdicar la corona y a firmar en Burdeos la proclama a los españoles, y en Valençay la carta a José, felicitándole por su advenimiento al trono, sin que temblara la mano ni se enrojeciera la mejilla...

... Suelen ser los cobardes, además, vengativos, despiadados y crueles, y a Fernando VII no le faltó ninguno de estos requisitos (3).

La cobardía innata de Fernando VII, causa en buena parte de su hipocresía, hizo de él uno de los más viles taimados que se conocen.

De su escasa bravura había dado pruebas precoces.

---

(1) En 1808.

(2) Por lo que ya hemos visto en el capítulo dedicado a Felipe V, sabemos que esto no corresponde a la realidad.

(3) MARQUÉS DE VILLA URRUTIA, *Fernando VII, rey constitucional*. Madrid, 1922. 376 págs. Págs. 94-95.

GÓMEZ DE ARTECHE, en su mediana historia del *Reinado de Carlos IV*, nos muestra con las palabras siguientes el poco valor que distinguió a Fernando desde su juventud:

Los detractores de Fernando VII aprovechan la ocasión de su embarque, entonces en una nave de la flota (1), para poner de manifiesto un acto de timidez que con este motivo se le atribuye. Hasta el sesudo Moriel, al quererlo recordar, lo expone así a sus lectores: «Se cuenta, dice, que habiendo ido el rey y la corte en pos al puerto de Cádiz a ver la escuadra anclada en él, la artillería de la Armada hizo las salvas en honor del soberano, como prescribían las ordenanzas de Marina, hallándose Su Majestad a bordo de un navío de línea. El estruendo fué grande, y el príncipe de Asturias experimentó tal sobrecogimiento que buscaba, dando vueltas por todas partes, un asilo. Carlos IV se apercibió del temblor de su hijo y le hizo sentir lo indecoroso de una tal acción en un príncipe» (2).

¡Lo que, en buenas palabras, quiere decir que el heredero de la Corona salió corriendo despavorido y que no sabía dónde meterse para escapar al terrible peligro que creía inminente!...

De Villa Urrutia es también el siguiente juicio sobre Fernando:

... Fernando VII, déspota de suyo, jurado y solapado enemigo del régimen parlamentario, felino y felón, cazurro y taimado, falso y embustero, para quien el arte de reinar tan sólo consistía en no fiarse

---

(1) Se trata de la escuadra reunida en Cádiz y visitada por la familia real a principios de 1795.

(2) GÓMEZ DE ARTECHE, *Reinado de Carlos IV*, t. II, pág. 23, nota 1.

de nadie y en engañar a todos cuantos con él tuviesen algún trato... (1).

Este siniestro degenerado, tras veinte años de reinado efectivo, dejó a España en la más triste de las situaciones.

Veamos el cuadro que nos pinta García Ruiz, testigo presencial:

La dominación de Fernando VII, pues no merece el nombre de reinado, fué una serie no interrumpida de ingratitudes, bajezas, perfidias, falsedades, cobardías y crímenes de todas especies, que convirtieron a España en un inmenso lago de sangre; y para que nada le faltase, fué su inseparable compañera la crápula, que degeneró al fin, como acabamos de ver, en la más insoportable hediondez. Perecieron en los patíbulos durante su dominación lo menos SIETE MIL individuos por opiniones políticas; más de OCHO MIL fueron asesinados vil y cobardemente por las mismas opiniones en 1814 y 1823 y 24, sucumbiendo doble número por los padecimientos sufridos y enfermedades contraídas en las cárceles durante esas dos épocas. Mientras Fernando insultaba a los españoles y adulaba a Bonaparte, declarándose su súbdito para que le recibiese como hijo adoptivo, murieron por él durante la guerra de la independencia más de DOSCIENTOS CUARENTA MIL hombres, como por él perdieron su vida en la del 21-23 y en la del 27 más de otros VEINTE MIL en los campos de batalla. Las proscripciones de 1814 arrojaron del suelo patrio a unos DIECISEIS MIL españoles y a más de VEINTE MIL las de 1823, llevando a los presidios otros VEINTICUATRO MIL.

Si hay, como creemos, premios y penas en la otra vida, ningún tirano debe sufrir éstas ni tan atroces

---

(1) Obra citada, pág. 259.

ni con tanto motivo como Fernando VII, porque la suya sola superó a todas las tiranías juntas que han hecho gemir al género humano, inclusas las de Tiberio, Calígula, Nerón y Domiciano. El pueblo español, que la soportó, acreditóse de cobarde y envilecido, que allí donde hay un pueblo viril y conocedor de sus derechos, o no surgen tiranos o si alguno empieza a serlo es al instante confundido con su tiranía.

Y no sólo la dominación de Fernando convirtió a España en un lago de sangre, sino que la hizo retroceder no pocos lustros en la carrera de la civilización, reduciéndola a un país cruel y haragán, presa de la teocracia, en general feroz, y del brazo derecho de ésta el populacho estúpido y comunista, que gritaba entusiasmado al herir o matar a los amantes de la libertad: ¡*Muera la nación*! y ¡*Vivan las cadenas*!

Durante esa dominación abominable no dió España ni filósofos, ni historiadores, ni poetas, ni mecánicos, ni artistas, ni nada de lo que constituye la gloria de las naciones cultas. La ignorancia era tan general como crasa. Hasta los hombres que ejercían profesiones liberales (a salvo en todas ellas ligerísimas excepciones), no sabían nada, porque nada les habían enseñado en las aulas, a no ser errores de que hoy se avergonzarían si viviesen. En las cátedras de Filosofía se enseñaba el sistema de Ptolomeo, teniendo el de Copérnico y Galileo por una herejía, lo que probaban los clérigos que habían leído la Sagrada Escritura con textos de ésta. Los jurisconsultos más ilustrados sólo conocían el Vinio, las Pandectas, el Código de Justiniano, las Partidas glosadas por Gregorio López, los Comentarios a las leyes de Toro y la Novísima Recopilación; los médicos, el Boerhave y el Le Roy, la medicación caballar y asnal de sangrías, cantáridas y vejigatorios; los boticarios, que se hacian tales tras de una puerta, como vulgarmente se dice, no solían tener más libros que la Farmacopea; los escribanos, dejando

el azadón o la esteva, se hacían tales en veinticuatro
horas, para ir en seguida a embrollar a los pueblos
y a lanzarlos en un mar de desdichas con pleitos
absurdos, causas criminales improcedentes y falsedades a montones, y a los clérigos les bastaba tener
la Epacta, el Breviario y el llamado por ellos *Padre
Paco* (el padre Lárraga) sobre moral cristiana, que
no entendían y menos practicaban. El estado de la
agricultura y de la industria no podía ser más lasti-
moso: una mitad del terreno cultivable se hallaba
yermo, porque la tierra no recompensaba el sudor
del pobre labrador; para la industria ni había ca-
pitales ni inteligencia, y para el poco comercio que
se hacía faltaban vías de comunicación terrestre y
eran éstas inseguras a causa de la multitud de rate-
ros que las infestaban, saliendo no pocos de ellos de
las filas de voluntarios realistas. Para que se forme
idea de nuestro comercio de entonces bastará decir
que nosotros conocimos la mayor parte de las tien-
das de varias ciudades importantes, como Burgos,
Santander, Valladolid y Palencia, que carecían de
cristales y de las comodidades que hoy se ven en el
más miserable tenducho.

Tal era España al fallecimiento de Fernando VII (1).

¡Pavoroso cuadro éste que nos presenta un testigo presencial y contemporáneo de aquellos horrores! El Reino de la Estupidez brillaba en todo
su esplendor, al tiempo que triunfaban la Jerarquía, la Autoridad y la Fe...

* * *

Comprenderemos mejor el porqué de esta pavorosa situación de barbarie y atraso—que por entonces no se reproducía en tal grado en ningún

---

(1) GARCÍA RUIZ, *Historias*, I, págs. 902-904.

otro país de Europa más que en Turquía--al estudiar el carácter y los actos del demente coronado que fué Fernando VII. Pero antes vamos a completar rápidamente el cuadro diciendo lo que el *Jerarca* hizo para destruir, en su sadismo analfabeto, hasta los últimos restos de cultura en España. Del pesado lastre que nos dejaron este Borbón demente y sus secuaces quedan aún abundantes rastros en España. Sólo así se puede explicar que durante siete años haya logrado sostenerse un régimen de imbecilidad analfabeta tan absurdo como el de Primo de Rivera y sus numerosos corifeos. ¡Cierto es que el régimen en cuestión estaba a la altura del Borbón que lo proyectara y provocara, digno descendiente de Fernando!

La mayor ofensiva contra la cultura se inició con el segundo período absolutista.

A últimos de enero de 1824 se prohibieron todos los periódicos, salvo la *Gaceta* y el *Diario de Avisos*. Medida que adoptó Ofalia, justo es reconocerlo, más que contra la inexistente prensa liberal, contra los desmanes de la apostólica, que estaba desencadenada y que lo menos que llamaba a los liberales era *pillos, asesinos* y *ladrones*, pidiendo su muerte a diario.

También por entonces se prohibió la introducción de todo libro extranjero sin previa licencia del Consejo. Con esta medida se pretendía levantar una muralla china que cerrase herméticamente a España, aislándola de toda la cultura europea.

Halagaban los más brutos las pasiones analfabetas de Fernando pidiéndole medidas severas contra los mejores libros nacionales. Los catedráticos de la Universidad (!) de Cervera dirigen al rey una *representación*, que se publicó en la

Gaceta del 3 de mayo de 1827, en la que estos notables profesores de la principal Universidad (!) catalana estamparon las siguientes palabras: «¡*Lejos de nosotros la peligrosa novedad de discurrir*!» Quedaron condenadas obras como *La historia crítica de España*, de Masdeu; el *Informe sobre la ley agraria*, de Jovellanos, y la *Teoría y ensayo*, de Marina.

Mientras se tomaban estas medidas y toda cultura intelectual quedaba aniquilada, bullía el país entero en una especie de frenesí religioso, puramente externo e idolátrico, mezclado con el erotismo e inmoralidad generales. El Papa declaró *año santo* o *de jubileo* el de 1826; se lo pasó la España enloquecida de furor místico, ocupada en formar procesiones y rezar letanías. Todas estas ceremonias estaban presididas por las respectivas autoridades. Fernando, con toda su familia, presidió el jubileo en Aranjuez, mientras el patriarca de las Indias marchaba en el de Madrid al frente de todo el Ministerio de la Guerra y de multitud de generales, y el nuncio del Papa se ponía a la cabeza de la cofradía de San Pedro y San Pablo...

Consecuencia probablemente de generalizarse la sabia opinión de los catedráticos de Cervera fué que las Universidades, decididas a dejar de discurrir del todo—según su costumbre inveterada—, determinaron suicidarse o dejarse matar sin resistencia... El paternal Fernando las cerró todas a fines de 1830, pensando probablemente que para lo que servían—según lo habían demostrado los entendidos profesores de Cervera—lo mismo daba que sus puertas estuvieran abiertas que cerradas. Si allí no se *discurría*, ¿para qué podrían servir?...

Puesta ya así España en el buen camino de la civilización, esta medida completó hábilmente las dos que se habían tomado anteriormente. La primera era la prohibición de que se imprimiera libro alguno que pasase de seis pliegos comunes sin expresa licencia del Consejo; y éste, eternizando los expedientes, consiguió lo que quería Fernando: *que no se imprimiese ninguna obra en España.*

El rey coronó su concepción de la España castiza, es decir, sucia, fanática y analfabeta, creando la Escuela de Tauromaquia de Sevilla, lógico y digno sustituto de las Universidades, y dando pingües sueldos — para la época — a sus profesores...

¡Todo esto sucedió en España (Europa), el año de gracia de 1830!

* * *

Trabemos ahora conocimiento con el notable personaje autor de estas medidas.

Fernando nació en El Escorial el 14 de octubre de 1784.

Era, sin duda, hijo legítimo de Carlos IV, aunque cierto día, enfurecida con su hijo nuestra conocida María Luisa, «se descompuso al punto de declarar que aquel engendro, en que el rey no había tenido parte alguna, era regalo de un fraile del Escorial» (1).

¡¡Honrada y noble dama!!

Trajeron y llevaron piadosísimos frailes la cuestión de si era Fernando VII hijo adulterino o legítimo. La separaremos de nuestro camino con

---

(1) VILLALBA HERVÁS, *Ruiz de Padrón y su tiempo*, Madrid, 1893. Cit. por VILLA URRUTIA, **Fernando VII, pág. 9.**

asco y seguiremos ahora rápidamente la historia del monarca *deseado*.

Fué el príncipe de Asturias débil y enfermizo en sus primeros años, llegando a las puertas de la muerte. No murió (¡desgraciadamente!), y así quedó en disposición de cometer los horrorosos crímenes que verá quien leyere.

Echemos una ojeada al cuadro que presentaba, cuando empieza a reinar Fernando VII, la familia real española.

«Con muy negra tinta, dice el historiador Toreno, puede trazarse el tenebroso cuadro de las visitas de Bayona entre Napoleón y la familia real de España.» En efecto: en ese tenebroso cuadro en que Napoleón aparece mandando a puntapiés a media docena de Borbones degradados y cobardes y a sus dos consejeros estúpidos, Carlos IV no es más que un rey indigno y un padre desnaturalizado como juguete vil de su compañera adúltera; María Luisa, una Mesalina jubilada, ya fea y decrépita, atenta sólo a dar su alma entera a Godoy y su odio implacable a su hijo Fernando; Antonio Pascual, un mentecato de perversas inclinaciones, sin más dios que su vientre; el Carlos, un fanático destinado con el tiempo por el genio del mal a inundar de sangre a España, y Fernando, un miserable más envilecido que un lacayo servil. ¡Qué gavilla de perdidos coronados y aspirantes a coronas! Pero también, ¡qué pueblo español! La Historia no nos ofrece otro igual ni aun en las épocas de las más tristes decadencias de las naciones. El pueblo español aparece al historiador más repugnante aún en este punto que la familia objeto de su adoración, que siempre es más despreciable el que adora al ídolo grosero que el ídolo mismo, por grosero que sea... (1).

---

(1) GARCÍA RUIZ, *Historias*, I, págs. 108-109.

Toda la familia estaba plenamente degenerada, y sus estigmas físicos aparecían bien evidentes, junto a los no menos evidentes estigmas morales. Al prognatismo inferior del rey y la altura considerable de su barbilla, a la enormidad de su nariz y a la deformación de su boca y de sus órganos genitales, podemos añadir las taras que marcaban a su hermana María Isabel, «deforme, pequeñuela y cabezuda, larga de talle y corta de piernas», según la describe la princesa María Antonia en carta al archiduque Fernando (1).

Los retratos de Fernando nos delatan el parecido con su madre. Sabiendo, como sabemos (véase cap. I), que aquel de los progenitores cuyos estigmas degenerativos son más agudos es el que predomina en la herencia, comprenderemos que era mucho lo que tenía Fernando de su madre, no sólo físicamente, sino además psíquicamente. Carlos, en efecto, no pasaba de ser un imbécil tranquilo; pero María Luisa era una malvada y Fernando fué digno hijo suyo.

* * *

Justo es decir que la educación detestable que se le dió contribuyó a nublar del todo su ya escasa inteligencia. Pusiéronle como maestro de matemáticas y de literatura al

canónigo de Zaragoza D. Juan de Escoiquiz, asiduo lisonjero tertuliano del Valido (2). Andaba a la sazón el canónigo enredado en una causa que se le seguía muy reservadamente por los tribunales ecle-

---

(1) Villa Urrutia, *Fernando VII*, pág. 17.

(2) ¡Fué, en efecto, el amante de la madre el que seleccionó y nombró el maestro del príncipe de Asturias!... ¡Noble familia!

siásticos, con motivo de la estrecha intimidad en que vivía, y continuó viviendo, con una dama que, so color de parienta, gobernaba su casa, y de la que tuvo dos hijos (1).

Este honorable canónigo se hizo pronto íntimo amigo de su real discípulo, del que vino a ser mentor y compañero durante años. Nombróle Carlos IV *sumiller de cortina*—uno de esos títulos ridículos que otorgaban los galiparlantes monarcas españoles—; pero al poco tiempo recibió el nombramiento de ¡PRECEPTOR del príncipe de Asturias!

Sin pararse en barras, Escoiquiz se creyó destinado a ser, el día en que Fernando ciñera la corona, un nuevo Cisneros o una especie de Richelieu español. Empezó inmediatamente a obrar en consecuencia.

Trató desde luego de ganarse la voluntad del príncipe en la hora diaria dedicada a la enseñanza, y arrumbando las áridas matemáticas y los autores clásicos (2), empezó a preparar a Fernando para su oficio de rey, enseñándole el difícil arte de gobernar a los hombres. El gran secreto de su política, que, a su juicio, se asemejaba y nada tenía que envidiar a la del propio Maquiavelo, consistía en desconfiar de todos y en no entregarse a nadie por completo para no ser vendido, oponiendo un hombre a otro hombre y un partido a otro partido; y esta desconfianza reforzábala en sus consejos al príncipe con el temor de perder la corona, la cual muy en peligro estaba en los revueltos días de la revolución

---

(1) VILLA URRUTIA, *Fernando VII*, pág. 11.—Obsérvese el nivel moral de todos los personajes eminentes de aquella España castiza y ultracatólica.

(2) Recuérdese lo que hemos dicho sobre la educación de los Borbones precedentes.

francesa. Fructificó la semilla en tierra tan propicia como el ánimo de Fernando. Habíase en él grabado profundamente la idea de su derecho divino a la corona... Y en punto a la desconfianza, tan arraigada estaba en el príncipe que no necesitó esforzarse el canónigo en recomendarla como máxima de gobierno. *Desde niño mostróse Fernando reservado y frío, insensible a todo afecto, incluso al de sus padres, de instintos crueles y sin que tuviera en su corazón cabida la clemencia. Era de pocas palabras y a sus labios nunca asomaba la risa, y raras veces la verdad, pecando de receloso y, por ende, de falso y de taimado. Prestábase, pues, a ser aprovechado discípulo de Escoiquiz y a servir de adecuado instrumento a las ambiciones políticas del maestro* (1).

En efecto, estaban hechos para entenderse preceptor y discípulo, y aquél acabó de pervertir el ya menguado meollo de éste.

* * *

Este Borbón frío, receloso, falso, embustero y taimado fué al mismo tiempo un tirano cruel y cobarde.

A los destellos de locura sádica que su pesada hereditariedad había puesto en su cerebro, y que pronto se manifestaron, hay que añadir otros estigmas que demuestran un desequilibrio y que corresponden a la categoría de las monomanías. Enfermedad de familia: recordemos que su padre tenía la de coleccionar relojes y su tío Luis XVI la de hacer de cerrajero.

Así, durante su estancia en Valençay, Fernando pasó su tiempo en labores de aguja, impropias

---

(1) VILLA URRUTIA, *Fernando VII*, págs. 13-14. Subrayamos nosotros.

de su sexo, y en competencia con su tío el infante D. Antonio Pascual, pues ambos bordaban primorosamente (1).

* * *

Entre las taras psíquicas de este Borbón, degenerado entre degenerados, brillaron la cobardía y la bajeza. Vamos a demostrarlo prácticamente.

Pero antes, deseosos siempre de aportar testimonios autorizados que nos pinten el carácter de los personajes de la dinastía, citaremos nuevamente a VILLA URRUTIA. Dice de Fernando que no había demostrado hasta la fecha de su subida al trono capacidad para

cosa de provecho, ni revelado prenda ninguna estimable de carácter; que en los sucesos de El Escorial se había mostrado, para con los reyes, príncipe e hijo rebelde y descastado, para con sus amigos desleal y cobarde y para con su patria felón, acudiendo al francés para derribar al favorito y llamando al emperador para que decidiera pleitos de familia; que en Aranjuez había sido alzado sobre el pavés por una soldadesca desmandada y un sobornado populacho... El solapado mozo, destinado a ser el más funesto e infeliz de los Borbones, sólo traía en sus manos la caja de Pandora. De ella salió a poco la guerra contra los franceses, tan hazañosa como estéril, que sirvió para fomentar la nativa indisciplina y para despertar ardores bélicos, que habían luego de ejercitarse y consumirse, durante más de medio siglo, en cruentas discordias civiles; de ella salieron también las cortes de Cádiz y la malhadada Constitución de 1812, causa de tantos pronunciamientos y motines, de una nueva invasión

(1) VILLA URRUTIA, *Fernando VII*, pág. 99.

francesa y de la imposibilidad de que se aclimatara
en España la monarquía parlamentaria; de allí salió la pérdida de nuestro vasto y poderoso imperio
americano, que vió el rey con sorprendente indiferencia (1), preocupado a la sazón en deshacerse de
los constitucionales por medio de la intervención
armada de las potencias, que andaba secretamente
mendigando; de allí salió la sañuda persecución de
liberales, tan acomodada a los crueles instintos del
monarca; de allí salió el gobierno de la *Camarilla*
y la tercería convertida en privanza y la doble di-
plomacia a hurto de embajadores y ministros, en-
gañados o complacientes; de allí salió, en fin, el
más espantoso descaecimiento de la monarquía española, a la que dejó el rey, a su muerte, por herencia, una guerra civil que duró largos años y tuvo
perdurables consecuencias (2).

El primer ejemplo brillante, pasmoso, de cobardía y felonía lo da su actitud durante los ya
mencionados sucesos de El Escorial. En ellos se
revela en forma clara el carácter vil de Fernando.

El 28 de octubre de 1807 recibió Carlos IV, que
a la sazón se hallaba con la real familia en El
Escorial, un anónimo. En él se le anunciaba que
el príncipe Fernando preparaba un movimiento
en palacio, que su corona peligraba y que la reina corría riesgo de morir envenenada. Este anónimo fué probablemente obra de Godoy (enfermo entonces en Madrid) o de alguno de sus
amigos.

Carlos IV quedó aterrado. Pero alentado por
María Luisa penetró en el cuarto de Fernando y
recogió los papeles que había sobre su mesa. Entre ellos se encontraba una exposición de Fer-

---

(1) Indiferencia que prueba, una vez más, su *idiotez moral*.
(2) Villa Urrutia, *Fernando VII*, págs. 59-60.

nando a su padre, escrita por Escoiquiz. Era una terrible acusación contra el favorito, en la que, entre otras cosas, se decía que Godoy «había prostituído con su poder y sobornos la *flor* de las mujeres de España, desde las más altas a las más bajas, convirtiendo su palacio y su ministerio en verdaderas *ferias públicas y abiertas a la prostitución, estupros y adulterio*, a cambio de empleos, pensiones y dignidades, adonde acudían para obtenerlas los maridos, los padres y los hermanos», añadiendo que vivía públicamente con una mujer de la que tenía varios hijos, menospreciando a su esposa legítima, la hija del infante D. Luis. Se arrestó a Fernando,

y para que el escándalo se hiciese universal por Europa y América, el rey dirigió un manifiesto a la nación deshonrando a su hijo, puesto que la decía el motivo del arresto de éste, y una carta a Bonaparte en que culpaba a Fernando de haber intentado destronarle y asesinar a su madre, añadiendo con increíble ligereza que, habiendo por ello perdido todo derecho para sucederle, sería el heredero de la corona otro de sus hijos. Pero, dados estos pasos, España y Napoleón, Europa y América, que los vieron con asombro, se encontraron con que Fernando fué perdonado a los ocho días justos de su arresto, interviniendo en el asunto Godoy, al que se rebajó el príncipe... (1).

Pero si todo esto es repugnante, más vergonzoso es aún lo que viene ahora. *Fernando delata a sus cómplices* para obtener el perdón, y escribe las dos cartas siguientes, que son modelo de vileza y de estupidez.

La una la dirige a Carlos IV, y reza así :

---

(1) García Ruiz, *Historias*, I, 78-79.

«Al rey.—Señor, papá mío : He delinquido, he faltado a V. M. como rey y como padre, pero me arrepiento y ofrezco a V. M. la obediencia más humilde. Nada debía hacer sin noticia de V. M., pero fuí sorprendido. HE DELATADO A LOS CULPABLES, y pido a V. M. me perdone por haberle MENTIDO la otra noche, permitiendo besar sus reales pies a su reconocido hijo. FERNANDO.»

La otra se dirigía a la reina :

«A la reina.—Señora, mamá mía : Estoy muy arrepentido del grandísimo delito que he cometido contra mis padres y reyes, y así con la mayor humildad le pido a V. M. se digne interceder con papá para que permita ir a besar sus pies a su reconocido hijo.—FERNANDO.»

A la par que el menguado intelecto del pobre autor de semejantes epístolas brilla en ellas la mayor bajeza, confesando Fernando al «señor papá suyo», sin rebozo, la delación que hizo de sus cómplices.

No se sabe, en verdad, a quién deshonran más estas cartas, si al hijo o a los padres; pero el príncipe que así se expresaba a la edad de veintitrés años era indigno de mandar, no digamos a una nación grande, pero ni a una ranchería de salvajes. En cuanto a la corte, que ofrecía al mundo el espectáculo del proceso de El Escorial, para terminarle tan insólitamente a los ocho días de incoado, estaba juzgada: si lo primero la cubría de ignominia, lo segundo la llenaba de ridículo, que es el peor de los descréditos. En cuanto a los cómplices de Fernando, cobarde y villanamente delatados por este miserable que luego iba a ceñir a su frente una corona, diremos tan sólo que el consejo los absolvió, faltando a todas las leyes, aunque, a nuestro juicio, hizo bien, al ver sobreseída la causa para el primer criminal. Sin embargo, Carlos IV desterró gubernativamente a varios, entre ellos a Escoiquiz, al duque del Infantado, al de San Carlos, al marqués de Ayerbe y al conde de Orgaz (1).

Es de notar que los cómplices de Fernando eran dignos de él y de toda aquella corte. Estos nobles personajes no sintieron la menor repugnancia hacia la conducta indigna del vil Borbón; antes bien, siguieron al lado de su delator durante toda la carrera de éste.

* * *

Conociendo la mente desequilibrada de Fernando, no extrañará la serie de monstruosidades que vamos a ver ahora.

Teniendo a su patria invadida por un ejército extranjero, a cuyo frente se hallaba aquel Napoleón que tan merecidamente había tratado a patadas a los Borbones de España, entreteníase el mísero monarca, desde su prisión de Valençay, adonde le había relegado el emperador, en organizar homenajes y dirigir cartas encomiásticas y aduladoras al conquistador de su país y su carcelero. ¡Parece increíble, pero es así!...

Cuando se divorció Napoleón y se volvió a casar, Fernando y su hermano D. Carlos —el ultracatólico *Señor* de los carlistas—dispusieron alegres fiestas en el palacio de Valençay, una gran parada militar en el patio del mismo, músicas e iluminaciones.

Hizo cantar también un solemne *Tedeum* en la capilla, y dentro de ella, al concluir la sagrada ceremo-

---

(1) GARCÍA RUIZ, *Historias.* I, pág. 79.

nia, se volvió lleno de entusiasmo hacia la concurrencia y dió repetidas veces los gritos de «¡Viva el emperador! ¡Viva la emperatriz!» Dió además un suntuoso banquete, en el que pronunció este brindis tan servil como los que después pronunciaron Antonio y Carlos y el caballerizo e intendente Amézaga: «A nuestros augustos soberanos el gran Napoleón y María Luisa su esposa.» Después de tan bajo proceder, escribió a Bonaparte dándole la enhorabuena, y luego al gobernador de Valençay, para que, testigo de lo ocurrido, interpusiese su valimento ante el emperador, a fin de que le premiase como merecía, siendo su mayor deseo que, en atención a su conducta, a tenerle por su soberano y a prestar sumisión y entera obediencia a sus intenciones y deseos, le recibiese como su hijo adoptivo, lo cual haría la felicidad de toda su vida (1). Napoleón, que debió ver en Fernando un ser algo más abyecto y ruin que los senadores que causaban hastío a Tiberio por verles «tan preparados para la servidumbre», queriendo deshonrarle ante Europa, hizo insertar en Le Moniteur estas cartas, y lejos de tomarlo a mal su envilecido autor, se apresuró a dar las gracias al déspota en otra epístola (2).

¡El vil degenerado contestó al bofetón y a la burla arrastrándose aún más indignamente a los pies del generalote que le tenía preso y humillado!

No puede existir mayor demostración de su bajeza que la carta abyecta que dirigió al emperador para agradecerle calurosamente la bofetada que le acababa de dar. Estampémosla íntegra:

Señor: Las cartas publicadas últimamente en El Monitor han dado a conocer al mundo entero los

---

(1) Nótese que todo esto pasaba en 1810, es decir, en lo más enconado de la guerra de la Independencia.

(2) García Ruiz, Historias, págs. 304-305.

sentimientos de perfecto amor de que estoy penetrado a favor de V. M. I. R. y al propio tiempo mi vivo deseo de ser vuestro hijo adoptivo. La publicidad que V. M. I. se ha dignado dar a mis cartas me hace confiar en que no desaprueba mis sentimientos ni el deseo que he formado, y esta esperanza me colma de gozo. Permitid pues, señor, que deposite en vuestro seno los sentimientos de un corazón que, no vacilo en decirlo, es digno de perteneceros por los lazos de la adopción. Que V. M. I. R. se digne unir mi destino al de una princesa francesa de su elección, y cumplirá el más ardiente de mis votos. Con esta unión, a más de mi ventura personal, granjearé la dulce certidumbre de que toda la Europa se convenza de mi inalterable respeto a la voluntad de V. M. y de que V. M. se digna pagar con algún retorno mis senceros sentimientos. Me atreveré a añadir que esta unión y la publicidad de mi dicha, que daré a conocer a la Europa, si V. M. lo permite, podrá ejercer una influencia *saludable* (!) sobre el destino de las Españas, y quitará a un pueblo ciego y furioso el *pretexto* de continuar cubriendo de sangre su patria (! ! !), en nombre de un príncipe, el primogénito de su antigua dinastía, que se ha convertido, por un tratado solemne, por su propia elección y por la más gloriosa de todas las adopciones, en príncipe francés e hijo de V. M. I. y R. Me atrevo a esperar, señor, que tan ardientes votos y un afecto tan absoluto tocarán el corazón magnánimo de V. M. y que se dignará hacerme partícipe de la suerte de cuantos V. M. ha hecho felices. Señor: deposito en V. M. mi suerte, etc.—FERNANDO.—Valençay, 3 de mayo de 1810.

Semejante epístola no tiene desperdicio y no hay que comentarla: se comenta por sí misma. Sólo diremos una cosa: ¡que el miserable degenerado que esto escribía perdía todo derecho moral y legal a la corona de España para sí y para su indigna familia, y no logramos explicarnos cómo han podido reinar otros tres Borbones después de él durante ciento veinte años!...

* * *

No hace falta más para demostrar la vileza de este loco lúcido.

Sin embargo, vamos a recordar alguna otra de sus felonías.

Apenas instalado en Valençay se apresura Fernando a dirigir una carta a Napoleón, felicitándole por haber nombrado rey de España a su hermano José, carta fechada en 22 de junio de 1808; en ella se leen las frases siguientes:

Doy muy sinceramente en mi nombre, de mi hermano y tío, a V. M. I. la enhorabuena de la satisfacción de ver instalado a su querido hermano en el trono de España... No podemos ver a la cabeza de ella un monarca más digno y más propio por sus virtudes.

Aquel mismo día, para completar y subrayar bien su actitud, el Borbón obligó a su servidumbre, que comprendía a Escoiquiz, al duque de San Carlos, al marqués de Ayerbe, al de Feria, a D. Antonio Correa y a D. Pedro Macanaz, a que dirigiese una carta a José, carta que contenía las frases siguientes:

Señor: Todos los españoles que componen la comitiva de sus AA. RR. los príncipes Fernando, Carlos y Antonio, noticiosos por los papeles públicos de la instalación de V. M. en el trono de la patria de los exponentes, con el consentimiento de toda la nación (!!)..., consideran como obligación suya, y muy urgente, la de conformarse con el sistema adoptado por su nación y rendir, como ella, sus más humildes homenajes a V. M. C... Jurando como juran obediencia a la nueva constitución de su país y fidelidad al rey de España, José I...

¡Nobles criados, dignos de tal amo!

Pero las altas clases españolas habían casi en su totalidad desertado de manera parecida.

Un mes antes, el cardenal arzobispo de Toledo, primado de las Españas y tío de Fernando VII, escribía a Napoleón reconociéndole como soberano y firmando así: «Su más fiel súbdito, Luis de Borbón, cardenal de Escala, arzobispo de Toledo.»

No acabaríamos nunca si siguiéramos citando el abyecto epistolario fernandino. Hagamos, pues, punto final con la siguiente perla:

Señor: El placer que he tenido viendo en los papeles públicos las victorias con que la Providencia corona de nuevo la augusta frente de V. M I. y R., y el gran interés que tomamos mi hermano, mi tío y yo en la satisfacción de V. M. I. y R., nos estimula a felicitarle con el respeto, el amor, la sinceridad y el reconocimiento en que vivimos bajo la protección de V. M. I. y R. Mi hermano y mi tío me encargan que ofrezca a V. M. su respetuoso homenaje, y se unen al que tiene el honor de ser, con la más alta consideración, señor, de V. M. I. y R., el más humilde y ferviente seguro servidor.—FERNANDO.—Valençay, 6 de agosto de 1809 (1).

¡El vil Borbón felicitaba a su amo por sus triunfos en aquellos momentos en que corría san-

---

(1) Esta carta la hizo publicar Napoleón en *Le Moniteur* de 5 de febrero de 1810; la insertó LLORENTE en sus *Memorias* y la reproduce GARCÍA RUIZ en la pág. 302 del tomo I de sus *Historias*.

gre española a torrentes! Cinco días después
—para no citar más que este detalle de la inmensa tragedia—, en la batalla de Almonacid, sucum-
bían los españoles, perdiendo 4.000 hombres entre muertos, heridos y prisioneros (11 de agosto de 1809), y por entonces sostenía desesperada-
mente su heroica defensa la ciudad de Gerona...

¡Mientras tanto, el Borbón se arrastraba, ba-
boseando, a los pies del invasor!

* * *

Con la entronización de la dinastía borbónica
desaparecieron los últimos rastros de las leyes
consuetudinarias españolas, que ofrecían a la nación una serie de garantías y libertades. Los Borbones siempre tendieron, tanto en Francia como
en España, al gobierno personal, cuya exclusiva
ley era el capricho del monarca, ¡de esos monarcas que ya hemos ido conociendo en este libro!

Tal era también la única concepción gubernamental que cabía en la mente de Fernando. De-
muéstralo insolentemente en cierto decreto que
empieza con las siguientes palabras: «Con el fin
de que desaparezca para siempre del suelo español hasta la más remota idea de que la soberanía
reside en otro que mi real persona...»

El bajo nivel mental de España y de las selecciones que la representaban fueron la causa de
que volviese Fernando. De la escasa inteligencia
dieron éstas prueba máxima, así como de su incapacidad, durante el período constitucional de 1820
a 1823. ¡Pero qué se iba a hacer si el país no daba
más de sí!...

El monarca, cobarde como sabemos, agachó hipócritamente la cabeza durante los malos tiem-

pos en que tuvo que aceptar la Constitución, en
espera de vengarse, arrogante, cuando tuviera la
fuerza.

En la orgía de estupidez de que la nación daba
ejemplo no puede saberse quiénes rayaban a mayor altura, si los absolutistas o los candorosos liberales. Por otra parte, unos y otros ofrecían
abundantes pruebas de su escasa educación y cultura. Y es que el mal no venía de éstos o aqué-
llos, sino que era general, y si no fuera así, no
se sostuviera Fernando. ¡El pueblo, aunque in-
culto y brutal, era aún lo mejor!

Los liberales entonaban por entonces una can-
ción que empezaba así:

> Ese narizotas,
> cara de pastel,
> que a los liberales
> no nos puede ver...

Fernando la parodiaba entre sus íntimos de
esta manera:

> Este narizotas,
> cara de pastel,
> a negros y blancos
> os ha de...

Efectivamente, el delicado y fino monarca los...
fastidió, fusilando y ahorcando indistinta e im-
parcialmente a liberales y apostólicos...

Cuando por fin acabó el período constitucional,
gracias a la segunda invasión francesa, en octubre de 1823, Fernando hizo un viaje triunfal
de Cádiz a Madrid a los gritos, para él suaví-
simos, de «¡Viva el rey absoluto! ¡Vivan las ca-

denas! ¡Muera la nación!», que lanzaba entusiasmado el estúpido populacho.

Siempre fué su regla de conducta la hipocresía. Durante la época constitucional organiza las conjuraciones de sus fieles, y cuando por fin se establece la junta de los absolutistas en Urgel, proclama oficialmente en un manifiesto «que había aceptado y jurado *gustosamente* la Constitución, así que conoció los deseos de sus pueblos; que la impostura era la que había levantado un trono de escarnio y de ignominia en Urgel», etc...

Contra los solemnes compromisos que veremos, al día siguiente de su salida de Cádiz, es decir, el 1.º de octubre de 1823, inició la más feroz represión y las persecuciones más horrorosas que puedan imaginarse. Pero lo que aquí nos interesa es hacer resaltar su hipocresía: el mismo día 1.º de octubre condenó en secreto a la horca a tres individuos de la regencia de Sevilla, Valdés, Ciscar y Vigodet.

Ciscar había aceptado la plaza de regente *consultándolo antes con Fernando*, quien le contestó que aceptase *so pena de su real desagrado*.

Vigodet había consultado igualmente al monarca y conservaba un autógrafo de Fernando en el que *le ordenaba que no renunciase al cargo*, a fin de que las Cortes no nombrasen en su lugar a un enemigo del Borbón.

Sorprendidos los tres por la felonía del degenerado monarca, y no pudiendo creer semejante monstruosidad, se resistían a escapar cuando el general francés Bourmont les avisó del peligro que corrían.

Valdés, hombre honrado y leal, que de nada se sentía culpable, no acertaba a comprender la felonía del rey, y se negó a huir, prefiriendo la muerte a la fuga, teniendo el mismo Bourmont que llevarle casi a la fuerza a bordo de un navío francés.

Lo mismo hacía, mientras tanto, el conde de Ambrageac con Vigodet y Ciscar. Este glorioso marino murió en el destierro en la mayor miseria.

* * *

Para mejor engañar a los cándidos liberales, que en sus cosas parecían niños de diez años, Fernando aparentó jurar y respetar con entusiasmo la Constitución. Al abrirse las Cortes el 9 de julio de 1820, dijo Fernando en el discurso de la corona :

Al establecimiento y conservación entera e inviolable de la Constitución consagraré las facultades que la misma Constitución señala a la autoridad real, y en ello cifraré mi poder, mi complacencia y mi gloria.

No menos hipócrita fué la conducta de su hermano Carlos, el futuro pretendiente que tanta sangre española haría derramar durante años, y cuya inteligencia era tan escasa, si no más, que la de su hermano. Este furibundo enemigo de la Constitución, a los cuatro días del hipócrita manifiesto del 10 de marzo, en que su hermano decía aquello de «marchemos francamente, y yo el primero, por la senda constitucional», lanzaba, en su calidad de generalísimo, la siguiente proclama a las tropas :

Soldados : Al prestar en vuestras banderas este juramento a la Constitución de la monarquía habéis contraído obligaciones inmensas : carrera esclarecida de gloria se os está preparando; amar y defender la patria, sostener el solio y la persona del rey y enlazaros con el pueblo para consolidar el sistema constitucional, éstas son vuestras obligaciones sagradas y esto es cuanto el rey espera de vosotros y lo mismo, cuyo ejemplo os prometo de mi parte, vuestro compañero.—CARLOS.

¿Quién recuerda hoy estos pujos de fervor constitucional del futuro jefe del carlismo?... ¿Quién se acuerda tampoco de que el ultracatólico pretendiende felicitó calurosamente a Napoleón por su divorcio?...

La hipocresía de Fernando nunca brilló a mayor altura que en los dos sucesivos decretos de 30 de septiembre y de 1.º de octubre de 1823.

Los constitucionales estaban vencidos por los cañones franceses, y al abandonar Fernando, por fin, el último reducto constitucional, la ciudad de Cádiz, dió un solemne decreto en el que se comprometía a olvidar de manera *completa y absoluta* todo lo pasado, sin excepción alguna, para que «de este modo se restablezcan entre todos los españoles la tranquilidad, la confianza y la unión, tan necesarias para el bien común y que tanto anhela mi paternal corazón». Garantizaba los grados, empleos, sueldos y honores de todo el personal del ejército, así como los de todos los demás empleados militares, civiles y eclesiásticos «que han seguido al Gobierno o a las Cortes, o que dependan del sistema actual, y los que por razón de las reformas que se hagan no pudieran conservar sus destinos, disfrutarán al menos la mitad del sueldo que en la actualidad tuviesen.» Finalmente, garantizaba que a nadie se molestaría por su conducta política ni opiniones anteriores, y que los españoles que lo quisiesen obtendrían pasaporte para el país que les acomodara. Estas solemnes promesas empezaban por las líneas siguientes:

Declaro de *mi libre y espontánea voluntad* y prometo *bajo la fe y seguridad de mi real palabra*...

Con ello se dieron por contentos los ingenuos liberales. Quédase uno estupefacto, después de las pruebas de su felonía y vileza, tan abundantemente dadas durante quince años, de la ligereza con que se fiaron de él y lo dejaron escapar, en vez de ejecutarlo sumariamente. ¡Cuántos miles y miles de víctimas se hubieran evitado si esto hicieran!

El valor de la «fe y seguridad» de la real palabra de Fernando se vió al cabo del breve plazo de pocas horas, cuando, ya en el Puerto de Santa María, anula el decreto de la víspera, con todos los anteriores del período constitucional, y empieza inmediatamente la espantosa persecución, inaugurada, como hemos visto, con la condena a muerte de Ciscar, Valdés y Vigodet.

Había, sin embargo, numerosos precedentes, que ampliamente indicaban lo que valía la palabra del Borbón.

Nos bastará citar más adelante algunos para quedar edificados sobre la supina ingenuidad de aquellos pobres constitucionales que de ella se fiaban.

El truhanesco personaje era el hazmerreír de Europa. Se pasaba la vida deshaciendo lo que había hecho la víspera, con la consabida monserga de que *le habían obligado a ello*, que *él no tenía la culpa*, que *su voluntad había sido forzada,* etc. Pero Europa ya se había acostumbrado a las piruetas del histrión que ocupaba el trono de España, y se reía de él... y del país que lo aguantaba. Con razón creían a éste digno de semejante monarca, ya que por tantos años lo conservaba...

Mientras tanto, las colonias de América expulsaban a los representantes de aquel Gobierno (?) que la metrópoli soportaba sin sacudirse. Como ésta no lo hacía, lo hicieron ellas. Y tuvieron razón.

Así, la degenerada dinastía iba acabando con el país...

* * *

Hasta última hora, el desequilibrado Borbón siguió haciendo piruetas, tejiendo y destejiendo. Claro es que con semejante sistema no había posibilidad de gobernar con sentido común ni continuidad. Así se explica que Fernando dejase a España deshecha: reducida a la *cuadragésima parte* de su territorio (¡1/40!), hecho increíble y nunca en tan corto espacio de tiempo visto. Sin embargo, la nación lo aguantó, dejando subsistir a aquellos degenerados en el trono, para que acabaran de liquidarla...

Todavía en vísperas de su muerte repitió la monserga habitual: para invalidar el célebre codicilo de La Granja, publicó el 30 de diciembre de 1832 una declaración que empezaba así:

Sorprendido mi real ánimo,

y concluía:

Declaro solemnemente, de plena voluntad y propio movimiento, que el decreto firmado en las angustias de mi enfermedad fué arrancado de mí por sorpresa; que fué un efecto de los falsos terrores con que sobrecogieron mi ánimo.

¡La eterna historia!

El pueblo, acostumbrado a las piruetas de su amado monarca, le dedicó al morir estos versos:

> Murió el rey y le enterraron.
> ¿De qué mal? De apoplejía.
> ¿Resucitará algún día
> diciendo que le engañaron?...

Y con semejantes desahogos se daba por contento...

Dice del rey Fernando Joaquín Francisco Pacheco en su historia de María Cristina:

Cruel, disimulado, vengativo, avieso por espíritu y por reacción a las ideas de nuestra época... era un obstáculo permanente a toda idea noble y generosa...; era celoso de su poder con una suspicacia ridícula e impropia de un soberano... Estaba destinado para ser uno de los más rudos castigos de la nación.

Y añade:

Ominoso y fatal nos había sido Fernando desde su aparición en la escena política; ominoso y fatal durante toda su existencia; ominoso y fatal en el momento de su muerte. En él se personificaban de un modo completo la destrucción del antiguo orden y el aborto de las nuevas doctrinas, el sepulcro de las tradiciones monárquicas y el desvanecimiento de las esperanzas de libertad. Su figura parecía la de un mal genio, cobijando nuestra atmósfera, agotando nuestra riqueza, esterilizando nuestro porvenir.

No conocemos en nuestra historia tan turbulenta, tan desgraciada, tan llena de azares de toda especie, como es, un reinado más hondamente deplorable. Desde Rodrigo, el que perdió a nuestros antepasados en la batalla de Guadalete, no se encuentran un nombre ni una época que puedan compararse con su época ni con su nombre. Asciende al trono conspirando contra su padre, en medio de una asonada que huella el poder real, y de seguida entrega la nación a un soberano extranjero, que amenaza borrarla de la lista de los Estados. Sublévase el país por recobrarle y volverle su corona, y arrostrando una sangrienta lucha, que no había tenido ejemplo en los anales del mundo, ve sembrarse e inocularse en su seno inmensos gérmenes de una espantosa disolución. La vuelta del monarca es señalada con un cúmulo de ingratitudes y ceguedad que no alcanza apenas a concebir el ánimo. Entretanto desgarróse la monarquía hasta en las posesiones allende el Océano, y las conquistas de Cortés y de Pizarro se escapan a nuestra dominación... La perversión pasa de los hechos a las ideas, la inmoralidad cunde por todas partes, la crueldad sucede al delirio, y un egoísmo desolador se mezcla con las más desaforadas pasiones. Todos los hábitos antiguos se hallan trastornados y no se levantan hábitos nuevos que los reemplacen... Necesaria y tristísima consecuencia de aquel período; digna y brillante corona del que, si no había sido el primer culpable, era sin duda el más alto, el más constante, el más influyente de cuantos habían contribuído a nuestra perdición.

Su mentalidad desequilibrada había perdido todo freno que limitara los caprichos de su voluntad. Realizaba las cosas más absurdas. Su palabra carecía de valor, como la de todos los irresponsables. Los ministros—aun los más absolutistas—no podían fiarse de él.

A poco tiempo de llegar a Madrid (dice Lardizábal, ministro de Fernando desde 1814 a 1815 y hombre que se distinguía por su odio al sistema constitucional) le hicieron desconfiar de sus ministros y no hacer caso de los tribunales ni de ningún hombre de fundamento de los que pueden y deben aconsejarle. Da audiencia diariamente y en ella le habla quien quiere, sin excepción de personas. Esto es público; pero lo peor es que, por las noches, en secreto, da entrada y escucha a las gentes de peor nota y más malignas, que desacreditan y ponen más negros que la pez, en concepto de S. M., a los que le han sido y le son más leales y a los que mejor le han servido; y de aquí resulta que, dando crédito a tales sujetos, S. M., sin más consejo, pone de su propio puño decretos y toma providencias, no sólo sin contar con los ministros, sino contra lo que ellos le informan. Esto me sucedió a mí muchas veces y a los demás ministros de mi tiempo, y así ha habido tantas mutaciones de ministros, lo cual no se hace sin gran perjuicio de los negocios y del buen gobierno. Ministro ha habido de veinte días o poco más, y los hubo de cuarenta y ocho horas. ¡Pero qué ministros! (1).

Daremos ahora un puñado de ejemplos de la conducta de Fernando con los individuos que se avenían a ser ministros de semejante demente.

El 8 de octubre de 1815 recibe con las mayores muestras de simpatía al ministro de Seguridad pública, Echevarri; se pasea con él por su despacho largo rato, le despide cariñosamente, dán-

_____

(1) Cit. por Fernández de los Ríos, *Olózaga*, (Madrid, 1863, 659 + 64 págs.), pág. 75.—No se olvide que todos los partidarios de los regímenes de *autoridad* pretenden que éstos son los que dan mayor estabilidad a los gobiernos, impidiendo los continuos cambios de la «anarquía parlamentaria». Cierto es que aún hay bastantes tontos e ignorantes para creerles...

dole una porción de cigarros habanos. Apenas ha llegado Echevarri a su casa, se presenta un secretario de Fernando para intimarle la orden de salir para Daimiel, desterrado, a las pocas horas, y en la misma noche suprime el ministerio de Seguridad Pública...

Por entonces andaba el canónigo Ostolaza—compañero predilecto de Fernando en Valençay—predicando sermones en loor del glorioso monarca y excitando al pueblo al exterminio de los liberales. Verdad es que la Iglesia estaba desencadenada a favor de Fernando. Incluso hubo sacerdote que estampó un libro cuyo título era nada menos que el siguiente: *Triunfos recíprocos de Dios y de Fernando VII.*

Dícenos García Ruiz que

cayó también por este tiempo de la real gracia el canónigo Ostolaza, merced a una intriga que desagradó a su penitente Carlos, con quien, y hasta con Fernando, estuvo osado en demasía. Destinóle éste a Murcia como director de la Casa de Niñas Huérfanas, en donde abusó infamemente de algunas. Dada cuenta de sus feos delitos al obispo de Cartagena y Murcia, se le formó la correspondiente causa, durante cuya substanciación fué encerrado en la Cartuja, de Sevilla. Salió bien al fin de la causa... (1).

Dime con quién andas...

Escoiquiz, Ostolaza—he aquí algunos de los *virtuosos* amigos, confidentes y confesores, de que

---

(1) GARCÍA RUIZ, *Historias,* I, págs. 610-611.—El fiscal de la Inquisición en Sevilla le calificó de «muy voluptuoso». Sus proezas, recuerda FERNÁNDEZ DE LOS RÍOS (*Olózaga,* pág. 74, nota 3), fueron publicadas en *El Defensor de los Afligidos y Desesperados,* números 9, 10 y 11, Madrid, 1820.

sabían rodearse Fernando y su digno hermano...

El ministro González Vallejo fué depuesto por Fernando, nombrándole, en compensación, director de las reales fábricas de Guadalajara y Brihuega. Pero apenas había tomado posesión de su nuevo cargo se encontró, el 28 de enero de 1816, con un decreto del Borbón en el que éste decía que, *usando de conmiseración* (!), le condenaba *por sí y ante sí* a diez años de presidio en Ceuta, pretextando que había abusado de su confianza, levantando calumnias, dándole falsos informes y proponiéndole medidas opuestas al bien de la nación. El delito de Vallejo consistía en haber comunicado a algunos amigos los sentimientos sanguinarios de Fernando al ordenar al comisario regio en Andalucía, Negrete, que llenase de sangre y terror aquella región...

En 1817 destituyó al ministro marqués de Campo Sagrado. En la misma noche en que firmó el decreto de destitución, y antes de que le fuera notificado, se había burlado de él, colmándolo de atenciones y regalos.

Esta especie de payaso coronado aun procedió de manera más infame con Abad y Queipo, obispo de Michoacán,

enviado a España por la Inquisición de Méjico, bajo partida de registro, a causa de sus ideas tolerantes. Llamóle para encargarle la Secretaría de Gracia y Justicia, contestándole el obispo que no podía aceptarla por el proceso que le había formado la Inquisición. Fernando reclamó éste y de su puño y letra firmó que se sobreseyese, diciendo a Queipo que al siguiente día tomara posesión del ministerio; pero al ir a verificarlo se encontró el obispo con un decreto de destitución *por tener causa pendiente ante el Santo Oficio*, dándole por sucesor (enero

1817) a un Lozano de Torres, hombre vil, ignorante y malvado, que debió su elevación a sus bajas e indecentes adulaciones hacia la camarilla (1).

Las incoherencias y absurdos de estos nombramientos y destituciones revelan verdaderos destellos de locura en la mente del rey.

¡Pero hay más.

En plena noche del 14 de septiembre de 1818 hizo arrancar por fuerzas militares del lecho, y a su familia, a los ministros de Estado, de Marina y de Hacienda, León Pizarro, Vázquez Figueroa y Garay, sin más tiempo que el estrictamente preciso para vestirse... Al día siguiente ocupaba mi antepasado D. José de Imaz la secretaría de Hacienda.

Si así trataba Fernando a los ministros más adictos y serviles, es de suponer el odio que sentiría hacia los de la época constitucional.

En efecto:

El frecuente trato sólo servía para aumentar el odio que separaba al rey y a sus consejeros responsables. Recibíalos Fernando ceñudo y desabrido, y si acaso estaba de buen temple, en ellos se ejercitaba su ingenio con sátiras y zumbas a que el respeto impedía dar respuesta, y cuando volvían las espaldas llamábalos a boca llena *presidiarios* (2).

Cuando el ministro de la Guerra marqués de las Amarillas hubo de presentar la dimisión, negóse enfurecido a aceptarla. Háblose del asunto en el Consejo de Ministros, y allí dió una vez más ejemplo de su carácter y de su educación el triste Borbón.

(1) García Ruiz, *Historias*, I, pág. 619.
(2) Villa Urrutia, *Fernando VII*, pág. 262.

Pero la cosa es de tal calibre, que preferimos dejar a VILLA URRUTIA que nos describa la escena, quien la ha tomado del manuscrito de las *Memorias* del propio marqués de las Amarillas:

Tomaba el primero la palabra D. Agustín Argüelles, que en un breve discurso, tan lleno de frases redundantes, de salvas y aparatos como todos los suyos, vino a decir que aunque sentía mucho la separación del marqués de las Amarillas y había hecho con sus antiguos amigos de las Cortes todo lo que había alcanzado para evitar su salida del Ministerio de la Guerra, donde era tan útil por todas sus circunstancias, no había podido adelantar nada y creía así preciso que S. M. se dignase aceptar su dimisión. Siguieron los demás ministros, que, con más o menos palabras, dijeron lo mismo. Oyó a todos el rey muy tranquilamente; pero así que hubo acabado el último se levantó de repente con el papel de la dimisión en la mano y, con tono fuerte, pero destemplado, dijo: «¡Carajo! Ustedes me quieren quitar al marqués de las Amarillas porque es el único en quien tengo confianza, pero yo no quiero que se vaya.» Y rompiendo el papel en mil pedazos, que les tiró a los pies, continuó: «Ustedes no cumplen con su obligación. Ustedes son unos cobardes, y yo tengo tres h... Ustedes son los únicos defensores que me da la Constitución, y me abandonan, dando lugar a que el Congreso, con el *tiquismiquis* de que no son leyes, sino decretos, dicte providencias como la de las monjas y otras semejantes. Ustedes consienten esas sociedades patrióticas y otros desórdenes con los cuales es imposible gobernar, y, en una palabra, me dejan solo, siendo yo el único que sigo puntualmente la Constitución. Ya he dicho que no quiero que deje el Ministerio de la Guerra el marqués de las Amarillas. Pueden ustedes retirarse.» Calcúlese el efecto que a todos produciría aquel exabrupto de Su Majestad, y especialmente a Amarillas, por el temor de que pudieran creer sus compañeros que estaba de acuerdo con Su Majestad y que la escena había sido de antemano preparada. Argüelles, aturdido como los demás, empezó a balbucir algunas palabras; pero el rey le interrumpió, despidiendo a los ministros bien poco cortésmente con la expresión de «afuera, afuera»... Asegura en sus recuerdos el marqués que no ha alterado en lo más mínimo esta escena, que con dificultad será creída cuando, pasados los años, se escriba la historia de Fernando VII. «Extraño rey —añade—y aun más extraño lenguaje en la boca de un soberano, que debía ser en todo tiempo el dechado de la urbanidad y cortesía. ¡Pero qué mucho, si su afición era tratar siempre con la gente de mala educación y su cuidado imitarla sus locuciones y su estilo!» (1).

Cierto es que sus ministros, con frecuencia, ni siquiera eran consultados aun para la resolución de los más graves asuntos. Quien mandaba era la misteriosa camarilla. A ella nos referiremos más adelante, al hablar de las gentes que rodeaban a Fernando.

* * *

Vamos ahora a dar una breve idea de algunos de los crímenes de este loco lúcido.

Hemos visto ya la cifra de sus víctimas al principio de este capítulo. Un historiador calcula que desde el 2 de mayo de 1808 hasta la muerte de Fernando «salimos» por día a seis desterrados y pico, a cuarenta y un muertos en el campo y a *ajusticiado y pico diario* (2). ¡Sangriento balan-

---

(1) Villa Urrutia, *Fernando VII*, págs. 265-266.

(2) Miguel Agustín Príncipe, cit. por Villalba Hervís en *Una década sangrienta. Dos regencias*, Madrid, 1897, pág. 19.

ce de una nación enloquecida, en la que la vida humana había perdido su valor!...

El período de sadismo máximo es el de los años que siguieron a la caída del régimen constitucional (1823).

Ya sabemos que no hacía veinticuatro horas que había recobrado su libertad cuando inauguraba el rey las más feroces persecuciones.

Los diputados y demás liberales existentes en Cádiz, al ver el decreto de 1.º de octubre, ayudados con la mejor voluntad por los franceses, abandonaron la ciudad para irse, huyendo de la muerte o del presidio, unos a Portugal, otros a Francia, estos a Inglaterra y aquellos a las Américas. El mismo decreto que solivió de nuevo por doquiera todas las malas pasiones, atizadas desde la residencia del príncipe por viles cortesanos y desde Madrid por el furibundo Cavia y sus secuaces del *Angel Exterminador*, volvió a cubrir de negro luto a España; y mientras Fernando hacía en estrepitoso triunfo su viaje a la corte, veinte mil españoles, flor de la patria atribulada, marchaban por los mares y los montes y sitios solitarios, durante lóbregas noches, en busca de asilo extranjero; más de cien mil yacían en horrendas mazmorras y dos o tres mil sepulcros recibían en su seno otros tantos cadáveres ensangrentados y mutilados. (GARCÍA RUIZ, I, páginas 819-820.)

La locura de Fernando no se exteriorizaba en ataques furiosos, como la de sus antepasados Felipe V y Fernando VI. Veníale más bien su sadismo por el lado de su madre, que era, no lo olvidemos, descendiente de Luis XV de Francia, cuyas características patológicas cargadísimas conocemos (véase cap. II); no hay que olvidar la estrecha relación que existe entre el sadismo sexual y la crueldad innata e invencible, formas ambas de un desequilibrio mental grave.

Gozóse en sacrificar, con refinados detalles de crueldad, miles y miles de víctimas.

Para esparcir el terror creó unas comisiones militares que se encargaron de despachar rápidamente para el otro mundo a cuantos sospechosos pescasen, condenándoles por los más fútiles pretextos. No había apelación para su sentencia, que se ejecutaba inmediatamente. Así murieron infinitos inocentes.

Un muchacho de diez y ocho años, Gregorio Iglesias, fué ahorcado y descuartizado en Madrid porque alguien le delató diciendo «que había sido masón o comunero».

Otro joven, Tomás Franco, murió en la horca por haber proferido «ciertas expresiones contra la vida de Fernando».

Francisco Torre fué condenado a diez años de presidio, después de pasearle sobre un jumento, por tener en su casa el retrato de Riego, del que se hizo un solemne auto de fe; a la mujer de Torre y a su hijo, por no delatar a su marido y padre, correspondieron diez y dos años, respectivamente...

Extendióse por toda España la oleada de terror.

En Murcia se ejecutó a Antonio Ferreti y a Juan Solana, por haber hablado en buen sentido de la Constitución.

En Valencia sufrieron muerte de horca Simeón Alfonso, por haber gritado, hallándose ebrio, «¡Viva la Constitución!», y Salvador Lloréns, por haber dicho: «¡Muera el rey!»

En Castilla fué ahorcado Juan A. Errata, por haber sido *masón o comunero*, en lo que se fundó la comisión militar para condenarle como reo de alta traición «contra las majestades divina y humana»...

En Navarra fué condenado a cuatro años de prisión un tal Lejalde, acusado... ¡de haber dado un beso al sitio en que estuvo colocada la lápida de la Constitución!...

Estas no son más que algunas, poquísimas, de las monstruosidades que Fernando hizo ejecutar. Y GARCÍA RUIZ, que las relata, añade:

Todos estos y otros horrores servían de diversión al tirano, sediento de sangre y de las emociones que alternativamente le proporcionaban el circo taurino y las aparatosas fiestas del culto católico.

En esta mezcolanza de sadismos diversos; en esta necesidad de sentir constantemente correr la sangre; en este misticismo que le acompañaba, y en la sexualidad sobrexcitada que veremos, puede encontrar el psiquiatra datos para establecer claramente el curioso diagnóstico de la locura del sexto Borbón de España.

Las Cortes de Cádiz habían suprimido el tormento. Pero Fernando dió órdenes reservadas para que se aplicara a ciertos presos, gozando con las torturas que sufrían estos desgraciados. Así pasó con el empleado de apellido Yandiola, que fué sometido en Madrid al horrendo y cruel tormento conocido bajo el nombre de *«grillos a salto de truchas»*. (GARCÍA RUIZ, *Historias*, I, página 314.)

Se condenó a muerte al teniente general Luis Lacy, sólo por «indicios vehementes» de culpabilidad, como decía la sentencia. Quien organizó el suplicio fué el general Castaños—aquel general Castaños a quien falsamente se atribuye la victoria de Bailén, ya que el verdadero vencedor fué Reding. Castaños se las arregló, apelando a los procedimientos más vergonzosos, para que no hubiera manera de salvar a Lacy, haciéndole transportar a Mallorca para la ejecución.

En la sentencia decía el mismo Castaños:

... siguiendo los *paternales impulsos* (!) de nuestro *benigno soberano* (!!), es mi voto que el teniente general D. Luis Lacy sufra la pena de ser *pasado por las armas*, dejando al arbitrio el que su ejecución sea pública o privadamente, según las ocurrencias que pudieran sobrevenir y hacer recelar que se alterase la pública tranquilidad.

Para conocer cuáles eran los *paternales impulsos* del *benigno* Fernando VII, basta reproducir las órdenes de éste, que han quedado registradas en preciosos documentos. Recordemos antes, sin embargo, las primeras líneas de la sentencia. Rezaban así:

No resulta del proceso que el teniente general don Luis Lacy sea el que formó la conspiración que ha producido esta causa, ni que pueda considerarse como cabeza de ella...

siguiendo después aquello de que sólo se le hallaban «indicios vehementes»...

En vista de ello, Fernando le hace fusilar, ¡siguiendo sus *paternales impulsos*!

Reservadísimo.—Con fecha 7 de junio me dijo el señor secretario de Estado y del despacho de la Guerra lo siguiente: Muy reservado.—*En el caso de que sea sentenciado a pena capital* el teniente general D. Luis Lacy y que V. E. tenga muy fundado recelo que pueda alterarse la tranquilidad pública de Barcelona si se verificase en ella la ejecución, *quiere el*

rey N. S. que inmediatamente se le traslade con toda
reserva y seguridad correspondiente a la isla de Mallorca... para que SIN PRECEDER CONSULTA... sufra... el
castigo a que se ha hecho acreedor por su execrable
delito.

A una pregunta que, sin embargo, hizo Castaños sobre el cumplimiento de la sentencia, Fernando contestó sencillamente:

S. M. se ha servido resolver *que se cumpla lo mandado.*

* * *

Apenas volvió Fernando de Valençay, se apresuró a restablecer la Inquisición (decreto de 21 de
julio de 1814), que tomó el carácter de tribunal
político. Fernando no sólo hacía dar tormento,
sino que, además, se presentó un día en el tribunal, mandó que continuara la sesión, oyó la
lectura de varias causas contra francmasones y
sentenció juntamente con los inquisidores, «manifestando así—decía el documento en que se hizo
pública esta acción vergonzosa—el celo prudente del rey por la honra de Dios», y a fin de probar su aprecio a sus compañeros de tribunal instituyó a los pocos días una orden de caballería
para los ministros del Santo Oficio, concediéndo-
les el uso de una venera de honor, que debían de
usar *precisamente* para ser distinguidos y honrados por todos (1).

Ensañóse el Borbón a su vuelta de Valençay
con los diputados de las Cortes de Cádiz. Distri-
buyó generosamente los años de presidio y de

_____

(1) *Gaceta de Madrid* de los días 3 de enero y 18 de mayo
de 1815.

destierro. Ceuta, Alhucemas, el Peñón de la Gomera, Mahón y otros muchos puntos se llenaron de diputados.

Se cuidó el «paternal» Fernando de Castaños de agravar las penas impuestas, y expidió el 10 de enero de 1816, de su puño y letra, un decreto concebido en los siguientes términos:

El rey nuestro señor me manda, *por decreto puesto y rubricado de su mano*, que copio, digo a V. S. que D. Agustín Argüelles, condenado por ocho años al Fijo de Ceuta, y al presidio por ocho D. Juan Alvarez Guerra; D. Luis Gonzaga Calvo por igual tiempo, y D. Juan Pérez de la Rosa por dos, debe entenderse en la forma siguiente: *no les visitará ninguno de los amigos suyos, no se les permitirá escribir, ni se les entregará ninguna carta*, y será responsable el gobernador de su conducta, avisando lo que observase en ella (1).

Una vez más aparece el refinamiento sádico que delata la demencia de Fernando. Se pasaba la vida aquel cerebro perturbado imaginando torturas y crímenes...

No acabaríamos nunca si quisiésemos reseñar tan sólo la décima parte de ellas. Tendremos, por lo tanto, que abreviar.

Démonos por contentos citando algunos casos típicos—típicos y suficientes.

Los jueces, aleccionados por Fernando, sentenciaban ya actos no consumados, pero que pudieron consumarse, imponiendo a Flórez Estrada la pena capital por haber sido nombrado presidente de la reunión del Café de Apolo, en Cádiz, pues aunque *no admitió el cargo, pudo* admitirle, y la elección

---

(1) FERNÁNDEZ DE LOS RÍOS, *Olózaga*, pág. 69, nota 1.

probaba el liberalismo; se penaba por *haber hablado en los cafés, por haber escrito en los periódicos,
por las palabras, por las opiniones y por el silencio*;
para el brigadier Moscoso se pedía la pena de muerte, porque cuando otros oficiales habían elogiado la
Constitución él se había callado; si un juez pronunciaba sobreseimiento por falta de pruebas contra un
acusado por haber aplaudido en las tribunas de las
Cortes las ideas liberales, allí estaba Fernando para
decretar *que no se conformaba con que se le pusiese
en libertad, y ordenaba que se le recluyese en un
convento por seis meses*; por ese delito fué llevado a
la horca Pablo Rodríguez, llamado el Cojo de Málaga; y cuando Fernando se vió obligado a ceder a
la intercesión del embajador inglés, que le recordó
la promesa hecha en Valencia de no imponer la pena
capital por delitos políticos, aguardó para conceder
el perdón a que Rodríguez estuviera al pie del patíbulo, a que hubiera sufrido todas las agonías y tri-
bulaciones de la muerte, para destinarle por tiempo
indefinido a un presidio en Caracas. Tratábase a
los presos como a los más grandes malhechores: el
sabio Antillón, arrancado de su casa en mal estado
de salud, murió en el tránsito a la cárcel de Zaragoza; los delatores secretos... fueron halagados con
premios: a un tal Lastres, «por el mérito que con-
trajo en delatar la reunión que se formaba en el
Café de Levante de esta corte, cuyos cómplices habían sido sentenciados a presidio», se le nombró fiel
de la casa matadero de Málaga, por decreto de Fernando... (1).

Como sucede un siglo después, en tiempos del
Primo de Rivera, usa y abusa Fernando de la
monstruosidad de efectuar las llamadas «condenas gubernativas», sin pasar por tribunales, por
sí y ante sí. Esto sucedió, por ejemplo, con los

(1) FERNÁNDEZ DE LOS RÍOS, *Olózaga*, págs. 69-70.

diputados de las Cortes de Cádiz, a los que tras diez y nueve meses de horrorosa prisión se mandó a diversos presidios, entre ellos al de Ceuta, como ya sabemos.

El 1.º de octubre de 1830 publica Fernando un decreto condenando a muerte a todos los que ayudasen a rebeldes «por medio de avisos, consejos *o en otra forma cualquiera*». ¡Así nadie escapaba!

Al general Negrete, agente de Fernando para sus tropelías en Andalucía, le escribió el rey católico de su puño y letra:

Si quieres que te estime no me escribas nunca sin darme cuenta de que has quitado de en medio a una buena porción de pícaros liberales.

Negrete ejerció sus estragos de forma tan pavorosa que el Borbón acabó por escribirle, en el lenguaje truhanesco que le era familiar: «Afloja un poco las riendas.» A lo que el poncio contestó: «No puedo, señor; esta gente me odia, y si ve que las aflojo me va a destrozar...»

En carta autógrafa al gobernador militar de Cádiz escribió Fernando mandándole «que abatiese el orgullo del díscolo pueblo gaditano y suavizase su aspereza *con el terror y la horca*». Pero como el gobernador Villavicencio no fuese suficientemente «duro», Fernando encargó de llevar el terror a Cádiz al general O'Donnell, conde de la Bisbal; y, en efecto, allí cometió las mayores tropelías, cumpliendo así puntualmente el encargo de su amo.

Al tener Fernando noticia de la ejecución de Riego—quien, por otra parte, no era más que una medianía de muy escasa inteligencia y un fantoche—, exclamó con sorna ante sus cortesanos: «¡Viva Riego!...» ¡Noble monarca!

Puso Fernando al frente de la Comisión militar de Madrid al coronel Chaperón, cuyos estigmas de degeneración lo emparentaban física y moralmente con su protector y mandatario: tenía la barba áspera y cerrada, la frente deprimida, la nariz abultada y chata y los ojos, verdosos e inyectados, de siniestra mirada.

Atacado también de locura sádica, cuando se efectuaba una ejecución

marchaba, vestido de uniforme, delante de la fúnebre comitiva, y con fruición infernal, como si asistiese a un espectáculo divertido, veía los gestos del supliciado y los esfuerzos del ejecutor para privarle de la vida. Hizo más este ser execrable: habiendo condenado a la horca, con mutilación de la mano derecha, a Juan F. Manaje, que no tenía más delito que haber sido ardiente constitucional de 1820 a 23, pero al que vilmente delataron de haber «intentado envenenar las aguas de la Fuente del Berro, destinadas al uso de la real familia», Chaperón se colocó al pie del patíbulo, y mientras el verdugo cumplía con su espantoso cometido, se convirtió en ayudante suyo, tirando de las piernas a la víctima, en medio de un estremecimiento de horror de los circunstantes, que no acertaban a comprender tanta perversidad y vileza (1).

Chaperón dictó las más espantosas sentencias. Vayan algunas como ejemplo: a la horca, *por haber cantado unos versos ofensivos al rey, al Papa y a Jesucristo*; a fusilamiento, *por haber gritado mueran los reyes y viva Riego*; a diez años de presidio, a un amigo que acompañaba

---

(1) GARCÍA RUIZ, *Historias*, I, pág. 852.

al que dió el anterior grito subversivo, y además a presenciar la ejecución de éste; a muerte, por *una expresión ofensiva a la dignidad real*; dos condenas a muerte en rebeldía *por haber pinchado con un cuchillo un letrero que decía «Viva el rey absoluto»*...

En su sadismo criminal, Fernando saltaba de gozo ante estos espectáculos.

Y como había sed de sangre en el tirano y sus cortesanos íntimos, no sólo se alababa la atroz conducta de Chaperón, sino que se la recomendaba a todas las comisiones militares de España, por lo cual la crueldad se extendió por todas partes, levantando patíbulos y llenando las cárceles de seres inocentes, entre ellos muchas mujeres, nada más que por el hecho inofensivo de llevar un abanico de cierto color o una prenda amada de un emigrado pariente o amigo; hubo jóvenes hermosas y respetables matronas que, condenadas a la galera por tan irritante motivo, murieron en ella de vergüenza al verse confundidas con desvergonzadas meretrices y ladronas (1).

Fernando completó el régimen de locura con que gobernaba (?) a España soltando un ejército de policías, espías y delatores que trajesen carne de cañón para dar trabajo a las comisiones militares. Durante la *época de Chaperón* reinó el terror más horrible. Quedóle el nombre a este período grabado con sangre de los miles de víctimas.

Fué por entonces cuando la Comisión de Murcia condenó a dos años de presidio *por pronunciar expresiones ambiguas*, según decía la *Gaceta* en que apareció la sentencia; la de Cádiz man-

---

(1) GARCÍA RUIZ, *Historias*, I, pág. 853.

da a diez años de presidio a Andrés Negrete, acusado, sin probárselo, *de desafecto al rey*; la de Valladolid impone cuatro años de trabajos públicos en la ciudad al estudiante E. Hernán-Gómez, por haber dicho: *Estas cosas no han concluído aún, y hay que cortar la lengua a muchos...* (GARCÍA RUIZ, *Historias*, I, págs. 853-54.)

Entre otras sentencias citaremos la de Francisco Lonjedo, condenado a ser arrastrado, ahorcado. y descuartizado, todo ello *por masón y comunero*, lo que constituía nada menos que delito de *lesa majestad divina y humana...* Caso semejante a otro ya citado.

Matábase en masa a diestro y siniestro. En 1825 fusilábase en Molina de Aragón a un grupo de apostólicos, y en Granada a varios masones. ¡Así todos quedaban iguales... ante la muerte!

Para que se sometiesen los *agraviados*—ultracatólicos sublevados en Cataluña en 1827—, Fernando lanzó una proclama diciendo que «dentro del término de veinticuatro horas se rindiesen los rebeldes, entregándose a su disposición los caudillos para recibir el *destino que a bien tuviese darles*». Los apostólicos se fiaron. Pero cuando los tuvo en sus manos Fernando fusiló a muchos de ellos.

Verdad es que no pocos merecían la pena, pues habían intervenido anteriormente en los horrorosos crímenes que cometieron los agraviados en Cataluña. Del cuartel general de éstos, presidido por infames sacerdotes y frailes, y establecido en el monasterio de Poblet, habían salido órdenes criminales para asesinar traidoramente a cuantos liberales se pudieran pescar por caminos y aldeas, *presentando el crimen como obra meritoria ante Dios*. Gracias a los sentimientos caritativos de estos clérigos habían sido sacrificados en toda Cataluña *mil ochocientos veintiocho liberales* hasta el mes de octubre de 1826, todos ellos pertenecientes al disuelto ejército de Mina y según partes recibidos en la Audiencia de Barcelona...

No nos extrañará el espíritu criminal de estos viles religiosos cuando recordemos que en octubre de 1823 el obispo de Palencia tuvo que hacer bajar del púlpito a uno de ellos diciéndole: «Baje usted de ese púlpito que está deshonrando con su lenguaje; le prohibo a usted que siga predicando esa doctrina, que no es la de N. S. J.» Y luego, dirigiéndose a los fieles que llenaban la iglesia, añadió: «Hijos míos: lo que os ha predicado ese indigno sacerdote no es la religión de Jesucristo, que toda es paz, caridad y mansedumbre.» En Barcelona llegaron las furibundas predicaciones de muchos religiosos a tal grado, que el 28 de noviembre de 1823 el obispo enderezó una circular al clero de su diócesis en la que decía: «Se ha profanado la cátedra del Espíritu Santo con expresiones bajas, excitando al odio y a la venganza.»

Demasiado conocidos son el asesinato de Torrijos y sus compañeros y el de Mariana Pineda para que nos refiramos aquí a ellos. Lo que sí diremos es que al asesino Moreno lo premió Fernando con la Capitanía general de Granada (como después el pretendiente Carlos al honrarse con tenerle como general de sus ejércitos), y que el cabildo eclesiástico de Málaga tuvo la villanía de FELICITAR al monstruo por la espantosa hecatombe que se acababa de realizar... ¡Caritativos sacerdotes!

Así, gran parte de la nación y su digno rey,

desencadenados en una locura furiosa, cometían los más espantosos crímenes... Más civilizado resultó el sultán de Marruecos Muley Ibrahim: se negó a entregar a los españoles que se habían refugiado en su imperio y que el honorable Fernando le reclamó.

Y en verdad que en un país como la España de aquellos tiempos se imponía el régimen de capitulaciones para que los españoles pudieran ponerse bajo la protección de cualquier Estado extranjero más civilizado, como, por ejemplo, Marruecos...

* * *

En su vida sexual—tan importante para conocer los estigmas degenerativos de un ser y de una familia—fué Fernando, como todos los Borbones, un excesivo y un desequilibrado.

Sufría de una deformación genital, por exceso, lo que es un grave síntoma. A pesar de su fealdad, hacíase querer de las mujeres,

porque a su amable trato reunía una gracia nada común, atribuyéndosele además ocultos y no despreciables encantos, *que si por excesivos* no a todas placían igualmente, le granjearon ieputación de hércules entre las hembras de vida airada y baja estofa, a que dedicó principalmente sus trabajos (1).

Otra prueba del desequilibrio sexual de Fernando está en que si después pecó por exceso, hasta los diez y nueve años fué impotente, es decir, hasta un año después de su matrimonio con su prima María Antonia de Nápoles. (VILLA URRUTIA, *ob. cit.*, pág. 21.)

_____

(1) VILLA URRUTIA, *Fernando VII*, pág. 20.—Subrayamos nosotros.

La madre de María Antonia, la soberana de Nápoles, María Carolina, escribía el 10 de noviembre de 1802:

Mi hija está desesperada. Su marido es enteramente memo, ni siquiera un marido físico, y por añadidura un latoso que no hace nada y no sale de su cuarto.

Diez días después añadía:

Es un tonto que ni caza ni pesca; no se mueve del cuarto de su infeliz mujer, no se ocupa de nada, ni es siquiera animalmente su marido.

En carta del 3 de mayo de 1803 se lee:

Mi hija es completamente desgraciada. Un marido tonto, ocioso, mentiroso envilecido, solapado y ni siquiera hombre físicamente, y es fuerte cosa que a los diez y ocho años no se sienta nada y que a fuerza de orden y persuasión se hagan inútiles pruebas sin consecuencia: ni placer ni resultado.

(¡Qué nobles son estos regios personajes! ¡Qué elegantes sus expresiones y cuánta franqueza en el lenguaje!...)

Pero por fin estamos de enhorabuena: Fernando se despabila.

El 29 de septiembre—dice VILLA URRUTIA—, aparece el anuncio de que, gracias a un buen sermón de Santo Teodoro, el príncipe, después de un año de inapetencia, había llegado a ser marido de su mujer (1).

_____

(1) Correspondencia publicada por C. PITOLLET y citada por VILLA URRUTIA, *Fernando VII*, pág. 21.—El duque de Santo Teodoro, que se encargó de esta honorable misión, era el embajador de Nápoles..,

Rápidamente pasó de un extremo a otro. El propio Fernando reconoce el exceso sexual de los Borbones cuando escribe a Vargas Laguna lo siguiente:

Los de mi sangre no son modelo de abstinencia, y todos odian el celibato.

De sus cuatro casamientos, tres fueron consanguíneos.

La primera impresión que recibió María Antonia de Nápoles al conocer a Fernando fué lamentable. Nos interesa recordarla: por ella veremos que el exterior repulsivo del Borbón reflejaba bien su alma de degenerado. He aquí lo que dice en una carta la pobre princesa, condenada a... morir a su lado:

Bajo del coche y veo al príncipe: creí desmayarme; en el retrato parecía más bien feo que guapo; pues bien, comparado con el original es un Adonis, y tan encogido. Os acordaréis que Santo Teodoro escribía que era un buen mozo, muy despierto y amable. Cuando está uno preparado encuentra el mal menor; pero yo, que creí esto, quedé espantada al ver que era todo lo contrario.

Esta serie de cartas es, como vemos, elocuente: nos demuestra que Fernando era un «encogido», un tímido, un cobarde. Conocemos ya el terror que le asaltó en la visita a la escuadra fondeada en Cádiz; conocemos también su bajeza sin límites y su cobardía ante Napoleón, y tampoco ignoramos su terror en la época constitucional. Atacado de miedo insuperable si no se sentía fuerte y todopoderoso, Fernando fué en cambio horrorosamente cruel cuando tuvo todas las riendas del poder en sus manos. Sabido es que está en la psicología de los cobardes ser crueles cuando se sienten fuertes.

María Antonia murió al poco tiempo de casada, tras un matrimonio en el que sólo sufrió aburrimiento y esclavitud por parte de su marido y tiranía por parte de su suegra, como ya lo hemos visto al hablar de María Luisa.

Todas las referencias que María Antonia hacía del rey pintan el personaje: son siempre lamentables. En carta al archiduque Fernando le decía: «El príncipe es un infeliz que no ha sido educado; es bueno, pero no tiene instrucción ni talento natural, ni tampoco viveza...» En otra ocasión hablaba María Antonia del desprecio que le inspiraba el príncipe de Asturias.

Después se casaron Fernando VII y su hermano Carlos con sus sobrinas las princesas de Braganza—más consanguinidad—; luego, con una princesa alemana, María Amalia, y, finalmente, se enlaza con su sobrina María Cristina de Nápoles, única de sus esposas de quien tuvo hijos, procedentes, por lo tanto, de un nuevo matrimonio consanguíneo entre Borbones.

No por tardíos fueron menos vehementes y excesivos los instintos sexuales de Fernando, gozándose principalmente con meretrices de baja estofa. Había en el carácter de este Borbón una curiosa mezcolanza de beaterio y regodeo, que cuadraba muy bien en el carácter de la mayoría de la nación, la que tal vez por ello lo apodó *el Deseado*.

Doña Amalia, que era un alma de Dios dedicada a obras piadosas y benéficas, jamás sospechó que el rey, que con ella rezaba fervorosamente oficios, trisagios y rosarios sin cuento, anduviera luego por la noche en compañía de su *indispensable Alagón*, holgándose con hembras pecadoras y malbaratando el caudal de gracias e indulgencias de que le suponía la reina atiborrado a fuerza de oraciones (1).

Vale la pena presentar al encopetado personaje que se encargaba de proveer al rey de hembras. Era nada menos que el noble señor D. Francisco Fernández de Córdova y Glymes de Brabante, barón de Espés y Alfajarín, hijo menor del XI conde de Sástago, casado en primeras nupcias con doña María del Pilar de Silva y Palafox, condesa de Castelflorido y viuda del famoso conde de Aranda, hija mayor del X duque de Híjar. El noble personaje nació en Zaragoza en 1758 y murió en Madrid en 1841.

Si en vez de ser proveedor de su regio amo fuese un simple mortal, ¿qué nombre merecería este prócer representativo de una casta y de una época?...

Al regreso de Fernando VII supo granjearse la voluntad del monarca, como maestro en tercerías, y en aquel mismo año de 1814 fué nombrado comandante de los guardias de Corps y creado duque de Alagón, con la grandeza de España de primera clase y personal. Vino luego la Gran Cruz de Carlos III y el Toisón de Oro y, por último, la dignidad de capitán general, para premiar servicios sobre los que se guardaba un discretísimo silencio (2).

El rey aprovechó ampliamente los solícitos servicios de su noble criado.

Veamos cuál era su conducta.

---

(1) VILLA URRUTIA, *Fernando VII*, pág. 217.
(2) VILLA URRUTIA, *Fernando VII*, pág. 199.

Aunque muy aficionado a las mujeres, no las tenía en más estima que a los hombres, ni le inspiraban mayor confianza, sintiendo una instintiva repugnancia a dejarse gobernar por privados o queridas. Solía salir disfrazado por las noches en compañía del duque de Alagón, tanto para enterarse, a guisa de sultán oriental, de lo que se decía y hacía en la coronada villa, capital de sus reinos, como para entregarse fuera de palacio a ciertos deportes que los musulmanes practican dentro del harén; siendo las hembras con quienes el amanolado monarca gustaba de platicar y de juntarse mozas de rompe y rasga, de mucho trapío y poco señorío, que en los barrios bajos gozaban de renombre, sin excluir alguna que otra doncella menesterosa que, para dejar de serlo, invocaba como excusa la dura ley de la necesidad y el respeto que hasta en sus desliceS impone la realeza (1).

Y mientras el monarca se divertía a su manera, le cubrían los curas de bendiciones y ditirambos y se imprimía por un sacerdote aquello de los *Triunfos recíprocos de Dios y de Fernando VII...*

Este cuadro de repugnantes escándalos tenía su digno complemento en la hipocresía de que alardeaba el tirano, acudiendo cubierto de escapularios y reliquias a los conventos de frailes y monjas para adorar, compungido y devoto, las imágenes de los altares, después de lo cual recibía refrescos y otros obsequios de las comunidades, a cambio de los cuales daba destinos que le pedían los guardianes y abadesas para sus ignorantes deudos y paniaguados (2).

(1) Villa Urrutia, *Fernando VII*, págs. 197-198.
(2) García Ruiz, *Historias*, I, pág. 602.

Como vamos viendo, este truhanesco Borbón, que arruinó y destruyó a la nación y la redujo a la cuadragésima parte de su territorio, arrastraba por el lodo la llamada dignidad real de mil maneras. Una de ellas eran las escenas que se desarrollaban en el palacio real de Madrid.

Tenían arreglado Alagón y el odioso déspota una especie de telégrafo con las manos, la vista y gestos, y por medio de él hacía aquél ver a éste las opiniones políticas de la persona que pretendía y éste a aquél los repentinos deseos que se encendían en su pecho sobre las hermosas a quienes estaba oyendo: concluída la audiencia de la persona que debía ser despreciada, Alagón solía salir a quitarla toda esperanza y tal vez a insultarla; pero oída la dama deseada, salía el rufián a cubrirla de halagos y adulaciones y llevarla a una habitación próxima, adonde iba el lúbrico tirano a satisfacer su apetito brutal. Ocasión hubo en que tropezó con una hermosura de alta nobleza que se resistió a los atropellos del feo déspota, rompiendo en defensa de su inmaculado honor los cristales del balcón y un riquísimo objeto de porcelana (1).

* * *

Los hombres de que se rodeaba Fernando dan la medida del estado de su cerebro. Ya hemos hablado del noble duque de Alagón. Veamos ahora en qué consistía la todopoderosa *Camarilla* que en realidad gobernó a España durante aquellos años ominosos, en los que, en manos tan hábiles, se perdió el imperio americano...

Más que los ministros (dice un historiador), era la *Camarilla* de Palacio quien dirigía los negocios,

---

(1) GARCÍA RUIZ, *Historias*, pág. 557.

poder formidable e invisible que tanto dió que hablar. Al principio las venganzas salían del gabinete del infante D. Antonio, hombre ignorante, asociado del nuncio Gravina, de Ostolaza, confesor de Don Carlos (personaje de cuya historia y aventuras no queremos ocuparnos); de Escoiquiz y del duque del Infantado; pero luego se levantó el poder terrible de la *Camarilla*, que fué árbitro de los destinos y los tesoros de España. Eran miembros de ella el tal Ostolaza, que, con ser delator de sus compañeros de Cortes, lo mejor que tenía era su vida pública; el duque de Alagón, el palaciego que a cosas más repugnantes se prestaba por complacer a Fernando; Ramírez de Arellano, Ugarte, esportillero ascendido del Rastro a Palacio (llamábanle Antonio I, Emperador de España); Collado, alias «Chamorro», aguador de la fuente del Berro, que, introducido en la servidumbre del príncipe de Asturias, le cayó en gracia por su lenguaje truhanesco y «su cómica garrulidad», según calificación de un historiador; que fué su confidente en la conspiración de El Escorial, su espía de los demás criados y de la cocina, su confidente íntimo en Valençay y su amigo en el trono, desde el cual daba Fernando sendas carcajadas con las gracias y libertades de Chamorro, en aquella reunión a cuyo frente fué luego a colocarse el bailío ruso Tatitcheff, representante del Emperador de Rusia; allí, entre el humo de los cigarros y la risa que excitaba el gracejo de los concurrentes, se trataban los negocios de Estado (1).

Parecíanle al rey «los ministros tanto más idó-

_____

(1) FERNÁNDEZ DE LOS RÍOS, *Olózaga*, pág. 75.—Recordemos que Fernando abolió en gran parte las ceremonias de etiqueta; no se chanceaba ni divertía con los cortesanos, pero se mostraba alegre y decidor con los criados, a quienes trataba con suma familiaridad, consintiendo que se tomasen en su presencia las mayores libertades.—V. QUIN, *Memorias históricas sobre Fernando VII*.

neos cuanto más ineptos, porque no buscaba en ellos el prudente consejo, sino la dócil y lisonjera sumisión al soberano mandato», dice VILLA URRUTIA.

Como con razón observa este autor, resultó que los seis años de desgobierno absoluto transcurridos de 1814 a 1820 fueron mucho más fecundos en errores y para España mucho más desastrosos que los otros seis años de anarquía en que vivió España durante la guerra de la Independencia.

Tomemos como ejemplo de quiénes eran estos hombres de Estado a un par de personajes de la camarilla, tal vez los dos más poderosos y al mismo tiempo más representativos.

* * *

Cuando llegó Ugarte de Vizcaya a Madrid tenía unos quince años. Empezó por entrar de criado de esportilla o mozo de plaza en casa del consejero de Hacienda Juan José Eulate. Ascendió en la misma a escribiente y tuvo después que salir de ella a causa de un asunto desagradable.

Hizo entonces de maestro de baile. Una de sus discípulas le tomó bajo su protección y le facilitó, no ya discípulos, sino negocios de que fuera agente. Llegó a serlo de Indias, de los Cinco Gremios y del ministro de Rusia, barón Strogonof. Este, en 1808, le dejó encargado de sus asuntos en la corte. Ya tenemos, pues, a nuestro hombre encumbrado.

Sirvió indiferentemente a franceses y españoles durante la guerra de la Independencia. Sus funciones eran, sin embargo, tan inferiores que el nuevo embajador ruso, Tatitchef, le trataba al principio como a un criado, y más de una vez se le vió en la portería de la Legación hablando familiarmente con el portero mientras esperaba que le recibiera el ministro. Este, sin duda, viéndole listo, quiso meterle en la Camarilla, para que le sirviera de confidente, o tal vez entró en ella Ugarte por haber hecho ya algún negocio con el rey. El hecho es que el ministro del zar, para aumentar el prestigio en la corte del ex esportillero, paseaba del brazo con él y le distinguía con honores como la gran cruz de Santa Ana.

Logró después Ugarte ser admitido a la intimidad del monarca, y por espacio de algunos meses gozó de un favor sólo al de Godoy comparable, habiéndose para él creado el cargo de *director general de las expediciones destinadas a conquistar y pacificar la América,* que le permitió colaborar con Tatitchef en el escandaloso negocio de la compra de los barcos rusos (1).

Compréndese que puestas en semejantes manos las expediciones destinadas a América, de las que dependía la conservación de las colonias españolas, todo se perdiese : América y las expediciones... ¡Horroriza pensar que el porvenir del imperio colonial de España dependió de un Ugarte! La expedición a América, cuyo mando se confió a O'Donnell, no acababa de aprestarse. Pero, eso sí, los fondos que para ella sacaba Ugarte de las tesorerías fueron tan exagerados, que dieron lugar a reclamaciones de los intendentes. Mientras tanto, San Martín, por un lado, y Bolívar, por el otro, daban fácil cuenta del imperio español. Razón tenían, pues era vergonzoso depender de gente como la que gobernaba a Espa-

(1) VILLA URRUTIA, *Fernando VII*, pág. 220.

ña, ¡empezando por su rey! Antes hacerse marroquíes y musulmanes (y llegó a darse el caso, como veremos).

Fueron tales los latrocinios de Ugarte, que hubo que encerrarle en el alcázar de Segovia. Salió de allí gracias a la revolución de 1820, presentándose como víctima. Siendo de la misma calaña el rey y él, estaban hechos para entenderse. Esto explica que volviera fácilmente a su gracia, hasta el punto de recibir del monarca el delicado encargo de crear juntas absolutistas secretas en provincias y de levantar partidas. Cumplió con acierto su cometido.

* * *

La hacienda y el porvenir de España estuvo también en manos de un aventurero ruso, de noble estirpe, el bailío Tatitchef, verdadero bandolero que ocupaba el cargo de ministro del zar en Madrid. Con él se asoció el Borbón para toda clase de negocios sucios y de intrigas escandalosas.

Tatitchef había sido vergonzosamente expulsado de Londres por una serie de intrigas en que se había metido. Fué nombrado ministro en Madrid por el zar. En la corte española dió los mayores escándalos con sus trampas y con su frescura.

Nos ha quedado rastro de alguna de sus hazañas.

El ministro de Estado, Pizarro, escribía a Fernán Núñez una carta en que le decía, con ocasión de un viaje de Tatitchef a París:

El día en que se fué recibimos los ministros y todo el cuerpo diplomático una papeleta diciendo que se

había extraviado el ministro de Rusia, que se daría
hallazgo al que lo entregase, que su facha era así y
asao, etc. El día de San Alejandro todo el mundo
recibió un billete que decía: *Le Ministre de Russie
prie Mr... de l'excuser s'il ne donne pas une fête
chez lui, car il n'a pas d'argent.* En mi mesa tengo
reclamaciones de trampas de sastre, zapatero, etcétera. No es esto lo peor, sino que es probable que
al rey lleguen estas noticias, y al fin le harán mella.
[¡Ingenuo Pizarro!] Yo le ruego, me mato, disimulo; pero es imposible que esto no dé un estallido, y
entonces adiós influjo rey para nada...

Tatitchef daba constantes sablazos a Pizarro.
Pero nada le bastaba, y por fin consiguió hacer
un negocio en grande, del que hablaremos después. Este ruso llegó a ser el verdadero amo de
la política exterior de España en aquellos graves años en que América se desgajaba de la metrópoli y en que la Santa Alianza fijaba los destinos de Europa...

Se le comunicaban los documentos diplomáticos recibidos en la Secretaría de Estado y se le
consultaban las resoluciones y notas a que daban lugar.

El pobre Pizarro fué su juguete, y poco después, como veremos, Tatitchef, aquel ruso tram-
poso y sin vergüenza, ¡destituía al ministro de
Estado del rey católico!... ¡Por el estilo ha andado siempre la política exterior de España!

Quién había de decirle—comenta VILLA URRUTIA re-
firiéndose a Pizarro—que Tatitchef, cuyo descrédi-
to por causa de las trampas y de las malas compañías tanto le dolía, había de salvar hábilmente
aquel escollo y había de lucir, de influir y de cu-
brirse de gloria, llenándose de libras esterlinas los

bolsillos durante los seis años del gobierno absoluto de Fernando VII, siendo no sólo su verdadero ministro de Estado, sino el árbitro de la política exterior de España.

Para colmo, Fernando concedió al ruso el Toisón de Oro, merced que hasta entonces nunca se había otorgado a un ministro plenipotenciario.

No sólo recibía Tatitchef del Borbón, su compinche, dinero y honores a manos llenas, sino que además le gobernaba a veces, como cuando hizo que destituyera a los ministros de Estado, Hacienda y Marina (Pizarro, Garay y Figueroa) (1).

Curiosa nación que se dejaba gobernar por un aventurero ruso y por un rey demente, sin que le hiciera la más mínima huella ni reaccionara ante tantas monstruosidades. A consecuencia de ellas se veía atacado su organismo de rápido encogimiento progresivo...

* * *

A partir de Fernando VII aparece en los Borbones la manía de los negocios en forma tan aguda que dentro de la moral corriente para uso de los simples mortales sería considerado indecente y fraudulento y daría con sus huesos en la cárcel quien en tales líos poco limpios se metiera. Fernando, María Cristina, Isabel II y Alfonso XIII son agiotistas que hacen de su influencia y de su poder trabuco para realizar los negocios más malolientes...

A todos estos personajes se les puede aplicar

---

(1) Para TATITCHEF, v. el detallado estudio de VILLA URRUTIA, *Fernando VII*, págs. 217 a 228.

con justicia el juicio que del primero hacía el ministro inglés en Madrid.

Oigamos a VILLA URRUTIA:

No gozaba Fernando, ni entre los extranjeros ni entre los españoles, reputación de incorruptible. El ministro inglés Mr. Lambe, que era hombre de ingenio mordaz y agudo, decía sin ambages que, fuera del infante D. Carlos y el duque del Infantado, no había en España quien no se vendiera, *incluso el rey*, por un puñado de libras esterlinas; por lo que, para resolver las dificultades que en Madrid pudieran presentarse, no necesitaba que su Gobierno le enviara instrucciones, sino cheques (1).

¡A tanta vergüenza y a tanto desdoro pudo llegar España por culpa de los bribones degenerados que formaban su dinastía!

Pero hay algo más vergonzoso.

VILLA URRUTIA añade:

Y cuando se trató de vencer la resistencia que oponía el monarca al reconocimiento de las repúblicas hispano-americanas, el duque del Infantado, que era su primer ministro, consideraba como uno de los medios infalibles para conseguirlo que los americanos, además del precio que hubiesen de pagar a España por el reconocimiento de su independencia, diesen al rey algunos millones secretos para sus gastos particulares.

En cualquier otro país una dinastía tan vil, que estaba dispuesta a vender por dinero y al mejor postor sus propios Estados, como negocio personal, no sólo habría dejado de reinar, sino que el principal culpable habría recibido el ejem-

---

(1) VILLA URRUTIA, *Fernando VII*, pág. 221.

plar castigo que su inaudita conducta merecia. En España murió Fernando en su lecho, y la dinastía llegó hasta Alfonso XIII. ¡Verdad es que es un país en el que sólo hay responsabilidades para los pequeños que roban un panecillo!

Al marqués de Moustier, embajador de Francia, se le indicó que dos o tres millones de francos dados a Fernando en uno de sus frecuentes momentos de penuria doméstica *pesarían más en su ánimo que el interés de sus pueblos y las más convincentes razones.*

Buena opinión podían tener las potencias extranjeras de un granuja de quien se podían escribir cosas como las siguientes:

La preocupación principal de este príncipe es el agotamiento de sus recursos personales; pero el señor Calomarde, el director de la Policía y otros confidentes secretos de sus placeres tratan de devolverle el buen humor suministrándole pequeñas cantidades que extraen de las cajas de sus respectivas Administraciones, lo cual les da poderosos medios de influencia que hacen al rey inclinarse, ya de un lado, ya de otro (1).

No hay palabras en el Diccionario de nuestra rica lengua para pintar debidamente la avaricia, la concupiscencia y el estudiado fanatismo del ingrato tirano. Introduciendo grandes economías en su palacio, no obraba a impulsos del deseo de aliviar la suerte del pueblo, sino para depositar sendos tesoros en el Banco de Londres, a cuyo efecto hizo que se dotase su casa con ciento veinte millones de reales al año, sin perjuicio de las grandes gratificaciones que, bajo el nombre de regalos, se hacía entregar en los días de gala por los altos funcionarios,

---

(1) Carta del embajador francés Moustier, citada por VILLA URRUTIA, *Fernando VII*, pág. 222.

quienes recibían así carta blanca para saquear el país (1). A Alagón le consentía que derrochase enormes sumas del Tesoro público so pretexto de dar brillo al Cuerpo de guardias, y para que se enriqueciese le concedió el privilegio de introducir, con pequeño derecho, harinas extranjeras en Cuba... Chamorro tenía omnímodas facultades para explotar todos los negocios que iban a sus manos, que eran los más importantes y lucrativos (2).

¿Sorprenderá después de esto que en 1826 fuese la crisis financiera tan aguda que no hubo medio de pagar al cuerpo diplomático en el extranjero? Se le debían tres millones de reales. ¡Y tuvo que pasar el embajador en París, por muy duque de Villa Hermosa que fuera, por la vergüenza de *pedir prestados al Gobierno francés sesenta mil francos* para atender los gastos de su embajada!

¡A costa de su patria, arruinada y esquilmada, pudo este bandido hacer tal fortuna, que dejó en cuenta corriente en el Banco de Inglaterra quinientos millones de reales, que fueron a parar a su mujer y a su hija!

Este dinero lo ganó en robos tales como el del célebre negocio de la escuadra rusa.

¡Curiosa empresa piratesca!

Preparábase la expedición a América, que debía organizar el ex criado Ugarte. Entonces, de acuerdo éste, Tatitchef y Borbón, se adquirió una escuadra rusa, amablemente ofrecida. Por ella se pagaron 68 millones de reales, de los que nunca más se volvió a saber nada. Lo que sí se supo fué el paradero de la tal escuadra, según veremos.

_____

(1) Sistema de gobierno idéntico al del Magzen, en Marruecos.
(2) García Ruiz, *Historias*, págs. 600-601.

Dignóse Ugarte redactar un artículo para la *Gaceta* hablando de este magnífico negocio. En él afirmaba que la adquisición de la tal escuadra rusa era el resultado de «una negociación que el rey había entablado y continuado por sí mismo hasta su feliz conclusión».

Esta negociación, cuyo mérito se atribuía a Su Majestad, no era sino un escandaloso negocio, con sus puntas y ribetes de estafa, de que iba a ser víctima nuestra esquilmada Hacienda, negocio premeditado por Tatitchef y realizado a espaldas de Pizarro, de acuerdo con el rey, Ugarte, Eguía y Zea. No favoreció la Providencia los justos designios de Su Majestad, a cuya sabiduría y desvelos serían los españoles de ambos hemisferios, todos unidos y todos hermanos, deudores de singulares beneficios que enumeraba la *Gaceta* (1).

Veamos en qué consistía este providencial negocio, que iba nada menos que a salvar las colonias españolas de América.

Constituían la escuadra ocho barcos—cinco navíos y tres fragatas—. Cuando, tras no pocos trabajos y esfuerzos, llegaron a Cádiz, se vió que eran incapaces de navegar, excepto una fragata. A ésta se le bautizó con el nombre de *María Isabel*; los chilenos se encargaron de apresarla en Talcahuano. ¡A esto se vió reducida la escuadra de los 68 millones!

Los siete navíos restantes quedaron sepultados en el arsenal de la Carraca. Allí acabaron de pudrirse, siendo por fin desguazados por inútiles. Intentóse hacer que navegara el navío *Alejandro*, y se gastó más de un millón de reales para

(1) VILLA URRUTIA, *Fernando VII*, pág. 234.

ponerlo en condiciones de ir a Barcelona a esperar a la infanta Luisa Carlota. Pero se empeñó, como sus compañeros, en no navegar y en dejarse morir tranquilamente en un rincón del mismo arsenal...

Por fin, una vez desguazada, la flamante escuadra se vendió como *leña para quemar*, en pública subasta y por la módica suma de 396.000 reales, que fué todo lo que dieron por los cascos, que habían costado cerca de ciento ochenta veces más... ¡La diferencia, pagada por un país arruinado y en la miseria, se la repartieron Ugarte, Fernando, Tatitchef y algún otro compinche!...

Como ya hemos dicho e iremos viendo, desde entonces la enfermedad de los negocios sucios se hace hereditaria en la familia, hasta Alfonso XIII.

* * *

Llegamos al fin del estudio de la hedionda figura de Fernando. Creemos haberla examinado en todas sus facetas. Creemos también que dejamos suficientemente ilustrado el estado de la mente del desequilibrado monarca.

Pero España, indiferente, deshaciéndose en sacudidas estériles, siguió tolerando a la dinastía. La centésima parte de estos hechos hubieran bastado en cualquier otro país de la Europa occidental para que fuese eliminada.

Lo contrario, en cambio, hubiera pasado en el Africa negra. Los negros toleran los mayores horrores a sus déspotas. Un Behanzin puede establecer en el Dahomey las *Grandes Costumbres* y sacrificar miles y miles de negros en espantosas orgías.

En Inglaterra, por ejemplo, no se concibe siquiera semejante cosa.

España está más cerca del Dahomey que de Inglaterra...

Y ahora preguntamos: huir de un país así, ¿no era, en verdad, la obligación de toda persona digna?

Tuvieron plena razón, por lo tanto, aquellos oficiales de la expedición del coronel y ex ministro Manzanares, que en marzo de 1831 se metieron en un barco pesquero, atravesaron el Estrecho y desembarcaron en Tánger al grito de: «¡Queremos ser mahometanos!» El bashá les recibió como correligionarios, y allí mismo renegaron de su fe y de su patria...

¡Dejemos a los fariseos patrióticos que lamenten lo que estultamente llamarán su traición, y aplaudamos a aquellos hombres!...

* * *

Prosiguiendo nuestra excursión a través de la dinastía, pasemos ahora a ISABEL II, que, como veremos, hereda muchos de los estigmas de su padre.

CAPÍTULO IX

ISABEL II

Hija del matrimonio consanguíneo de Fernando VII y de María Cristina, de la casa de los Borbones de Nápoles, la herencia que arrastraba Isabel no podía ser más pesada.

Es indudable que en ella predominó la herencia de su padre, pues ya sabemos cómo en un matrimonio de dos degenerados predomina la herencia del que tiene las taras más considerables. Su carácter quedó profundamente marcado por semejante herencia. Destacábanse en él, principalmente, la sensualidad excesiva, que llegaba a la ninfomanía de su abuela paterna; la falta de todo freno moral, la crueldad e indiferencia ante el dolor ajeno, la poca importancia concedida a la palabra dada.

* * *

Fáltanos el espacio necesario para hablar detalladamente de la figura, tan interesante desde nuestro punto de vista, de María Cristina, la reina gobernadora. Lo haremos en otro sitio.

Bástenos decir aquí que se distinguió por su afición a los negocios sucios. En este punto llegó a los extremos más escandalosos. Fué jugadora ventajista a la lotería, haciéndose reservar por el director de Loterías que ella hizo nombrar, Ronchi, italiano de larga y accidentada historia, los billetes premiados y no vendidos, apareciendo como si los hubiera adquirido. Teniendo en la mano los secretos del Estado, organizaba enormes jugadas de Bolsa; jugadas que le reportaban millones, robados a una nación en quiebra.

Como todos los Borbones de Nápoles, carecía de palabra y llevaba la doblez hasta puntos increíbles, como cuando entabló negociaciones con D. Carlos para entregarle Madrid, negociaciones que siguió a espaldas de los ejércitos que por ella luchaban. La escandalosa suciedad de sus negocios alcanzó tales extremos, que llegó a pedirse su proceso por sus defraudaciones al Estado. Su hermano el conde de Trapani era semiimbécil (nótese así el estado de su familia...), lo que no obstó para que Cristina presentara su candidatura a la mano de su hija Isabel. El pueblo se burlaba del hermano de la reina madre con epítetos burlescos.

El periódico clandestino *El Murciélago*, que en 1854 dijo muchas verdades que la Prensa, amordazada, no podía publicar, estampó cosas como ésta:

Doña María Cristina de Borbón de Muñoz trae un nuevo negocio entre manos, por lo que pueda tronar: la capitalización de la pensión que saca a los pueblos. Parece que esta vez la cosa no pasa de unos *sesenta millones*; para tales operaciones hacen falta los impuestos extraordinarios. A esta *señora* le ciega la codicia: no ve que ha robado tanto que nada queda ya que robar, ni ve que ha jugado con el pueblo de tal manera que no es imposible que haga en ella un escarmiento saludable que deje memoria para siempre (1).

También publicó *El Murciélago* el siguiente suelto:

Falta un cuadro en el Museo o en El Escorial: es que la duquesa de Riánsares lo hizo llevar a palacio para copiarlo y se quedó con él o lo vendió (2).

Tal fué la madre de Isabel II.

En cuanto al padre, sabemos la pesada herencia que le legaba. Añadiremos a lo dicho en el capítulo anterior que en 1826 le daban en El Escorial a Fernando unos ataques durante los que quedaba sin sentido y echaba espuma por la boca.

* * *

Isabel II había sido enfermiza en su infancia. Tenía entonces una complexión poco robusta y muy delicada salud. En octubre de 1833, es decir, cuando apenas tenía tres años, la vió el marqués de las Amarillas, quien anotó en sus Memorias la impresión que le produjo Isabel.

_____

(1) Por estos años precisamente pasaba España por la vergüenza de que en las Bolsas extranjeras se pusiera un rótulo que decía: «No se cotizan títulos españoles.» Esto era el resultado de los negocios de la familia Borbón—Fernando, Maria Cristina y la hija—, y de las gentes indignas de quienes siempre se rodearon. Mientras ellos acumulaban los millones, España yacía en la mayor miseria y estaba en quiebra.

(2) Muy pocos meses después de la muerte de Fernando se enamoró locamente la reina gobernadora del guardia de Corps Agustín Fernando Muñoz y Sánchez. Se casó con él secretamente y le otorgó el título de duque de Riánsares.

Noté con pena—dice—que tenía las manitas muy
ásperas y en un estado muy poco natural, que me
hizo conocer debía padecer algún exantema, lo que
a su edad tan tierna daba mala idea de su robustez
y no muchas esperanzas de su existencia entre los
peligros de los primeros años de la vida; hija de un
padre lleno de males, que en su niñez había padecido casualmente de una afección cutánea, no pude
extrañar el secreto del estado de las manos de Su
Majestad (1).

Cuando mayor, antes de dar a besar las manos se las limpiaba con un pañuelo para quitar
los humores que las cubrían.

En mayo de 1840, es decir, cuando Isabel contaba diez años de edad, los médicos ordenaron
que la reina tomase los baños de Caldas y los
de mar por padecer de una afección cutánea, afección de que sufría hacía ya tiempo, habiéndose
hecho imposible seguir el tratamiento, que obli-
gaba a trasladarse a Barcelona, a causa de la guerra civil.

Era Isabel prognata y obesa.

La educación que recibió fué tan insuficiente como solía suceder entre los Borbones de
España. Escribía muy mal y no sabía la ortografía siquiera. Por otra parte, su corto cacumen
nunca le hizo sentir la necesidad de instruirse.
Entre los numerosos volúmenes de la biblioteca
que poseía en el Palacio de Castilla, en París,
que hoy existen en la de mi padre, la mayoría se

---

(1) Memorias inéditas del MARQUÉS DE LAS AMARILLAS, citadas
por VILLA URRUTIA, *La reina gobernadora doña María Cristina de
Borbón*, Madrid, 1925, 554 págs., pág. 475.—No olvidemos el carácter herpético de María Luisa y de su madre. Isabel tenía mucho de su abuela y de su bisabuela paterna, física y moralmente...

hallan intactos, y es visible que nadie los hojeó. De la colección de Rivadeneyra de clásicos españoles, toda ella con flores de lis en la encuadernación, en el centro de las tapas, y con las iniciales I. B. bajo la corona española, sólo han sido leídos *los libros de caballerías*. También se entretenía en recorrer la colección de *La Ilustración Española y Americana*, igualmente encuadernada con sus armas. De ella hay algunos volúmenes bastante mal tratados. En resumen: novelas y «monos» eran su alimento espiritual.

Cuando, a fines de su reinado, se descubrieron dos cartas de contenido apasionado y bastante escandaloso, dirigidas a su ex amante Puig Moltó, que se las había dejado olvidadas en un hotel, pudo verse el sinfín de garrafales faltas de ortografía que era capaz de acumular la real dama...

* * *

La vida de Isabel II fué un continuo y escandaloso espectáculo de inmoralidad.

Ya a los trece años llamaba la precoz niña a su futuro amante Serrano *el general bonito*, cuando éste entró de ministro de la Guerra en el Ministerio Olózaga.

Sin duda para marcar bien cuánto aprobaba la escandalosa conducta de su abuela María Luisa, en 1847 nombra al viejo Godoy senador: y probablemente le otorgó esta distinción por el derecho que había adquirido al ser el amante de su digna antepasada...

Durante todo su reinado, Isabel II, carente de todo freno moral, dió el más escandaloso espectáculo, sucediéndose los amantes que en público exhibía...

«El fanatismo y la licencia fueron el signo de su vida privada», decía en su proclama de 29 de septiembre de 1868 la Junta revolucionaria de Madrid, resumiendo en una breve frase el juicio que merecía aquel reinado escandaloso.

Pudo echársele siempre en cara, y con razón, la vergüenza de la influencia que sobre ella ejercían, y por ella en el país, sus favoritos. La Junta de Gobierno que se formó en Madrid durante la revolución de julio de 1854 lanzó una proclama a los madrileños en la que, entre otras cosas, decía:

Queremos una Junta provisional nombrada por el pueblo, no un Gabinete designado *por el favorito.*

Pero bofetadas de este jaez nunca han hecho mella en los Borbones...

El 10 de octubre de 1846 se casó Isabel II con su primo D. Francisco de Asís de Borbón.

Nuevo casamiento consanguíneo entre Borbones—dirá el lector. Pero esta vez hay una curiosa particularidad. Esta consanguinidad no ofrece peligro alguno: *el rey D. Francisco de Asís era impotente.* En él un estigma degenerativo tan grave como lo es la deformación de los órganos sexuales, había tomado un aspecto opuesto al de su suegro Fernando VII.

Lord Palmerston dijo del rey consorte:

Inglaterra jamás dará su apoyo al enlace de Su Majestad con el infante D. Francisco de Asís, porque este príncipe está imposibilitado *física* y moralmente para hacer la felicidad *privada* de Su Majestad y la de la nación española.

De este degenerado decía Morayta que era

incapaz de abrigar una idea buena y más incapaz
aún de dirigir y educar a una mujer.

Era, en efecto, Francisco de Asís el prototipo
del señorito de pocos cuartos y menos vergüenza,
como veremos.

Apenas triunfó la suya entre las demás candi-
daturas, se apresuró a negociar su buena suerte
contrayendo un empréstito de ocho millones de
francos que le facilitó el banquero francés Fasté.

Negoció su impotencia comprometiéndose a
figurar como padre de los hijos que tuviera Isabel, y que él no le podía dar, mediante la suma
de dos millones de reales por cada uno que pa-
riera su mujer... honoraria. A cambio de esto
comprometióse a pasar *por todo*.

Los escándalos llegaron a tal extremo, que su
propia madre hubo de escribir a la reina de España una carta, de la que naturalmente Isabel no
hizo caso alguno. En ella le decía lo siguiente:

Pude ser flaca; no me avergüenzo de confesar un
pecado que sepultó el arrepentimiento; *pero jamás
ofendí al esposo que me destinó la Providencia*, y
sólo cuando ningún vínculo me ataba a los deberes
de una mujer dependiente di entrada en mi corazón a un amor que hice lícito ante Dios...

* * *

El primer favorito todopoderoso fué el general
Serrano. Pronto se supo por toda España quién
era el amante oficial de la reina. Tenía el valido
una influencia considerable en la marcha política
de la nación, lo mismo que luego la tendrían sus
sucesores en el agradable cargo...

Por todas partes sonaba la voz muy repetida de que existía en lo más íntimo de Palacio una influencia ilegítima, una privanza odiosa que se interponía entre la corona y el ministerio, voz tan tristemente propagada que llegó hasta la vivienda del más humilde artesano, voz que reproducía a su manera la lengua tosca y desmedida del último menestral. La imperturbabilidad del Gabinete, su tranquila actitud ante tan escandalosos comentarios, ayudaban a comprender que los ministros y el privado caminaban de concierto... (1).

La podredumbre que venía de arriba contaminaba a toda la nación (estamos en 1847).

De entre las liviandades del real palacio no salían más que intrigas estériles, cambios infecundos de Gabinetes y escándalos a montones y de todas clases... El rey Francisco, que estaba separado de su mujer, no por celos, que no tenía, sino por odio personal a Serrano, favorito de aquélla, vivía en El Pardo, y el Gobierno procuró cortar el escándalo que tal separación producía, y al efecto comisionó a Benavides, hombre agudo y despreocupado, para que viese de convencer al esposo de que se uniese a la esposa (2).

Toda la política giró desde entonces, y durante todo el resto del reinado de Isabel II, alrededor de un favorito y de un lecho. Así, muy cómodamente, se dejaban gobernar los españoles, sin

---

(1) ILDEFONSO ANTONIO BERMEJO, *La Estafeta de Palacio. Historia del último reinado*, vol. II, Madrid, 1871, pág. 789.—Téngase muy en cuenta, cuando citemos la obra de Bermejo, que su autor no era, ni mucho menos, un revolucionario ni un antimonárquico.

(2) GARCÍA RUIZ, *Historias, II*, págs. 520-521.—No olvidemos que García Ruiz es contemporáneo de los hechos que relata. De la entrevista de Benavides con Francisco hablaremos luego.

que los que contra aquellas vergüenzas se sublevaban fueran bastante numerosos para acabar con ellas...

Según el partido a que pertenecía el amante de turno de la reina, se veían encantados los unos y desesperados los otros. Serrano

llegó a tener en la cámara regia una privanza desmedida, que puso en consternación a todo el partido moderado, y dió graves desazones a varios de los consejeros, que no miraban con buenos ojos el favor ilimitado que disfrutaba, y del cual querían sacar provecho los progresistas. Pero la influencia de Serrano fué tan funesta, sus procedimientos tan desacertados, que dió pábulo a una camarilla inicua, que, aprovechándose de la fortuna del general, le excitaba a mayores desaciertos, con el propósito de conseguir la caída del partido moderado y la subida al poder de los progresistas. Se formaron dos bandos dentro de la regia morada: uno favorable a la reina y otro devoto al rey, que, colocados en una lid continua, introdujeron en Palacio la desunión entre los consortes, de que surgieron sinsabores domésticos y consecuencias funestas para el trono y para el país... (BERMEJO, II, pág. 779.)

¿Qué consejeros íntimos tenía la reina? Muchos que desatinaban y uno que le decía: «Señora, divorciaos de vuestro esposo; *declaradle impotente* y la ley os favorecerá.» ¿Quién aconsejaba al rey? Muchos insensatos, y entre ellos uno más arrojado que todos, que le decía, presentándole una pistola: «Tomad, señor, amartilladla; yo os diré dónde encontraréis a Serrano y disparadla contra su corazón.» Una y otra cosa se propuso, pero ninguna se llevó a cabo, aunque lograron la separación. (BERMEJO, II, 780-781.)

Así andaba aquella corte, en que el adulterio era ley y el favoritismo gobernaba...

Empezaron las gestiones para tratar de arreglar aquel escándalo, o para que, al menos, no fuera tan aparente.

Las pocas personas decentes estaban indignadas. El ministro inglés, Bulwer, que intervenía desaforadamente en la política española, quiso organizar un Ministerio progresista, de acuerdo con Serrano. Con el general Chacón y otras personas fué a ver al magistrado D. Manuel Cortina, con el fin de recabar de él que formase un Ministerio. Para acceder a ello, puso Cortina las condiciones siguientes:

Exijo, ante todo, que los reyes no continúen en ese malhadado apartamiento. Quiero, además, que quede terminado a mi entrada en el mando el escándalo interior de Palacio, y también exijo imperiosamente que Serrano salga sin demora de España.

Estupefactos ante la última condición, dijéronle los visitantes que era imposible acceder a ella.

Cortina mandó levantar un acta de aquella conferencia y exigió que constasen, sin quitar una letra, estas palabras: ¡Jamás entraré en un ministerio presidido por un... favorito! Lo grave de la historia que estoy escribiendo no me permite estampar la palabra que debía ocupar el sitio de los puntos suspensivos. En el acta consta, y ciertamente no se puede retirar. La indignación de Cortina no pudo reprimirse... (1).

González Bravo, que antes y después se prestaba a servir para todo, bullía de indignación y quería nada menos—o lo hacía creer—que desha-

---

(1) BERMEJO, obra citada, II, pág. 797.

cerse del favorito. PIDAL escribía por aquellos días a Narváez lo siguiente:

No puede usted figurarse lo que he tenido que trabajar para impedir que González Bravo haga una de las suyas. Con un arrojo que raya en imprudencia ha querido comprometerse a provocar un duelo y desembarazar a España del causador de nuestras desgracias; pero ya sabe usted que no soy partidario de los recursos violentos, que aumentarían el escándalo lejos de disminuirlo...

Despachó el Ministerio—presidido por el propio Serrano...—a Benavides, ministro de la Gobernación, hombre despierto y fresco, para que fuera a El Pardo a convencer al rey de que se volviese junto a la reina. Anotó cuidadosamente el emisario su conversación, que ha sido publicada por numerosos historiadores, entre ellos PIRALA, BERMEJO, GARCÍA RUIZ, etc.

El diálogo vale un Potosí, y nos pinta los puntos que calzaba en cuanto a vergüenza el rey consorte, de tal manera, que no sabe uno a quién dar la palma por lo que a desfachatez se refiere. Y es que en esto ambos esposos se valían...

Asistamos al inefable diálogo.

Sabedor Benavides de que sólo con él querría tratar el rey, y valiéndose de la simpatía que inspiraba su carácter jovial y sus maneras insinuantes, quiso ver si aquel mismo día lograba la avenencia que había ido a solicitar, y empezó por sondear los pensamientos del consorte. Este, una vez lanzado por la vía de las confidencias, no tuvo reparo en manifestar sus sentimientos en aquel asunto, todo ello con la mayor naturalidad y frescura.

He aquí, según ha sido publicado, cómo se desarrolló la conversación:

—Esta separación no puede prolongarse, porque ni favorece a la reina ni favorece a Vuestra Majestad—empezó diciendo Benavides.

—Lo comprendo—respondió Francisco de Asís—. Pero se ha querido ultrajar mi dignidad de marido, mayormente cuando mis exigencias no son exageradas. Yo sé que Isabelita no me ama, y yo la disculpo, porque nuestro enlace ha sido hijo de la razón de Estado y no de la inclinación; y soy tanto más tolerante en este sentido cuanto que yo tampoco he podido tenerla cariño. Yo no he repugnado entrar en el camino del disimulo; siempre me he manifestado propicio a sostener las apariencias para evitar este desagradable rompimiento; pero Isabelita, o más ingenua o más vehemente, no ha podido cumplir con este deber hipócrita, sacrificio que exigía el bien de la nación. Yo me casé porque debía casarme, porque el oficio de rey lisonjea; yo entraba ganando en la partida, y no debí tirar por la ventana la fortuna con que la ocasión me brindaba, y entré con el propósito de ser tolerante para que lo fueran igualmente conmigo; para mí no habría sido nunca enojosa la presencia de un privado.

Aquí le interrumpió Benavides para decirle:

—Permítame Vuestra Majestad que le observe una cosa: lo que acaba de afirmar relativamente a la tolerancia de un valido está en contradicción manifiesta con su conducta de hoy, porque, según veo, la privanza del general Serrano es lo que más le retrae para entrar en el buen concierto que solicitamos.

A esto respondió el consorte con singular entereza y desparpajo:

—No lo niego; ése es el obstáculo principal que me ataja para llegar a la avenencia con Isabelita. Despídase el favorito y vendrá seguidamente la reconciliación, ya que mi esposa la desea. Yo habría tolerado a Serrano, nada exigiría si no hubiese agraviado mi persona; pero me ha maltratado con calificativos indignos, me ha faltado al respeto, no ha tenido para mí las debidas consideraciones, y, por lo tanto, le aborrezco; es un pequeño Godoy que no ha sabido conducirse, porque aquél, al menos, para obtener la privanza de mi abuela enamoró primero a Carlos **IV**.

Escuchaba estupefacto el ministro de la Gobernación: por mucha que fuera su frescura, el rey le daba ciento y raya. Comprendió Francisco de Asís que había ido un poco lejos, y añadió:

El bien de quince millones de habitantes exige este y otros sacrificios (1). Yo no he nacido para Isabelita ni Isabelita para mí, pero es necesario que los pueblos entiendan lo contrario. Yo seré tolerante, pero desaparezca la influencia de Serrano y yo aceptaré la concordia.

Benavides expuso al rey lo difícil que era deshacerse bruscamente de Serrano, que los traía cansados a todos, incluso a la reina, pero que contaba con poderosos elementos a su favor. Buscábase la manera de hacerlo suavemente, para lo que sería beneficiosa, precisamente, la reconciliación inmediata.

A esto se negó el rey, diciendo:

Mi dignidad reclama que antes desaparezca el valido, puesto que el favor en Palacio de ese hombre es la causa de la separación.

_____

(1) La internacional de los reyes siempre emplea este subterfugio para llenarse los bolsillos...

Así acabó aquella extraordinaria conversación. El bueno de Francisco de Asís hablaba de *su dignidad*, que consistía en que el amante de la reina fuera otro que no Serrano. Por lo demás, estaba dispuesto a *ser tolerante*, a condición de que *igualmente lo fueran con él* (lo que buena falta le hacía, pues ya sabemos que como marido físico dejaba mucho que desear...).

Para él nunca hubiera sido cosa enojosa la presencia de un privado. Todo esto, y la confesión paladina de que se había casado por interés, denotaba los puntos que calzaba aquel Borbón, «dispuesto a entrar en el camino del disimulo». ¡Qué gentecitas—«consubstanciales con la nación»—dominan a los pueblos!

Siguieron las intrigas alrededor del lecho de la reina. Quísose atentar contra Serrano. La situación no podía ser más turbia.

El *General bonito* se hallaba en el apogeo de su privanza en 1847: aquella chiquilla de diez y siete años que era Isabel prometía mucho... Quiso el duque de Sotomayor, presidente del Consejo, alejarle de la corte, mandándole a Navarra al frente de los ejércitos que peleaban contra los carlistas. El no quería irse, y la reina, por su parte, tampoco consintió que se marchara su amante, negándose a firmar el decreto de nombramiento.

Al año siguiente podía decir con toda razón la Prensa inglesa:

... la corte de España es la vergüenza de Europa...

Pero a la corte le importaba un bledo ser la vergüenza de nadie, porque ella no sabía de qué se trataba... España tampoco se cansaba del exceso de vergüenza de ver la falta de vergüenza del trono... ¡Y todos, tan orondos, iban viviendo!

El grupo de amigos del valido formaba la fracción que, sin duda por paradoja, habían denominado *puritana*—y que el pueblo, con agudeza, llamó *puritana*, limitándose a hacer gracejos en vez de distribuir palos a los tales *puritunos*.

Iban éstos, capitaneados por Serrano y el célebre banquero Salamanca, poniendo a saco la nación.

En realidad, a esto se limitaba la política española. No era ésta más que un saqueo organizado. Tomaba en el país, hambriento y ahora sin colonias, esta forma el comunalismo tradicional. Existía una lucha a muerte por turnar, quitando a los adversarios la pitanza para distribuirla a los del propio partido. Este y no otro era el fondo verdadero de todas las luchas.

Se explica, por lo tanto, que en esta batalla ideológica, en esta verdadera lucha por la vida, pugnaran los demás por encastillarse en el poder. Para acabar con el predominio del *pequeño Godoy* y de los suyos, para minar el poder de Serrano, los moderados entendieron que el medio más adecuado era el que más entusiasmos despertaba en la regia dama, aquel a que la reina católica tan a gusto se dejaba esclavizar...

Empezaron echando por delante a un cantante del teatro del Circo, llamado J. Mirall, a quien aun se pudo desterrar. Ya no pasó lo mismo con el maestro de música de la reina, José Valdemosa. Este, de la noche a la mañana, apareció gozando de toda la privanza que antes tenía Serrano. No opuso ya la reina dificultades al alejamiento de éste de Madrid, nombrándole capitán general de Granada. *La donna è mobile...* Pero no nos sorprendamos por tan poco. Isabel estaba llamada a dar muestras mucho mayores aún de su *movilidad...*

Al día siguiente de la salida de Serrano para Granada, según lo prometido a Benavides, el rey volvió a Palacio.

Siendo otro el amante de su mujer, ya su DIG-NIDAD no sufría mengua...

* * *

Infatigable Isabel en la prosecución de sus experiencias comparativas, pronto se cansó de Valdemosa, otorgando de momento sus favores a José Ruiz de Arana, más conocido por el *pollo Arana.* Este apoyaba a Narváez, que por entonces estaba en el goce de un poderío pleno.

Siguió después el pollo Arana influyendo poderosamente en la política, en la administración y en Isabel II, y ésta llegó al feliz término de su embarazo pariendo el 20 de diciembre de 1851 a la infanta Isabel—la misma que acaba de morir en París—, cuya venida al mundo produjo extraordinario júbilo entre todos los buenos monárquicos.

Mientras tanto, el papá..., quiero decir, el *pollo Arana*, se despachaba a su gusto protegiendo toda clase de negocios. Tal, por ejemplo, el de aquella casa de Londres que había constituído para una contrata de carbones, no rescindida, un depósito considerable, depósito que le fué devuelto por el ministro de Marina español, protegido del amante de Isabel...

Corrían los más escandalosos detalles sobre los amores reales y sobre los reales que se ganaban en los negocios favorecidos por los susodichos amores...

El terrible *Murciélago* divulgó sin tapujos al-
alguna de estas anécdotas. Hizo además referencias como la siguiente:

Mientras que los oficiales que más servicios han
prestado a su patria sufren postergaciones que les
hacen encanecer para recibir por viejos su retiro
sin haber pasado de las primeras clases de la mi-
licia, hay mozo, como Pepito Arana, que llega en
pocos años de cadete a teniente coronel, sin haber
hecho más que alguna expedición a los *Sitios
Reales*...

La propia pachorra española empezaba ya a
cansarse.

Arana sostenía a rajatabla a los gobernantes
protegidos suyos, llegando incluso a suspender
las sesiones del Congreso cuando en el Senado
fué derrotado el Ministerio Sartorius, frente al
cual se había puesto ya todo el mundo.

El Murciélago soltó al Gabinete el siguiente
torpedo:

El ministerio de la reina es el ministerio de un
favorito imbécil, absurdo, ridículo; de un hombre
sin reputación, sin gloria, sin talento, sin corazón,
sin otros títulos al favor supremo que los que puede encontrar *una veleidad libidinosa*.

Y acababa llamando *nuevo Godoy* al amante de
Isabel II.

Tuvo la soberana el 5 de enero de 1854 una niña
que murió a poco de nacida. Según parece, Francisco de Asís puso esta vez dificultades para avenirse con los hechos consumados...

Quiso por entonces Isabel hacer a su amante
un regalo valioso, y no se paró en barras. Como
el regalo no había de salir de su bolsillo...

En 1854, mandando los *polacos*, se *figuró* acopiados en Madrid, en la ribera del Canal del Manzanares, ciento treinta mil cargas de piedra con destino a reparaciones de carreteras. Cual si se tratara de espíritus puros, nadie vió semejante acopio; sin embargo, en el expediente aparecía una contrata tan formal como que dió origen a un libramiento de 975.000 reales, que el Tesoro público satisfizo sin demora.

Fueron procesados en 1858 el ministro de Fomento de tiempos de la contrata, Agustín Esteban Collantes; el director de Obras Públicas, José María Mora, y dos individuos más.

Y, sin embargo, ni Esteban Collantes ni Mora percibieron ni un céntimo por la inmunda farsa de las cargas de piedra. Doña Isabel II tuvo un día el capricho de ordenar a Sartorius que diese un millón de reales a cierta persona de su íntima amistad; y como fuese difícil de justificar este desembolso, Salamanca, tan fecundo en recursos, hubo de sugerir al jefe del Gobierno la diabólica idea de lo que se realizó, puesto que, desairada Su Majestad, la caída de los *polacos habría sido inevitable.* De acuerdo todos, D. José María Mora dió forma al milagro bajo la inspiración de Salamanca; y completado el tipo, dice un historiador, el millón pasó íntegro al bolsillo del afortunado mortal objeto de las larguezas de su espléndida soberana (1).

Mientras España estaba en quiebra, la reina se entretenía en regalar el dinero de la nación a sus amantes.

El Murciélago—que el público atribuía a un joven redactor de *Las Novedades* llamado Cáno-

---

(1) Villalba Hervás. *Recuerdos de cinco lustros* (1843-1868). Madrid, 1896, 339 págs., 146-147.

vas del Castillo—cubría de improperios al rey condescendiente. Por ejemplo, un día le decía que «quedaría enredada su cabeza entre las ramas de una encina de El Pardo», tan grandes eran los cuernos que en ella florecían...

En esa época de eterna vergüenza, aun cuando no la última para España, hallábase la reina con su marido en La Granja (1), en donde los comensales de Tiberio en Caprea no hubieron hechado de menos las delicias proporcionadas por la sensualidad, ora natural, ora monstruosa... Entregado Francisco en el Real Sitio a toda clase de concupiscencias, porque de todas ellas gustaba su estragado organismo, era hasta no más tolerante, como tenía prometido, a título de que lo fueran con él, y tal y tan hedionda su degradación, que decía con la mayor naturalidad a su mujer: «Mira, Isabelita, que el pollo Arana te la pega.» Este, dueño de los destinos de la patria, sumida en degradante servidumbre, sacaba allí fuerzas de flaqueza para complacer a la concupiscente reina, nueva Mesalina, siempre sedienta, nunca harta de torpes y libidinosos placeres; y como la Naturaleza tenga puestos sus límites a todas las cosas, hacíase llevar el valido, para forzarla, viandas estimulantes, así de tierra como de mar, y tomaba sendos baños en marmóreas pilas llenas de rico vino de Jerez... Con esto su influencia ante Isabel era omnipotente y él la aprovechaba para asuntos de interés particular, en los cuales habían de servirle los ministros, bajo la pena de perder sus puestos... (2).

* * *

Vino la revolución del 54 al grito de ¡*Muera el favorito*! Pasó el pollo Arana de moda.

---

(1) 1853.
(2) GARCÍA RUIZ, *Historias*, II, págs. 555-556.

Esto no obstó para que Isabel siguiese haciendo de las suyas.

Digna de un serrallo oriental fué la tragedia que en su antecámara se desarrolló el 26 de abril de 1857.

Hallábase aquella mañana la reina particularmente ocupada en su cámara y había prohibido que la interrumpieran en sus importantes quehaceres... Guardábale la puerta el servicial Narváez, presidente del Consejo en aquel entonces —que para cosas así suelen servir presidentes, nobles, embajadores y otros encopetados personajes...—, en compañía de su ayudante, hijo del marqués de Alcañices. Presentóse en esto Francisco de Asís con Urbiztondo. Quiso Narváez impedir la entrada del rey, siguiendo las órdenes de la soberana. Francisco se indignó y maltrató a Narváez. Tomaron parte en la contienda los respectivos ayudantes, llegando por fin a las manos, sacando las espadas y atravesándose recíprocamente con ellas. Murieron ambos: Urbiztondo, en el acto, y Alcañices, a las pocas horas... A un simple mortal le hubiera costado esto un disgustillo... Pero la reina católica siguió tranquilamente su camino. Allí no había pasado nada..

Precisamente por aquel año 57 empezó a ejercer mucha influencia sobre Isabel un nuevo amante, que se llamaba Puig Moltó, y que era comandante del ejército. Siendo el valido enemigo de la reacción representada por Narváez y por los neocatólicos, hizo que se formase, para suceder a Narváez, a quien las intrigas palaciegas obligaron a presentar la dimisión el 15 de octubre, un Gabinete presidido por el general de Marina Armero. El 28 de noviembre de 1857 dió a luz Isabel un niño, a quien se dió el nombre de Alfonso: era el futuro Alfonso XII (1).

La caída de Narváez tiene una explicación muy sencilla: a pesar de las barbaridades que cometía, con gran satisfacción de la soberana, llegó un momento en que todo se rompió, pues había un terreno en que Isabel no toleraba resistencias.

Un día le exigió Doña Isabel el ascenso del joven y bizarro teniente de Ingenieros D. Antonio Puig Moltó, que *desde unos meses antes de la catástrofe de Urbiztondo* gozaba en palacio de incontrastable influencia. Pero como se trataba de un cuerpo de escala cerrada y sin perturbarlo hondamente era imposible semejante ascenso, opúsose a él Narváez, y desde el instante quedó resuelta su cesantía... (2).

* * *

El 65 habían bajado bastante los entusiasmos de la reina por el apuesto militar. Pasó entonces a hacerse oír en la cámara regia y en los Consejos que dirigían los asuntos del Estado, la voz del barítono Tirso Obregón. Este utilizó su influencia para apoyar a su amigo Manuel Alonso Martínez. Hizo caer el Ministerio y formar otro, bajo la presidencia de O'Donnell. En él se adjudicaba la suculenta cartera de Hacienda al propio Alonso Martínez y la de Ultramar a Cánovas del Castillo (junio 1865)... Honrados caballeros nombrados gracias a la campaña de penetración pacífica a que, como cualquier trono colonial, estaba sometido el trono español, no menos honorable y glorioso, como se puede com-

(1) Apodóle espiritualmente el vulgo «el Puigmoltejo»...

(2) VILLALBA HERVÍS, *Recuerdos de cinco lustros*, pág. 181.— Subrayamos nosotros.

prender. Después de todo, ¿no es una manera tan buena como cualquiera otra esa que estaba entonces de moda, de formar los Gobiernos de España durante un agradable dúo en el lecho real?...

Pero también se cansó la voluble majestad de su barítono. Apareció entonces otro personaje en la regia cámara: Carlos Marfori, a quien su real amante hizo dar, primero, el Gobierno civil de Madrid, colocándolo después de ministro de Ultramar, y nombrándolo, por fin, intendente de palacio, «para tenerle de continuo a su lado, por ser su valido el más apreciado, según fama pública..., de cuantos conoció durante su reinado».

Dispuestos a todo para medrar, y no sintiéndose capaces de hacerlo de otra manera, los honrados personajes que ocupaban los más altos cargos de la sociedad española se arrastraban a porfía ante los sucesivos amantes de la reina católica. Viéronse casos como el del capitán general de Madrid, conde de Cheste, que se atrevió a felicitar desde la *Gaceta* a Marfori, cuando éste era gobernador civil, por sus tropelías, estimulándole para que perseverase en su *noble camino de corregir y mejorar las públicas costumbres.* Y conste que no era ironía. ¡La pobre sociedad no daba más de sí!

Isabel fué un poco más constante en su amor hacia Marfori. Cuando durante las jornadas graves de septiembre de 1868 el general Concha telegrafió a Isabel que volviese sin demora a Madrid, pero *sin su intendente Marfori,* los dos amantes se pusieron furiosos e incluso se dice que resolvieron ir juntos a la corte. Pero los acontecimientos se precipitaron, y la reina se vió obligada a salir de España. El día 30 de septiembre de 1868, por la mañana, la reina, del brazo de su marido y acompañada por algunos íntimos, entre los que figuraban el padre Claret, su confesor, y... el intendente Marfori, bajó pausadamente las escaleras de palacio y se encaminó al tren que en la estación de San Sebastián la esperaba. Aquella marcha fué simbólica y resumió un reinado: reina, amante, marido y confesor, todos a una y cada uno para todos: amalgama curiosa y sintomática.

Desgraciadamente, aquél era un viaje de ida y vuelta... ¡España, aunque parezca increíble, volvió a admitir a la dinastía en la persona del hijo de Isabel!

Luego, ya en París, no cambió Isabel de costumbres, y a los setenta años su amante de turno era un heroico personaje llamado Altmann...

* * *

Asistió España impertérrita, durante veinte largos años, a la más escandalosa disolución en la corte.

Desde el principio mismo de su reinado efectivo empezó a dar pésimos ejemplos la reina. A ella se refiere Bermejo cuando dice: «... no se engrandece el trono consintiendo que una reina constitucional, falta de experiencia, autorizase con su augusta presencia algunos convites privados en que la confianza excesiva y festejante de los comensales rebajaba el brillo de la corona de Castilla...»

García Ruiz nos pinta el más espantoso cuadro de las costumbres de la corte. No olvidemos que habla de época que conoció perfectamente y que por la posición que ocupaba—diputado y director de un periódico—estaba perfectamente informado. No olvidemos tampoco que cuando aparece en el segundo tomo de sus *Historias*, publicado en 1878, lo que a continuación transcribimos, reinaba el hijo de Isabel II y que, sin embargo, nadie se atrevió a desmentir ni mucho menos a perseguir judicialmente al autor de tan terribles acusaciones, quien, tres años antes, había sido ministro de la Gobernación. Hemos, por lo tanto, de considerarlas verídicas, y debemos agradecer a García Ruiz la sinceridad de estas memorias suyas, gracias a las cuales poseemos datos preciosos sobre el estado de desequilibrio sexual de las gentes de aquella corte. Nosotros lo reproducimos porque son preciosas para completar el cuadro de los estigmas de que Isabel II era víctima y porque para que nuestro estudio sea fiel y completo nada debemos callar.

Lo que por estos tiempos pasaba y corría de boca en boca para oprobio de la España ignorante y, más que ignorante, degradada, hizo casi olvidar lo ocurrido en la época de los polacos. Los validos se sucedían rápidamente unos a otros en la real morada, dejando hoy su puesto el que le ocupaba para que entrase otro y luego ser éste a su vez substituído. A Arana le había reemplazado el comandante Puig Moltó; a este tenorio, como a Tenorio, sucedieron otros varios, y era tal la corrupción que la fama pública pregonaba que una palaciega llamada Muesa estaba encargada de buscar hombres de ciertas condiciones físicas, en mucho más estimadas que otras de hermosura y hasta de robusta juventud, que pudieran satisfacer inmundas liviandades. Mientras esa misma fama pública, que, cuando es tal, raras veces se equivoca, señalaba el convento de San Pascual, de Aranjuez, y sus nuevas hijuelas, en donde los hábitos religiosos de las inclaustradas servían de poderoso aliciente al estragado gusto, como lugares destinados a repugnantes escenas por la embaucadora monja, su principal amigo (1), y comensales de éste, quienes a la vez practicaban, aun cuando no lo hubieran leído, y haciéndolo extensivo a ambos sexos, lo que dice Mariana de los Templarios, que *daban* y *recibían* indistintamente. Y nosotros averiguamos, con referencia a sujetos que a tales suciedades se prestaban, que en su viciado organismo se entretenían tales gentes placenteramente en tocamientos deshonestos con mancebos bien parecidos y robustos, que siempre recibían por su vergonzosa condescendencia algunas monedas y dulces. Cumplíase aquí por la corrupción lo que dice Tácito de los reyes de su tiempo aplicándoselo a Tiberio, que lo conseguía por la fuerza: *ut more regio puben ingenuam stupris polluerit.* Y si no se inventaron entre nosotros los nombres antes ignorados de spintrias y sellarios, se usaron profusamente los de *bardajas, sarasas* y otros ignominiosos que representaban las mil monstruosidades y lúbricas hediondeces que hacían exclamar con tristeza al observador: ¡Desgraciado país! (2).

Para no salirse de lo castizo, mezclaba la reina, según la tradición, misticismo y erotismo.

Sin duda en premio de aquél envió el papa Pío IX a Isabel II, seis meses antes de caer destronada, la Rosa de Oro, que en esto de mandar rosas de oro suelen ser los papas de una oportunidad ingenuamente sorprendente...

Mandábasela—según decía textualmente el documento que la acompañaba—«para atestiguar y declarar pública y solemnemente, y con perenne monumento, el amor cordialísimo que te profesamos, carísima hija de Cristo, así por los egregios

---

(1) La monja de las llagas, sor Patrocinio, y el rey consorte Francisco de Asís.

(2) GARCÍA RUIZ, *Historias*, II, págs. 658-659.

méritos para con Nos, para con la Iglesia y esta Sede apostólica, como por las altas virtudes con que brillas»... Certificado de virtud bien necesario, como hemos ido viendo.

Verdad es que aquella oportuna y merecida Rosa de Oro no le salió a España muy barata, pues en las Constituyentes de 1869, el ministro de Hacienda Laureano Figuerola, hombre severo y probo, al referirse a los servicios riquísimos que existían en los diversos palacios reales, y que habían ido desapareciendo, pudo decir: «Hasta hay el hecho singular de que uno de esos servicios de plata se fundió por 25.000 duros como legítima retribución de aquella Rosa de Oro, cuya historia todos conocéis...»

Metida en el más estrecho misticismo, y siguiendo sólo las formas más bajas e idolátricas de la religión, el reinado de Isabel se distinguió por la protección que la soberana daba a curas fanáticos y monjas milagreras.

Y como se sabía que por el camino de la exhibición religiosa se podía entrar en el favor de la reina, dábanse casos como el de O'Donnell, quien, además de prestarse a servir de instrumento al fanatismo más estrecho, llevaba cirios en una procesión del convento de San Pascual, de Aranjuez, para atraerse la buena voluntad de la Monja de las Llagas.

La historia vergonzosa de la célebre sor Patrocinio no nos cabe aquí. Digamos únicamente que tenía la mayor influencia sobre la reina y que era abadesa del ya mencionado convento de San Pascual, de Aranjuez. A ella se rebajaba O'Donnell en la ruin idea de que a él le patrocinase, porque la monja «ejercía tal influencia sobre Isabel—eso que ésta sabía que era amiga de su marido y que desempeñaba en pro de éste, según voz pública, el oficio de buscadora de voluntades, así naturales como monstruosas—, que la hizo sucumbir a la superchería de llevar sobre su cuerpo camisas antes usadas por ella, diciéndola que de este modo se vería libre de muchas enfermedades»... (1).

Todas estas porquerías tenían una repercusión directa en el gobierno de la nación y en los destinos de ésta. Puede decirse que lo fundamental de los asuntos de Estado giraba alrededor de cuestiones religiosas o sexuales... Así, por ejemplo, queriendo deshacerse de la monja, Bravo Murillo, en 1852, había «concertado con el nuncio monseñor Brunelli el forzoso viaje a Roma de sor Patrocinio, a cambio, dice un historiador, de la admisión y profesión de 2.452 monjas, distribuídas por España en 116 conventos» (2).

No nos caben aquí los detalles escandalosos de la vida y milagros de esta íntima amiga de la reina y del consorte. Sin embargo, hubiese sido bueno presentarla para, una vez conocida, pudiésemos medir los puntos que calzaba el intelecto de su regia amiga. Otro tanto podemos decir del padre Fulgencio, etc.

* * *

Heredó Isabel de su padre la indiferencia ante el dolor ajeno. Sin llegar al sadismo de Fernando, fueron muchos los seres que murieron por culpa de ella y que hubieran debido ser indultados. Inauguróse su mayoría de edad con una

(1) GARCÍA RUIZ, *Historias*, II, págs. 657-58.
(2) VILLALBA HERVÁS, *Recuerdos de cinco lustros*, pág. 131.

verdadera hecatombe: dice Pirala que de 1.º de diciembre de 1843 a 13 de octubre de 1844 fueron fusilados por delitos políticos nada menos que doscientos catorce españoles.

Cuando en 1866 se produjo el movimiento de los cuarteles de San Gil y de la Montaña, la reina, comiendo tranquilamente en su mesa el 22 de junio, dijo al general Zabala cuando éste le anunciaba que los prisioneros pasaban de mil: «Que se cumpla la ley en todos, en todos, antes de amanecer...» Dijo luego a O'Donnell que era preciso *fusilar en masa a los sublevados*, y como el general le advirtiese que eso no podía hacerse con fusiles, contestó iracunda: «¿Para cuando quieres la metralla?» El resultado de esta actitud de la reina fué que en la semana siguiente se fusiló nada menos que a sesenta y siete sargentos, cabos y soldados, varios de los cuales eran perfectamente inocentes y ajenos a la rebelión.

La reina, implacable, pedía más víctimas. Por fin O'Donnell, horrorizado ante aquella crueldad fría, exclamó: «¿Pues no ve esa señora que si se fusila a todos los soldados cogidos va a ser tanta la sangre que llegará hasta su alcoba y se ahogará en ella?»

Como la reina no quería ni oír hablar de clemencia, hizo caer a la Unión Liberal y dió el gobierno a Narváez. Este quiso salvar la vida a dos oficiales, Mas y Ventura, condenados como revolucionarios por un consejo de guerra en Barcelona, pero Isabel se negó rotundamente a indultarlos y los desgraciados fueron, por eso, ejecutados.

La matanza de la familia Zurbano es una de las pruebas más horrorosas de la fría crueldad de Isabel II, no menos inconsciente entonces, cuando era joven, que a fines de su reinado.

Cuando Benito Zurbano, hijo del pronunciado del mismo apellido, fué preso, el comandante general de Logroño, Orive, retrasó cuatro días la ejecución de la orden que tenía de fusilar inmediatamente a todo el que cayese prisionero, a fin de que la madre del preso tuviese tiempo de ir a Madrid a pedir a la reina el perdón de su hijo. Vino con ella una comisión de Logroño.

Todos anhelaban dirigirse a Su Majestad, en cuyo corazón se abrigaba su más grande esperanza; la ocasión era difícil, y desesperando lograr otra, aprovecharon para ello el regreso de misa del convento de Atocha. Era aquel día domingo y acompañaban a la reina su señora madre y su hermana; al ir a apearse del coche, al pie de la gran escalinata de Palacio, se arrojan a sus pies, diciendo todos, cada cual su frase, lo que exclusivamente a nadie permitía decir el dolor: «¡Señora, perdón para un hijo de Zurbano..., para un ilustre defensor de Vuestra Majestad! ¡Era niño y su lanza hería la primera en el combate a vuestros enemigos! ¡Todo os lo ha dado: su reposo, su juventud y su sangre! ¡Señora, perdón para un joven de veintitrés años!» Y en medio de este doloroso clamoreo un cuerpo se desploma al suelo, una voz aguda, desgarradora, que las domina a todas, exclama como última exclamación de dolor: «¡Clemencia, señora, para mi hijo!» Y la infeliz madre cayó a los pies de Su Majestad, accidentada. Todos, en derredor de ella, con los ojos anegados en llanto, dirigidos a Su Majestad, repitieron como ecos de aquel dolor: «¡Clemencia, señora, para esa madre!...

—Se atenderá, se atenderá—contestó la reina (1).

En aquel frío «¡Se atenderá, se atenderá!»,

_____

(1) *Historia de la vida militar y política de Martín Zurbano,* Madrid, 1846.

pronunciado por una muchacha de quince años, sin corazón y pronto sin honor, se mostraba Isabel digna hija del degenerado Fernando VII.

Veamos la hecatombe que siguió al «¡Se atenderá!»

A los dos días fueron fusilados Benito Zurbano, Juan Martínez, cuñado de su padre; Juan Arandia y Joaquín Aguilar, criado y amigo suyo, respectivamente.

Cinco días después eran pasados por las armas otros tres desgraciados, entre ellos Feliciano Zurbano, el otro hijo que le quedaba a su padre y que ni siquiera le había acompañado a inaugurar su desgraciada empresa.

Otros cinco días y caía Cayo Muro, amigo íntimo de Zurbano.

Al mes era fusilado Zurbano en el mismo terreno en que habían caído sus dos hijos, su cuñado, su secretario, su criado y sus amigos. ¡Y Zurbano era de los que más habían contribuído al triunfo de Isabel II!

Entre estos dos crímenes—el cometido con Zurbano y los suyos y el de San Gil—la hija de Fernando VII sembró de cadáveres su reinado. Estos ejemplos nos bastan para diagnosticar su idiotez moral y nos abstenemos de presentar otros. Pero no faltan...

* * *

Fué además el reinado de la abuela de Alfonso XIII un continuo saqueo de España. Esta era, por entonces, uno de los países más míseros de Europa. Había quedado esquilmada por la guerra de la Independencia y por los latrocinios del padre.

En 1845, mientras María Cristina e Isabel cobraban sus considerables asignaciones al día, había muchos funcionarios del Estado que recibían sus escasos sueldos con un año o más de retraso. Eso sí, el culto y el clero se quedaban con *ciento cincuenta millones de reales* del presupuesto.

En estos tiempos de miseria tenía la reina señalada una dotación de 34.000.000 de reales; 500.000 correspondían a la infanta Luisa Fernanda, más 2.450.000 mientras fuese presunta heredera de la corona; 3.000.000 a la reina madre «como testimonio de la gratitud nacional» (!), y 3.500.000 al infante D. Francisco y su familia. Dado el valor relativo de la moneda en aquel tiempo, esto representa sumas fabulosas, y su equivalente hoy no andará lejos de una peseta por real de entonces. Pero ya sabemos que el saqueo de las naciones por la internacional de los monarcas es cosa habitual y que suele considerarse como normal y disculpable...

Los historiadores de este desgraciado período no tienen palabras bastante enérgicas con qué condenar aquel desenfreno de todas las concupiscencias, alentadas desde palacio por doña María Cristina, a cuyas órdenes volvió a ponerse el Gobierno moderado para que a mansalva se realizaran los negocios más impuros, en que aquella devota señora llevaba siempre considerable participación. Ante el recuerdo de tales hechos, la estatua que le han erigido en la plaza de la nueva Bolsa de Madrid trasciende a epigrama de los más sangrientos. Espanta leer el relato de aquellos altos empleos, de aquellas grandes cruces, de aquellos títulos del reino concedidos como premio a la audacia o a la complicidad de los mayores desafueros y hasta en los actos más vergonzosos. «En ocasiones—refiere un historiador, que a su vez reproduce lo escrito por otros—acudíase a otorgar, a cencerros tapados, la concesión de un canal o de un ferrocarril, o una parte en la suscripción de un empréstito, y hasta un tanto en una gran jugada de bolsa llevada bajo la misma inspección del Gobierno... Cuando los cálculos salían fallidos, se sucedían, con un rapidez que aterraba, las quiebras, verdaderas o fraudulentas, pero todas previstas (1).

En 1864 la lista civil ascendía nada menos que a 49.350.000 reales. A pesar de este saqueo de la nación, Isabel estaba siempre sin un céntimo y entrampada. Se le ocurrió entonces una idea luminosa: vender la mayor parte del riquísimo patrimonio de la corona, regalándole al Estado las tres cuartas partes y quedándose con el veinticinco por ciento del producto. El regalo que aparentemente hacía a la nación de las tres cuartas partes del valor de unas propiedades que en realidad eran suyas resultaba el más escandaloso robo. Los palaciegos alabaron mucho el gesto de Su Majestad, pero Emilio Castelar lo dejó reducido a sus debidas proporciones en un célebre artículo titulado «El rasgo».

En fin, cuando Isabel II salió de España, le debía al Tesoro por anticipos 10.088.035 pesetas. Alfonso XII se encargó de perdonarle la deuda —lo que era para él muy fácil, pues no era él el acreedor, sino el Estado...—y ésta se transformó, como por arte de magia, en una rentita de 250.000 pesetas anuales para que Isabel viviera tranquilamente en París...

---

(1) Villalba Hervás, *Recuerdos de cinco lustros*, pág. 108.

CAPITULO X

ALFONSO XII Y MARÍA CRISTINA

Alfonso XII recibía de su madre una herencia poco recomendable. No así del lado de su padre oficial, pues sabemos que era impotente. El verdadero, probablemeente, no le traería nuevos estigmas. Pero con los de Isabel II bastaba para que su herencia fuese muy pesada.

Su vida fué breve, y aunque algo podríamos decir de su reinado, preferimos pasar por alto el anecdotario de este monarca poco típico, limitándonos a un hecho grave: que murió, tuberculoso, muy joven (a los veintinueve años), con la agravante, probablemente, de otra enfermedad grave. No es de extrañar su muerte en la juventud, habiéndole transmitido su madre la pesada carga que le dejaban los antepasados. Sabemos que la falta de vitalidad es uno de los estigmas de las familias degeneradas. Esto se había de reflejar en Alfonso XIII, que nació enfermizo, pero que, por desgracia, logró sobrevivir a una infancia débil y trabajosa.

Podríamos referirnos a los negocios y aventuras de Alfonso XII. Pero conociendo ya abundantemente sus antecedentes familiares, lo dejamos para hablar de su segunda mujer, la madre de Alfonso XIII, cuya herencia habsbúrgica había de ser poderosísima en la persona de su hijo, como procedente de una familia degenerada en vías ya de disolución. Por esta razón, es particularmente interesante para nuestro objetivo su personalidad y su ascendencia.

María Cristina, digámoslo entre paréntesis, era pobre al casarse; tanto, que vivía en la casa de las Damas Nobles Canonesas de Praga, donde se daba albergue a cuarenta aristócratas arruinadas. Sin embargo, cuando murió, dejó en Bancos extranjeros por lo menos 34 millones de pesetas. La avidez de todos los monarcas, cuyo fin principal es vivir a costa de un país—sea el que fuere—, brilló en ella.

Sumas considerables perdió en Austria por haberlas confiado a un pariente, que las puso a su nombre en vez de ponerlas al de Cristina.

Hay, pues, que añadirlas a la fortuna citada.

Fué, como vemos, un buen negocio para ella venir a ser reina de España...

Veamos ahora cuál fué la pesada herencia que María Cristina transmitía a su hijo, y que venía a añadirse a las taras de los Borbones.

* * *

La archiduquesa María-Cristina-Enriqueta-Deseada-Felicidad-Reniera, nacida en Gross-Seelowitz el 21 de julio de 1858, y casada en Madrid con Alfonso XII el 29 de noviembre de 1879, tenía las características típicas de los Habsburgo.

Inmediatamente aparece la escasa vitalidad de las dos familias decadentes en la descendencia de este matrimonio.

Dos de los tres hijos mueren jóvenes (la infanta María de las Mercedes a los veinticuatro años y la infanta María Teresa a los veintiséis). Sólo subsiste Alfonso, para mayor desgracia de España.

María Cristina poseía bien evidentemente el tipo familiar característico, con su correspondiente prognatismo.

Moralmente y mentalmente era un Habsburgo típico. Su inteligencia era escasa, su mentalidad estrecha, su carácter autoritario. No cabe duda que en ella recae buena parte de la responsabilidad de las ideas autocráticas y del carácter autoritario, de su hijo. No hay que olvidar que los Habsburgo llevan más allá que ninguna otra familia soberana el orgullo de casta y la creencia en una superioridad semidivina.

Reconozcamos, sin embargo, por lo que a las costumbres se refiere, que fué una persona decente y que durante su Regencia no se le pudo echar en cara ninguno de los escandalosos excesos de su suegra.

Hemos dicho que María Cristina transmitía a Alfonso XIII una pesada herencia. Echemos una rápida ojeada a sus antepasados y ello bastará para demostrárnoslo.

Su abuelo, el archiduque Carlos-Luis-Juan-José-Lorenzo, tenía varios estigmas característicos de la familia y revelados por sus retratos: prognatismo inferior, desarrollo considerable de la nariz, grado ligero de exorbitismo. Fué gran maestre de la Orden teutónica en 1801—dignidad que dimitió en 1804—y duque de Teschen en 1822. Era hermano de aquel Francisco II, falto de palabra, cruel y de espíritu estrecho, que reinó como emperador de Alemania de 1792 a 1804 y como emperador de Austria, bajo el nombre de Francisco I, hasta 1835.

Este tío-abuelo de María Cristina fué un personaje lamentable.

La única disculpa que se puede invocar ante la Historia en descargo de Francisco II y de su hija es que ambos eran seres anormales y que pensaban y sentían como tales (GALIPPE).

Renegó varias veces la palabra imperial solemnemente dada: faltó a la que dió a Napoleón, a su nieto el príncipe imperial, a su hija la emperatriz María Luisa, segunda mujer de Napoleón. Fué estrecho y cruel, y agravó con torturas morales el siniestro *cárcere duro* de los prisioneros políticos, italianos y otros, del Spielberg. Se mostró siempre enemigo de toda libertad política.

Pero dejemos estos sintomáticos colaterales del abuelo de María Cristina para presentar al padre de Carlos, es decir, al bisabuelo de la madre de Alfonso XIII.

El emperador Leopoldo II, gran duque de Toscana en 1765, emperador en 1790 (murió en 1792), estaba animado por un espíritu de reformas muy vivo. Las introducía a rajatabla, y, como dice GALIPPE, era un «déspota filósofo». Desconfiado, intolerante, quisquilloso, murió, según parece, de excesos venéreos.

Habíase casado en 1765 con María Luisa, hija de Carlos III, rey de España. Por esta unión, como vemos, hay un lazo consanguíneo más entre los Borbones y los Habsburgo: la bisabuela de María Cristina, que se casa con un Habsburgo, era también una Borbón

Esta María Luisa, mujer de Leopoldo II, tenía un facies típico. De una fealdad horrorosa, como puede juzgarse por sus retratos, era digna físicamente de su padre. En ella las deformaciones óseas son considerables: si el prognatismo inferior es poco pronunciado hay, en cambio, un considerable aplastamiento lateral del rostro y un aumento notable del diámetro vertical. El resultado es que su cara presenta el aspecto de las personas que se miran en uno de esos espejos que alargan desproporcionadamente las facciones. Procedente de la familia borbónica española, que tan bien conocemos, venía a recargar una vez más la pasada descendencia de los Austrias.

Las taras morales se repiten, como sabemos, saltando a veces varias generaciones. Así descubrimos que Alfonso XIII tiene, cinco generaciones atrás, por el lado de su madre, un digno predecesor en sus aficiones a los negocios; negocios sucios y ventajistas, en los que la influencia se vende a buen precio, sin tener que hacer, a cambio del dinero que se recibe en acciones liberadas o en otra forma, el menor esfuerzo de inteligencia o de trabajo... Lo mismo que Fernando VII, Cristina e Isabel II, el emperador Francisco I, padre de Leopoldo II, tenía la monomanía de ocuparse de asuntos comerciales y además prestaba a réditos. Asociado con un cierto conde Boltza había arrendado las Aduanas de Sajonia. ¡En 1756 fué él el proveedor de forrajes y harina destinados al ejército del rey de Prusia, que estaba en guerra con la emperatriz su esposa!

Es innecesario ascender más en nuestra exploración de los antepasados de María Cristina. Encontraríamos en los demás Habsburgo la misma degeneración constante, el agotamiento progresivo de la raza, idénticos estigmas físicos y morales, la locura sombría o furiosa, la crueldad y la falta de la palabra dada. Además ya conocemos a los Austrias de España, una de sus ramas, y sabemos qué puntos calzaban y cómo acabaron.

GALIPPE dice de ellos:

Los Habsburgo de España han abandonado desde hace tiempo el escenario de la Historia y han desaparecido en la impotencia y la locura. Los Habsburgo de Austria, aunque cuentan con numerosos representantes, acabarán por desaparecer a su vez, como familia histórica, si persisten en sus errores, es decir, en las uniones consanguíneas.

Y antes había dicho:

Los Habsburgo, habiendo fijado por uniones consanguíneas un estigma de degeneración y habiéndolo transmitido, solo o con otros, o somáticos o psíquicos, a las familias que se han aliado con ellos, han creado un tipo humano particular, por los mismos procedimientos que se emplean en zootecnia para la creación de subrazas animales.

Puede uno preguntarse si, de haber poseído un tipo ideal de humanidad superior, en lugar de presentar un estigma de degeneración, los Habsburgo habrían podido igualmente fijarlo y transmitirlo empleando los mismos procedimientos. Puede contestarse con la negativa si se acepta la influencia degenerativa del poder y de los privilegios de todas clases que supone: cultura intelectual intensiva, o incluso genio.

Como vemos, los más graves problemas de la heredariedad se plantean en el caso de los Austrias. Veremos claramente la carga que la nueva introducción de sangre de los Habsburgo en la familia borbónica de España representaba, y cómo venía a añadir en la persona de Alfonso XIII taras pesadísimas a las que sus antepasados borbónicos le transmitían, en el siguiente estudio que hace FRÉDERIC MASSON de la herencia patológica de María Luisa, emperatriz de los franceses y hermana, como sabemos, de aquel Carlos-Luis que fué abuelo de la madre del último rey de España; herencia patológica que es, por lo tanto, la misma que María Cristina transmitía a Alfonso:

En la Casa de Austria, de trece hijos de Leopoldo II, tres han muerto locos, con una locura constante y segura; cinco han muerto antes de la edad de cinco años; para los demás, el promedio de la vida es de cuarenta y cuatro años; cuatro solamente dejan posteridad (1). En la generación precedente, la de la abuela materna, la emperatriz Teresa, de diez y siete hijos, dos han muerto antes de su segundo año, dos antes del tercero; cuatro únicamente, y de ellos dos locos, han pasado los sesenta años. *Para las generaciones posteriores, está ahí la historia contemporánea para atestiguar cómo viven y cómo mueren; sería cruel hojearla.*

Napoleón quiso un hijo para revivir en él, y, en efecto, tuvo un hijo, pero ese hijo es un Borbón de Nápoles. Sobre él, como sobre todos sus primos, flota la tuberculosis o la locura. Está condenado antes de nacer, y tal es el heredero que el casamiento austríaco le ha dado...

Ahora bien, esta sangre de Borbón, María Luisa no la recibe siquiera directamente de los Borbones de Francia, cuya raza es ya tan pobre y tan degenerada que de nueve hijos del Delfín, hijo de Luis XV, cuatro han muerto en corta edad, uno de sus hijos es impotente, y una de las hijas, estéril; que de los cuatro hijos de Luis XVI, tres han muerto en corta edad y que la hija es y seguirá siendo estéril; que de los cuatro hijos del conde de Artois, dos han muerto en corta edad y uno es impotente, sino que la recibe de los Borbones de España por su abuela María Luisa, esposa de Leopoldo II, y de los Borbones de Nápoles por su madre María Teresa; *y estas dos razas reales* — ésta salida de

_____

(1) Cf. en el caso de María Cristina la muerte en plena juventud de dos de sus tres hijos y la escasa salud del tercero. Cierto es que en esto tuvo gran responsabilidad la falta de vitalidad del padre.

aquélla—*traen taras hereditarias que condenan a los descendientes a la locura, a la imbecilidad o a la muerte prematura* (1). Felipe V tuvo cuatro hijos de su primer matrimonio con María Luisa Gabriela de Saboya; dos han muerto de corta edad; uno a los diecisiete años; otro, sin heredero directo, a los cuarenta y seis. De su segundo casamiento con Isabel Farnesio, última de su raza, ha tenido siete hijos: dos han muerto jóvenes; los otros cinco, en edades normales; pero de los trece hijos que ha tenido Carlos III, siete han muerto de corta edad; uno era tan pobre de espíritu que se le separó de la sucesión, y ¿qué valdría si Carlos IV subió al trono de España y Fernando IV al trono de Sicilia? El infante Gabriel, muerto a los treinta y seis años, valía lo mismo que sus hermanos; el infante Antonio muere sin posteridad; finalmente, la emperatriz María Luisa, abuela de la archiduquesa, muere a los cuarenta y siete años. De María Carolina de Austria, Fernando IV tuvo diecisiete hijos: diez murieron antes de su décimo año, dos antes del trigésimo, uno a los treinta y cinco años, cuatro pasaron de los cincuenta. Se puede dudar de que estos últimos fueran de su padre legal. En todo caso, para los demás, en la segunda y aún más en la tercera generación, la locura, la tuberculosis, las enfermedades congénitas vienen a ser la regla. Si algunos sujetos escapan es una casualidad.

Vemos qué obscura mezcolanza de taras venía a unir María Cristina a las del tuberculoso Alfonso XII. Con la hemofilia que introdujo después Victoria de Battemberg acababa de hundirse la degenerada familia de los Borbones de España.

* * *

(1) No pueden definirse mejor los Borbones de España. Así, pues, Cristina, además de la herencia de los Habsburgo, dona a Alfonso algo de los propios Borbones, sus antepasados. ¡Y ese algo era terrible!

Aquí, a lo que ya hemos dicho en el capítulo II sobre los Habsburgo de los siglos XVI y XVII y sobre la rama que reinó en España, conviene añadir algunas de las conclusiones del profundo estudio que GALIPPE hace de esta familia. Con ello tendremos una visión más clara del pasado, que, como una losa, pesa sobre Alfonso XIII...

Sabemos por el capítulo primero de este libro las graves consecuencias de los casamientos consanguíneos y cómo fijan y agravan las taras hereditarias.

Pues bien, los Habsburgo han usado constantemente de este procedimiento, y «en esta familia los casamientos consanguíneos siempre se han practicado incluso en un grado de parentesco muy próximo, como, por ejemplo, entre sobrina y tío, entre primos carnales» (DR. GALIPPE, p. 65). Sabemos que lo mismo pasa con los Borbones.

Pero los casamientos consanguíneos entre degenerados no están exentos de graves inconvenientes: no se fijan únicamente las manías físicas, se multiplican también las taras morales intelectuales (GALIPPE, p. 66).

Las familias en vías de degeneración desaparecen en parte a consecuencia de excesos y de vicios, como el alcoholismo, los excesos sexuales; en parte, por el suicidio, el crimen; pero, sobre todo, a consecuencia de la falta de vitalidad, falta que se manifiesta por la esterilidad, por una gran mortalidad de los hijos en la infancia y por casos frecuentes de muerte prematura en general, de manera que de los numerosos hijos (se comprueba generalmente en los miembros de estas familias, junto a la esterilidad de los unos, una gran fecundidad en los otros), sólo quedan con vida dos o tres, muriendo los otros en la infancia o en la adolescencia (DR. JACOBY, página 106).

Esto se aplica exactamente a los Habsburgo, como se puede comprobar fácilmente y como ha quedado demostrado en este libro. Pero también se aplica a las generaciones estudiadas de los Borbones.

El Dr. GALIPPE comenta como sigue las anteriores líneas de su colega:

La Historia nos muestra que tales familias, después de haber desempeñado un papel más o menos brillante, acaban fatalmente por decaer físicamente, intelectualmente, moralmente y por desaparecer. ¡Es una cuestión de tiempo!

Las peleas ruidosas, las catástrofes que se han producido desde hace algunos años en esta familia de Habsburgo, ilustre por tantas razones, demuestran que ha llegado al período de disolución, período cuya duración es imposible prever.

A lo que añade el Dr. GALIPPE las consideraciones siguientes, importantísimas para comprender el estado de disolución en que se hallaban los Borbones de España. Sabemos lo degenerados que estaban ya. Pero la introducción de la sangre de los Habsburgo, con la añadidura, en la generación sucesiva, de la hemofilia de los Battemberg, ha contribuído a precipitar el proceso disolutivo.

Las uniones consanguíneas, tan en favor hoy todavía entre las diversas ramas de la familia de los Habsburgo (1), no pueden ser consideradas como cruzamientos de individuos normales. Las veremos frecuentemente desembocar en la disolución de las familias o en la esterilidad; sin embargo, tenemos

_____

(1) No olvidemos que los Borbones de España, por sus continuas mezclas precedentes, vienen a constituir una de sus ramas, y que, por lo tanto, todas estas consideraciones también se les pueden aplicar.

que reconocer que al mismo tiempo que un tipo familiar se había fijado de una manera casi imborrable, este parecido físico iba acompañado por un parentesco intelectual, que arrastraba una comunidad de gustos, de intereses, de ambiciones, que han persistido durante siglos. La disolución de la herencia se explica a la vez por su carácter patológico y por la introducción de elementos extraños, normales o no, por causas accidentales, habiendo traído estos elementos de disolución diferenciaciones físicas, así como diferenciaciones morales, consecuencias de las primeras.

Por semejante proceso se llega al período de disolución de las familias degeneradas, período en que hoy se hallan tanto los Habsburgo como los Borbones de España.

Alfonso XIII tiene muchas de las características de un archiduque austríaco. Esto se debe, notémoslo, a la particularidad que tienen las mujeres de la casa de Habsburgo de transmitir las características de su familia de forma preponderante cuando a otras se alían.

Oigamos nuevamente a GALIPPE:

Otra deducción general que se saca de lo que precede es que en los Habsburgo las mujeres, aunque no presentasen en un grado muy acusado el estigma familiar característico, más marcado en los hombres que en ellas, tenían en potencia la facultad de imponérselo a su compañero y a su descendencia con peculiaridades morales o intelectuales, tan fijo e inseparable, puede decirse, que formaba parte de la personalidad de los Habsburgo.

Esto no debe extrañarnos, y está de acuerdo con lo que nos enseña la patología. En las familias sometidas habitualmente a nuestra observación comprobamos, al estudiar la influencia del sexo en la transmisión de las taras hereditarias, que es el individuo que presenta en más alto grado las caracte-

rísticas de la degeneración quien las impone generalmente, cuando uno de los esposos está sano y el otro
no. En este caso, los hijos se parecen principalmente a aquel de sus padres que en virtud de su estado
de degeneración más marcado tiene una aptitud más
grande para transmitir ciertas características de
orden patológico o teratológico (1).

Los Habsburgo, por la potencia misma que ya
tenían sus estigmas degenerativos, arraigados desde tiempos inmemoriales, los imponen a las familias con que se unen.

Sea cual fuere su sexo, cuando un Habsburgo se
separaba del tronco familiar y contraía una unión
con una familia extraña a la suya o que poseía ya
una cierta proporción de sangre de los Habsburgo
en las venas (2), es siempre la herencia de esta familia la que se imponía, aun cuando su representante era una mujer (3). Casi podríamos decir: sobre
todo cuando era una mujer. ¡Resulta que los que
contraían una alianza con la familia de los Habsburgo para propagar su raza, propagaban principalmente la de los Habsburgo! Estos datos son, por
otra parte, conformes con las observaciones hechas
sobre la influencia del sexo desde el punto de vista
de la hereditariedad patológica (4).

Es exactamente lo que ha pasado en España. Y
GALIPPE, no pudiendo decir más por tratarse de
monarcas contemporáneos, se ha limitado a poner la siguiente observación bajo el retrato de
Alfonso XIII: «Tipo familiar característico» (página 244). El «familiar» se refería a María Cris-

---

(1) DR. GALIPPE, ob. cit., págs. 69-70.
(2) Caso de Alfonso XII.
(3) Caso de María Cristina.
(4) DR. GALIPPE, pág. 70.

tina, bajo cuyo retrato hace la misma observación.

Llegados casi al fin de nuestro trabajo, parécenos suficientemente aclarada y explicada la personalidad de Alfonso XIII y los elementos que han contribuído a la formación de su persona física y moral.

Dos corrientes pesadísimas de degeneración secular confluyen en él: la de los Borbones por parte de su padre; la de los Habsburgo por la de su madre; las dos, a su vez, mezcladas por hibridaciones precedentes.

La influencia de los Habsburgo ha sido, como vemos, considerable, y si en Alfonso XIII vislumbramos buena parte del carácter de su bisabuelo Fernando VII, aparece también poderosamente el carácter de los austríacos.

La fuerza indeleble del estigma fijado por María Cristina de Austria se explica científicamente, como hemos visto. Añadamos, para acabar este capítulo, las siguientes palabras de GALIPPE, que encajan aquí perfectamente:

Los Habsburgo, habiendo fijado por uniones consanguíneas un estigma de degeneración y habiéndolo transmitido, solo o con otro, somáticos o psíquicos, a las familias que con ellos se han aliado, han creado así un tipo humano particular, por los mismos procedimientos que se emplean en Zootecnia para la creación de subrazas animales.

Este tipo humano de degenerado es el que ha reinado en España.

CAPÍTULO XI

Llegados aquí seremos muy breves. Todo el mundo conoce al rey destronado. Reuniremos, sin embargo, algunos hechos que destacarán su personalidad.

Hijo póstumo de un tuberculoso, nació enfermizo. Durante toda su vida ha arrastrado la rinitis tuberculosa, que, según es fama, hacía desagradable su aliento a los que se le aproximaban.

El 17 de mayo de 1902 cumplió diecisiete años, fué declarado mayor de edad y juró la Constitución.

Catorce meses después expresó Blasco Ibáñez en un artículo la impresión que le produjo el rey. Viólo en una excursión que hizo al Pardo. Pasó donde él estaba, en un

landó tirado por briosas mulas, un adolescente enfermo de anemia o tisis, con el sello de la muerte impreso en el rostro, moviendo su cuerpo desmedrado con el balanceo del negro carruaje, semejante a un negro ataúd.

Aquel ser parecióle al famoso novelista la caricatura del rey embrujado Carlos II.

Su débil cuerpo—escribe—, fortificado por la gimnasia, por toda clase de *sports*, una higiene minuciosa, parecía esbelto y se mostraba animado por el soplo de una mustia juventud. En el rostro se delataba la frágil mentira de tantas precauciones adoptadas contra la muerte. Era el ser engendrado en plena tisis, en el último mes de existencia de un tuberculoso. Los ojos brillaban empañados y macilentos en lo más hondo de unas ojeras que invadían gran parte de las mejillas; la piel no tenía ese jugo de vida que parece barnizarla; era amarillenta y mate, como si tras de ella, en vez de circular sangre, se extendiese una oleada de salvado, y la mandíbula inferior pendía inerte... La boca, siempre abierta, respirando por ella y no por la nariz, con el ansia de tragar mayor cantidad de vida, de absorber más aire, de dar mayor alimento a los aparatos heridos de muerte, que poco a poco se detienen en su funcionamiento...

De vez en cuando, el pobre ser se da cuenta de su triste gesto, y con una violencia de su voluntad sube la mandíbula, apretando los dientes; pero le fatiga el esfuerzo y otra vez vuelve a pender el hueso de sus ligamentos aflojados y aparece la expresión de cansancio, de desaliento y de tristeza en aquella máscara de enfermo, última manifestación de una raza que se extingue...

El pobre adolescente, ojeroso y de mandíbula colgante, por ley fatal de su nacimiento, no tardará en cerrar la boca para siempre, saliendo de un mundo en el que no despertó entusiasmo y al cual nunca sabrá para qué vino... (1).

Desgraciadamente, el monarca, a fuerza de cuidados, logró sobrevivir...

* * *

Su educación fué detestable: además de reac-

---

(1) Citado por José CINTORA en *El Liberal* de 23 de mayo de 1931.

cionaria en extremo—como inspirada por una archiduquesa austríaca—, se le falsearon los hechos históricos para adular a su familia, según hemos visto en el primer capítulo de este libro.

Odiaba, por otra parte, a los intelectuales. Pero los adulaba alguna vez, cuando creía que podían serle útiles para algo, y principalmente para el incremento de su fama.

Sexualmente fué, como sus antepasados, un excesivo. Las pruebas en abono de esto pululan. Se recuerdan numerosas anécdotas, como la de aquella noble duquesa a quien intentó violentar, y a la que pudo salvar el duque su marido.

A su tiempo circuló profusamente por Madrid la noticia del drama del Pardo, que costó la vida a un guardián, e incluso se señalaba la casa del noble personaje en que se había instalado a la bella campesina, abandonada con indiferencia poco después, cuando el real personaje se hubo cansado de ella. A este hecho se refiere el siguiente relato, publicado por José A. Villavicencio en *El Socialista*, de Madrid:

Cuentan por esos mundos de Dios que en una humilde morada de un guarda de la llamada Casa de Campo habitaba una familia que tenía una hermosa hija, bella cual flor nacida silvestre en la frondosidad de aquella real posesión, cuyos innumerables encantos, conocidos por un joven rey, hicieron quedara éste prendado de aquella hermosura.

Desde el día que se fijó en ella no cesó en pensar tenía que ser rosa que se deshojara entre sus brazos, y ya llegó el momento que, de acuerdo con *un noble marqués* que hacía las veces de su escudero, inventaron una jugarreta para que los deseos del monarca fueran satisfechos.

Y, en efecto: el padre de la muchacha recibe un día orden de sus jefes de efectuar cierto servicio;

pero como aquel hombre honrado ya sabía, por indicaciones de su hija, el peligro que aquélla corría diariamente, sospechó se le tendía una celada, aprovechando que también faltaba de la casa la esposa, y en lugar de cumplir lo mandado se apostó en las inmediaciones de su hogar, vigilante y dispuesto a defender la honra de un ser tan querido.

Desgraciadamente, no se equivocó en sus sospechas.

No hacía mucho tiempo que estaba en acecho cuando asomaron por en medio del bosque dos elegantes cazadores: uno, el rey galante; otro, el aristócrata escudero; y a medida que se acercaban a su casa aumentaba su temor por el terrible desenlace que él creía iba a tener aquella aventura.

Llegan a la casa; llaman y piden agua, y al ir por ella la joven campesina la sigue el monarca, y el marqués queda a la puerta, de centinela indigno.

El padre parte de su escondite y se lanza hacia la casa; pero el inicuo aristócrata, que le ve llegar empuñando el arma vengadora, sin darle tiempo a repeler la agresión brutal, le descerraja un tiro, y sólo se oye en la soledad de aquel campo un débil grito, que dice: «¡Asesino, me has matado!»

El rey sale huyendo y el misterio de este crimen queda cubierto con el mismo tupido velo que otros muchos parecidos.

Por los días trágicos en que se iban rescatando, más muertos que vivos, los supervivientes que quedaban de los prisioneros españoles de Abd-el-Krim, Alfonso seguía dándose su buena vida habitual y no abandonaba su arraigada costumbre de la caza. El 24 de enero de 1923, acompañado por sus habituales cortesanos, se fué de caza al coto de Doñana. En el mismo tren viajaba F. Hernández Mir, periodista que iba a incorporarse a la expedición encargada de recoger a los prisioneros supervivientes. He aquí las edificantes escenas que pudieron presenciar los que aquel día viajaban en el expreso de Andalucía:

Partió el tren.

Los que no éramos más que ciudadanos a secas (¡tan a secas!) intentamos dirigirnos al coche-comedor.

Fué en vano. Diligentes servidores de la seguridad pública velaban en el pasillo e impedían el acceso, advirtiendo que hasta que cenasen *ese eme* y sus compañeros de excursión no habría paso para los simples mortales.

Preciso fué avenirse a lo que las circunstancias y la voluntad insuperable habían dispuesto. Y aunque algunos pensásemos que ningún peligro corría la preciosa existencia custodiada, y que era grande abuso el que del máximo poder se hacía, todos tuvimos que conformarnos por las buenas y regresar al respectivo departamento hasta que se nos diese paso franco.

Pero como siempre hay bulas para quienes bien las pagan, en esa ocasión la hubo para una determinada representación del bello sexo.

Algunos cazadores recorrieron el tren en busca de ciertas gentes, y poco después, ante la atónita mirada de los del estado llano, repasaron el camino y volvieron al vedado en unión de personas que, a juzgar por la indumentaria, no pertenecían al género masculino.

A las once de la noche (salimos a las ocho y diez minutos), y sin que regresasen a sus departamentos las que los palatinos habían extraído y llevado adonde quiera que fuese, se facilitó el acceso al comedor y se nos sirvieron los restos del banquete. (El pasillo del departamento de camas estaba desierto.) (1).

Este cariño por el bello sexo no obstaba para que Alfonso fuese muy mal educado con él. Lo

(1) F. Hernández Mir, *De la derrumbada monarquía. Una página edificante.* (*La Libertad*, 23 de mayo de 1931.)

prueba la siguiente anécdota, sucedida durante una ceremonia militar, en un viaje del dictador y de los reyes a Marruecos:

De toda la zona habían llegado a Dar Riffien los elementos civil y militar, y en las tribunas improvisadas en el campamento de los legionarios había un plantel de bellas damas y damitas, ataviadas con sus mejores galas. Todas eran, o parecían ser, entusiásticas monárquicas, pero sobre todas ellas distinguíanse por sus vítores las señoritas llegadas de Tetuán, instaladas en la tribuna más cercana a la ocupada por los que entonces reinaban.

Hacía mucho calor aquella mañana, caía el sol de plano, y el maquillaje de doña Victoria resbalaba por sus mejillas, simulando lágrimas negras el *rimmel* derretido. Don Alfonso, por su parte, dentro de su uniforme, debía estar dándose a todos los demonios, y cuando el coronel Liniers recibió del general Millán Astray el estandarte de la quinta bandera del Tercio, el monarca quiso sonreír, pero no pudo sino fruncir el belfo en una espantable mueca borbónica.

Las señoritas tetuaníes, desde la tribuna contigua, no cesaban, empero, en sus aclamaciones, y Alfonso de Borbón, limpiándose el sudor todo lo marcialmente que le fué posible, dijo a uno de sus ayudantes:

—¡Ya me está *fastidiando a mí* (desde luego, no dijo «fastidiando»), la jarca de Tetuán!

Así agradeció el «rey galante» los vítores de las señoritas tetuaníes.

El reporter, cuando oía hablar, andando el tiempo, de la caballerosidad de Alfonso de Borbón, recordaba «la jarca de Tetuán». Y no ha podido olvidarla todavía (1).

_____

(1) CÉSAR ALCOLEA, *Las gracias reales* (*La Noche*, Barcelona, 16 de mayo de 1931.)

A estas anécdotas podemos añadir nosotros la siguiente:

Poco después de acabada la guerra llegó a Friburgo (de Suiza) el príncipe de Asturias para consultar al célebre médico DR. CLÉMENT, hospedándose en el hotel de Roma. Parecióle simpática al muchacho una empleada de dicho hotel. Propusiéronle que entrase al servicio del príncipe los cortesanos que con él viajaban. Ella aceptó semejante proposición, y se vino con él.

Cierto día cruzóse con Alfonso XIII en un solitario pasillo del palacio real. Quiso aprovechar el monarca aquella ocasión única y, precipitándose sobre la muchacha, la besó. Entonces recibió Alfonso XIII la más estentórea bofetada de que hablan—o mejor dicho no hablan—los anales palatinos...

Al año siguiente residíamos mis padres y yo en Friburgo y conocimos el hecho por dos conductos perfectamente fidedignos: una parienta próxima de la señorita en cuestión y un catedrático friburgués, amigo y antiguo compañero·suyo de estudios.

* * *

La idiotez moral es, como sabemos, uno de los estigmas profesionales de los monarcas. Existió en los Borbones que precedieron a Alfonso XIII. Y no faltó en él.

Mientras duraba aún la vergüenza del desastre de Annual y numerosos españoles se hallaban en poder de Abd-el-Krim, en las más tristes condiciones, se fué a Deauville para servir de reclamo a aquella playa francesa.

Se empeñó en hacer en Marruecos una guerra

absurda e innecesaria, que ha costado la vida a sesenta mil españoles, y en la que se han enterrado doce mil millones de pesetas, todo ello para tener batallas, generales gloriosos, laureles y conquistas y, sobre todo, negocios, cuando la zona habría podido someterse fácilmente mediante la penetración pacífica y la organización de una policía de cuatro a seis mil hombres...

Apoyó los horrorosos crímenes de Martínez Anido en Barcelona, erigiendo en método del Gobierno el asesinato a mansalva. Negóse a indultar en casos tan escandalosos como el de los reos de Vera del Bidasoa. Respecto a este triste suceso, he aquí la realidad de los hechos tal como han sido publicados en *La Libertad* del 20 de mayo de 1931, y por ellos podemos apreciar los sentimientos de crueldad de Alfonso XIII:

La Policía, al servicio del rey, había preparado la intentona de Vera del Bidasoa. Una pareja de guardias civiles y otra de Carabineros, víctimas del cumplimiento de su deber, ya que también ambos institutos habían sido víctimas del complot preparado para hacer ver a Francia que en su frontera se conspiraba y obtener de ese modo que se internara a Unamuno y a Ortega y Gasset.

Unos cuantos muchachos, exaltados librepensadores o prófugos y desertores, que anhelaban un cambio de régimen para poder volver a España, fueron los instrumentos de aquel complot policíaco, cuyo esclarecimiento va ya tardando demasiado.

Los detenidos, un buen número de ellos, fueron divididos en dos grupos por el instructor del sumario. Contra unos se siguió procedimiento ordinario. Para otros tres, Enrique Gil Galaz, Julián Santillán y Pablo Martín Sánchez, se siguió juicio sumarísimo.

La acusación pidió que se les condenara a los tres a pena de muerte.

Pablo Martín Sánchez acude al consejo de guerra gravemente herido. Lleva la cabeza vendada por haber recibido en ella un balazo. Era una cosa triste y lamentable ver a aquel desgraciado, presa de fiebre, siguiendo con ansiedad las deliberaciones de aquellos jueces.

El consejo de guerra dictó un fallo que en realidad no esperaba ninguno de los procesados, atemorizados ante el aparato desplegado en la cárcel, en cuyo interior se celebró la vista. La sentencia del Consejo era absolutoria para todos ellos.

Julián Santillán, un hombrón rubio y lleno de infantilidad, lloraba por la impresión de alegría, y hubo de ser auxiliado.

La sentencia no era, sin embargo, firme. Tuvo que pasar a Capitanía General, donde no prestó conformidad el capitán general. Por consecuencia de ello la vista tuvo que celebrarse de nuevo ante el Consejo Supremo de Guerra y Marina.

El fiscal togado, el prestigioso general D. Carlos Blanco, antes que acusar en aquella causa prefirió dimitir el cargo...

En estas circunstancias y con estos antecedentes se vió de nuevo el juicio. El más alto tribunal dictó sentencia. Por ella se condenaba a la pena de muerte en garrote a los tres infortunados reos, absueltos por el tribunal que les juzgó casi en el mismo lugar donde se desarrollaron los sucesos y que estaba impresionado por el momento inmediato...

Nadie creyó que se ejecutara la pena. La ciudad de Pamplona contempló sobrecogida cómo pasaba el tiempo sin que llegara el indulto. Se elevaron peticiones. El obispo de la diócesis se dirigió al dictador y al rey. Su petición a D. Alfonso era angustiosa.

Pero D. Alfonso no la acogió. Estaba perfectamente informado el monarca de los sucesos de Vera. Había marchado un jefe del Ejército de la guarnición de Pamplona para informarle personalmente. A pesar de ello, no se ablandó D. Alfonso. Pudo más en él otra consideración. Pretendió, negándose a indultar, que se lo agradeciera la Guardia civil. Y la Guardia civil habría agradecido más el perdón que la venganza.

Esta referencia se debe al propio D. Alfonso, que en una conversación sostenida con un militar se permitió la ligereza de decir:

—Ya me lo puede agradecer la Guardia civil. No he querido que se indultara a los de Vera.

No sólo se negó a indultar a Galán y García Hernández, sino fué él quien ordenó, después de haber hecho nombrar a generales *seguros* para la represión del movimiento de Jaca, que se cumpliera la sentencia rápidamente. Y, sin embargo, la pena de muerte no cabía en este caso, puesto que Galán se había entregado voluntariamente horas después del combate de Cillas, y García Hernández había sido apresado a traición cuando se presentaba como parlamentario: éste fué, por lo tanto, ejecutado contra todas las leyes de la guerra.

De su felonía hay numerosos ejemplos. Ya se ha escrito que por su archivo vendremos a saber, cuando una vez acabada su catalogación se haga público, que durante la guerra fingía servir a franceses por un lado y a alemanes por el otro, mientras en realidad lo que hacía era traicionar a ambos bandos.

* * *

En cuestiones de dinero es conocida la avidez de Alfonso XIII. Esta avidez le hacía cometer los actos más reprobables, actos que a un simple mortal le habrían llevado a la cárcel. Hacía de todo un poco: negocios sucios; concesiones fraudulentas, entrega a extranjeros de servicios públicos españoles, robo de negocios ajenos si le parecía que con ellos podía hacer dinero (1). Las intervenciones militares en Marruecos y su ocupación militar no tienen más fin que cubrir y proteger sus negocios. La marcha de Silvestre sobre Alcazarquivir, en 1911 ; el desastre del barranco del Lobo (1909) por pretender apoderarse de las minas del Rif, vendidas a socios suyos por el Rogui, que, por otra parte, no podía en realidad disponer de ellas por no ser de su propiedad, no son más que la consecuencia de una intervención personal del rey. Todos éstos son hechos conocidos y fácilmente demostrables.

Uno de sus gestos más vergonzosos es seguramente su viaje a Dauville en agosto de 1922. Fué allí, en apariencia, para divertirse—lo que ya era escandaloso en aquellos momentos de vergonzosa derrota en Marruecos, cuando aún había numerosos prisioneros españoles en poder de Abd-el-Krim y cuando perduraba la huelga de Correos. Pero en realidad iba para servir de atracción a aquel centro elegante de *cocottes* y de *croupiers*. Dícese—y claro está que de semejantes cosas no quedan documentos comprobantes—que debiendo cuatro millones, perdidos en el juego, al empresario del juego de San Sebastián, el belga Marquet—su amigo y asociado—, y viendo éste cuán difícil le sería cobrarlos, traspasó su crédito a su amigo y socio el célebre Cornuché. Este, a cambio de la cancelación del crédito, invitó a Alfonso a ir a pasar una temporada en Deauville. Allí se exhibió el rey de España. Y en los meses siguientes se podía ver en los cinematógrafos franceses una película, abundantemente difundida por

---

(1) Véase GONZALO DE REPARAZ, *Alfonso XIII y sus cómplices*, capítulos X y XI.

la propaganda de las elegantes playas, en la que el católico rey Alfonso XIII se exhibía en la alegre compañía de las más conocidas prostitutas de alto vuelo que frecuentaban Deauville. Oímos nosotros mismos las carcajadas y los jocosos comentarios de los espectadores franceses ante el divertido espectáculo... Aquel rey que se arrastraba por los garitos, entre prostitutas, era tan impermeable a la vergüenza como su abuela...

Sabido es que nombraba embajadores, no a diplomáticos hábiles que representasen a España, sino a aquellos favoritos que mejor le podían servir de intermediarios en aventuras amorosas, en pingües negocios y en la propaganda de su persona. Citemos un ejemplo bien conocido: Quiñones de León, que además, como sabemos, transformó a la Embajada de París en una especie de casa de citas y de agencia de espionaje, dotándola de múltiples señales y timbres interiores.

No menos brillante papel representaba Merry del Val en Londres. Hombre de corto cacumen y de menos inteligencia, fué, a pesar de todo, nombrado doctor «honoris causa» por cierta Universidad inglesa—la misma que también adjudicó este título al pintoresco Aman Ul-lah. ¡Así andan las universidades británicas!

* * *

Sabemos ya que Isabel II se fué de España no sólo sin un céntimo, sino adeudando al Tesoro más de diez millones de pesetas. Alfonso XII era, por lo tanto, perfectamente pobre cuando empezó a reinar. Sabemos también que la reina María Cristina tenía que vivir de caridad antes de casarse con el rey de España. Finalmente, la reina Victoria Eugenia pertenece a una familia pobre. A pesar de estos precedentes, Alfonso XIII ha conseguido reunir una fortuna enorme. Es difícil de evaluar, pues la contabilidad de los libros oficiales cesa a partir de 1.º de enero de 1922. La valoración de lo que se ha podido averiguar llega a cifras de extraordinaria magnitud. La realidad ha de ser, sin embargo, mucho mayor, puesto que en la evaluación de la fortuna nos encontramos con cifras como la del palacio de la Magdalena, al que se atribuye el irrisorio valor de setenta y cuatro mil pesetas...

Esta inmensa riqueza procede, por lo tanto, del saqueo de la pobre España por Alfonso XIII, puesto que él poco menos que nada recibió de sus antepasados. Con razón ha dicho el ministro de Hacienda del Gobierno provisional de la República que esta fortuna es de *procedencia sospechosa*. He aquí la nota oficiosa en que da cuenta de la magnitud de los bienes acumulados por Alfonso XIII:

El examen de los datos que obran en la intendencia general de la que fué real casa, referentes a la fortuna privada de D. Alfonso de Borbón y de su familia, ofrece dificultades a causa de que la contabilidad en libros oficiales alcanza solamente a 31 de diciembre de 1921. Desde tan remota fecha, hasta el presente, sólo existen borradores de los correspondientes asientos, de los que se obtenían resúmenes también provisionales de la situación de las respectivas fortunas a fin de cada año. De los formulados en 31 de diciembre de 1929 proceden las interesantes cifras que el Gobierno somete al conocimiento de la opinión pública.

La fortuna del ex rey en la mencionada fecha se valoraba en 26.188.850,27 pesetas; a saber: en metálico, 853.664,42; en inmuebles, 788.505,63, y en valores, 24.546.680,22.

De esta última cifra corresponden 14.338.255,23 a valores extranjeros, que se hallan depositados en diferentes Bancos de Francia, Inglaterra, Holanda y Suiza. Descuellan entre dichos valores los siguientes:

	Pesetas.
Empréstito argentino (varias emisiones)	860.482,27
Banco Hipotecario Argentino	2.968.879,40
Schell Transport Cº (Petrolífera)	1.953.404,14
Union Pacific (ferrocarriles norteamericanos)	1.121.218,20
The Río Tinto Mines	705.292,91
Wagons Lits	671.760,15

Entre los valores nacionales reflejados en la contabilidad, que sólo representan un 40 por 100 de la total cartera, son escasos los del Estado y otros de carácter público, como lo demuestran las correspondientes cifras:

	Pesetas.
Empréstito Villa de Madrid, 1918	17.005,—
Deuda amortizable 5 por 100	386.160,—
Bonos oro de Tesorería	504.000,—
Acciones de la Compañía Arrendataria del Monopolio de Petróleos	96.000,—
Total pesetas	1.003.165,—

El resto de los valores nacionales pertenece a diversas Sociedades y explotaciones y se evalúa en unos nueve millones de pesetas, existiendo indicios de otros no valorados, cuya entrada en contabilidad se refleja directa o indirectamente, y en los que la determinación de su procedencia resulta obscura y sospechosa. Trátase de acciones de Compañías en estrecha relación con el Estado.

Ha de observarse que referidas las anteriores valoraciones a 31 de diciembre de 1929 se producirá un sensible aumento al reflejarlas en la época actual, debido a la gran masa de valores extranjeros, cuyo nominal lo constituyen libras, francos, dólares, etc., pues su cotización en la actualidad supera aproximadamente en un 60 por 100 a la que sirvió entonces de base para las valoraciones efectuadas.

Entre los inmuebles figura valorado el palacio de la Magdalena en 74.640,45, cifra a todas luces exigua en comparación con su valor real.

El caudal privado de doña Victoria Eugenia se valoraba en la ya citada fecha en 2.372.972,82 pesetas, de las cuales las dos terceras partes fueron invertidas en valores extranjeros.

La fortuna personal del primogénito de los ex reyes ascendía a 12.988.672 pesetas, de las que 3.360.158,09 se hallaban invertidas en valores y cuentas en moneda extranjera.

Las de los restantes hijos eran: 2.498.214,06, la de D. Jaime; 2.289.610,24, la de doña Beatriz; 1.707.566,12, la de doña Cristina; 1.481.240,70, la de D. Juan, y 1.249.379,62, la de D. Gonzalo.

Resta todavía una importantísima partida, que es la representativa del caudal privado de la difunta reina doña María Cristina, que en 31 de diciembre de 1928, año anterior al de su fallecimiento, representaba un total de 34.197.665,75 pesetas, sin que conste reflejada en la contabilidad de la intendencia la distribución de dicho caudal, que, como es natural, habrá acrecido en gran parte la fortuna de sus descendientes.

Esta suma se descomponía así: metálico, pesetas 1.695.843,08 pesetas; inmuebles, 4.727.616,75 (entre ellos el palacio de Miramar, valorado en pesetas 3.548.378,72); valores extranjeros, 20.273.950,95, y valores nacionales, 7.500.284.

En resumen: que la fortuna de la ex real familia, con arreglo a las valoraciones de fin del año 1929, representa: en metálico, 3.862.674,18 pesetas; en inmuebles, 5.516.122,38; en valores nacionales y extranjeros, 75.595.385,12, o sean un total de pesetas 84.974.171,78 pesetas, cifra que, como antes se dice, ha de experimentar un considerable aumento si se valoran debidamente los inmuebles y si se justiprecian con arreglo a la actual cotización los valores representativos de moneda extranjera en que se halla invertida gran parte de la fortuna y si, además, se tiene presente que en las cuentas no han figurado nunca las alhajas propiedad de los distintos miembros de la familia destronada.

El Gobierno, al publicar estos datos extraídos de la propia contabilidad de la intendencia, se abstiene de formular comentarios.

Por las cifras copiadas se podrá apreciar que quien reinó en España hasta el 14 de abril último se encuentra muy lejos de correr los peligros de la indigencia, cerca de los cuales querían presentarle ciertos cronistas extranjeros, y además podrá la opinión formular su juicio sobre el proceder de altas personalidades que, invocando a todas horas la conveniencia de defender los altos intereses de la patria, invertían gran parte del caudal que la nación les entregaba, en valores extranjeros, con daño positivo para nuestra riqueza y para nuestro signo monetario.

Queda así demostrado que Alfonso XIII en nada les cedía a sus dignos antepasados por lo que a avidez se refiere...

* * *

Llegamos aquí al final de nuestra tarea. Pero al acabar tenemos que tocar un punto doloroso.

Si se tratase de una familia normal, de una familia cualquiera, sería criminal exhibir en público sus desgracias.

Pero la ex real familia de España no es una familia normal: de su actuación ha dependido durante muchos años la vida de numerosísimos españoles y la hacienda de todos ellos. De sus pretensiones futuras puede depender el porvenir de la nación. Públicamente, por lo tanto, como públicos son los peligros, se ha de hacer saber al pueblo el triste estado de la ex dinastía, que, además, no ha desistido de sus derechos al trono.

Ya sabemos qué pesada herencia se había acumulado en Alfonso XIII y cómo únicamente a fuerza de cuidados y por un verdadero milagro se logró que no sucumbiera este único superviviente de los hijos de Alfonso XII y María Cristina.

La familia de los Borbones de España se hallaba ya en vías de disolución — lo mismo esta rama reinante que la otra—cuando a las taras degenerativas que sobre ella pesaban se vino a añadir una enfermedad terrible e irremediable, enfermedad que condena a la desaparición rápida las familias en que se introduce: *la hemofilia.*

La hemofilia es la misma terrible enfermedad que hizo que la infancia del zarevich fuese una prolongada agonía.

Los Battemberg sufren esta enfermedad, que las mujeres se encargan de transmitir, pero que ataca principalmente a los hombres. Al casarse con Alfonso, Victoria de Battemberg traía a los Borbones de España esta gravísima dolencia.

En mayor o menor grado, todos los hijos de este matrimonio exteriorizan los estigmas y las enfermedades que su pesada herencia les lega. Estos infelices—que no tienen la culpa de que sus progenitores y antepasados se hallen en plena decadencia fisiológica — recogen la cosecha de los males de sus ascendientes.

La situación del príncipe de Asturias es particularmente grave, y, con alternativas, tiende a agravarse cada vez más. Su vida es realmente triste y angustiosa. Al salir de España hubo que trasbordar en Hendaya a este muchacho de veinticinco años en una camilla. En el Quay d'Orsay hubo que bajarlo del tren en brazos para colocarlo en una silla de ruedas, en la que se le llevó al automóvil que había de ocupar...

El Correo Español, de Buenos Aires, ha estampado una información en la que, entre otras cosas, se podían leer las siguientes líneas, que elocuentemente expresan el estado de los hijos de Alfonso XIII:

El hecho de que el ex rey D. Alfonso favorezca al ex infante D. Juan con el derecho de sucesión al trono, se debe a que es el único hijo físicamente perfecto, no sufriendo sordomudez ni hemofilia, como sus dos hermanos mayores, el príncipe de Asturias y el infante D. Jaime, sino que, por el contrario, ha demostrado fortaleza para el cumplimiento de sus deberes navales.

La familia real exilada está de acuerdo en que el príncipe de Asturias no podrá hacer valer sus derechos de heredero a causa de su estado de salud, pues todavía pasa los días en cama, salvo cuando sale a pasear en automóvil por Fontainebleau o se viste para comer, lo que hace en una mesa en comedor aparte al de sus padres.

El ex príncipe de Asturias lee todos los diarios extremistas españoles, teniéndose entendido que demuestra particular interés en conocer los artículos en que se ataca a la familia real.

El ex heredero del trono español emprenderá un viaje a Suiza tan pronto como esté convaleciente de su actual postración, y le acompañará su hermano más pequeño, el infante D. Gonzalo Manuel, quien estudia para ingeniero.

Los Borbones se acaban rápidamenete...,

CONCLUSION

Hemos llegado al fin de la tarea que nos habíamos impuesto.

Creemos haber dejado abundantemente demostrado que en los Borbones de España se han acumulado estigmas degenerativos numerosos, y que, como consecuencia de su estado de desequilibrio, han disuelto y arruinado al país en que se instalaron en 1700. La historia del reinado de los Borbones en España es la historia de la ineptitud, de la inmoralidad y de la demencia.

Queda así eficazmente probado que su vuelta es imposible, a menos que quiera proceder España a un definitivo e irreparable suicidio, poniendo a su cabeza nuevamente a una familia degenerada y en vías de disolución.

Podríamos, además, demostrar que en el mismo estado y en el mismo caso se hallan las demás familias reinantes o ex reinantes: por ejemplo, los Saboyas italianos o los Braganzas portugueses. Así quedaría una vez más probado que no es tal o cual familia la que está degenerada, sino el régimen monárquico por sí mismo el que es artificial y antinatural. Pero lo que precede basta para evidenciar lo que ya hemos dicho en capítulos anteriores: que el ejercicio hereditario de la función de gobierno desequilibra y hace degenerar.

Para acabar, resumamos en un cuadro las taras de los principales ascendientes de los ex reyes de España, taras que quedan probadas en este libro con la debida documentación, según hemos ido viendo.

Este resumen de las características de los Borbones nos presenta un cuadro pavoroso.

Esperemos que, a pesar de sus repetidas pruebas de incapacidad política, España, conociendo bien los puntos que calzaban los que han sido sus reyes, nunca más volverá a someterse al régimen monárquico ni a admitir a la dinastía borbónica. De bastantes catástrofes ha sido ya causa el «régimen consubstancial con España»... Su pésima administración ha llevado a la hacienda española de quiebra en quiebra, y al imperio de España a su disolución.

¿Habría empresa alguna particular que volviese a confiar a tan pésimos administradores sus intereses? Seguramente que no. ¿Por qué una nación obraría de diferente manera?...

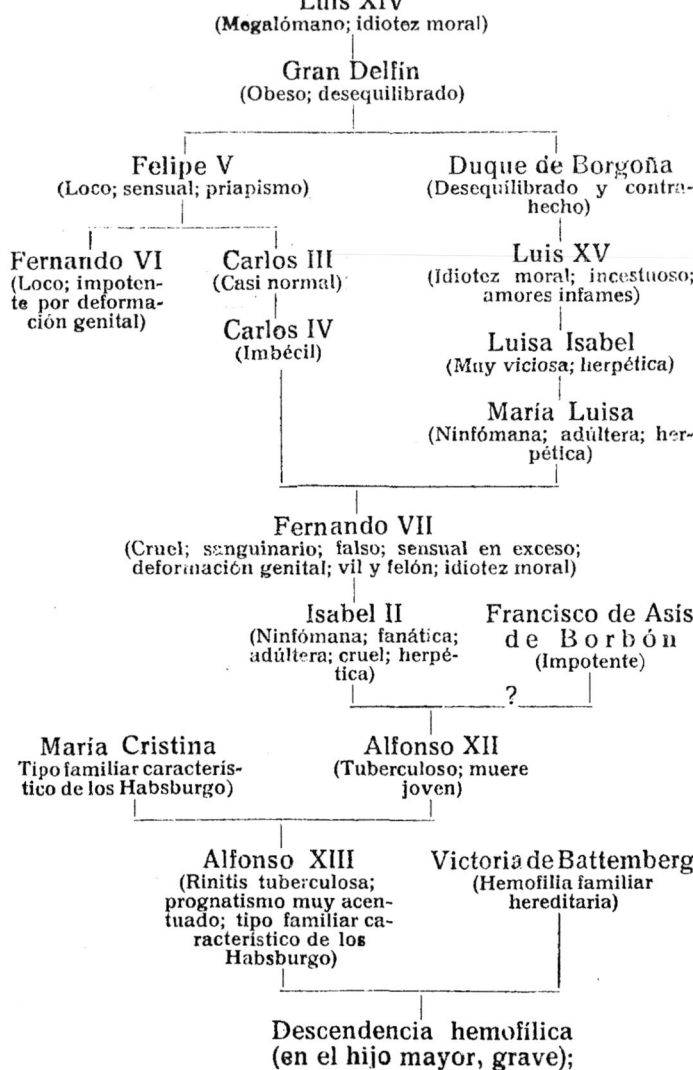

Luis XIV
(Megalómano; idiotez moral)

Gran Delfín
(Obeso; desequilibrado)

Felipe V
(Loco; sensual; priapismo)

Duque de Borgoña
(Desequilibrado y contrahecho)

Fernando VI
(Loco; impotente por deformación genital)

Carlos III
(Casi normal)

Carlos IV
(Imbécil)

Luis XV
(Idiotez moral; incestuoso; amores infames)

Luisa Isabel
(Muy viciosa; herpética)

María Luisa
(Ninfómana; adúltera; herpética)

Fernando VII
(Cruel; sanguinario; falso; sensual en exceso; deformación genital; vil y felón; idiotez moral)

Isabel II
(Ninfómana; fanática; adúltera; cruel; herpética)

Francisco de Asís de Borbón
(Impotente)

?

María Cristina
Tipo familiar característico de los Habsburgo)

Alfonso XII
(Tuberculoso; muere joven)

Alfonso XIII
(Rinitis tuberculosa; prognatismo muy acentuado; tipo familiar característico de los Habsburgo)

Victoria de Battemberg
(Hemofilia familiar hereditaria)

Descendencia hemofílica
(en el hijo mayor, grave); un hijo sordo-mudo

INDICE